rowohlt
BERLIN

WERNER PLUMPE

GEFÄHRLICHE RIVALITÄTEN

WIRTSCHAFTSKRIEGE – VON DEN ANFÄNGEN DER GLOBALISIERUNG BIS ZU TRUMPS DEAL-POLITIK

ROWOHLT · BERLIN

2. Auflage August 2025

Originalausgabe
Veröffentlicht im Rowohlt · Berlin Verlag,
Kreuzbergstraße 30, 10965 Berlin, Juni 2025

Satz aus der Minion bei Dörlemann Satz, Lemförde
Druck und Bindung GGP Media GmbH, Pößneck
ISBN 978-3-7371-0216-2

Kontaktadresse nach EU-Produktsicherheitsverordnung:
produktsicherheit@rowohlt.de

MIX
Papier | Fördert gute Waldnutzung
FSC® C014496

INHALT

EINLEITUNG:

DER WIRTSCHAFTSKRIEG ALS SCHICKSAL? KOOPERATION UND KONFLIKT IM ÖKONOMISCHEN WANDEL

Im Jahr 1601 kaperten portugiesische Seeleute vor der chinesischen Küste unter Berufung auf ihre Monopolrechte im asiatischen Raum ein niederländisches Schiff, töteten fast die gesamte Besatzung und eigneten sich dessen Ladung an. Daraus entwickelte sich ein Handelskrieg, der noch heute aufschlussreich ist. Denn nur wenig später enterte ein Schiff der Niederländischen Ostindien-Kompanie (VOC) in der Straße von Malakka ein portugiesisches Schiff, dessen Ladung man in Amsterdam vor das Admiralitätsgericht brachte, um sie legal verwerten zu können. Zu ihrer Rechtfertigung legte die VOC ein Rechtsgutachten vor, das das Kapern des Schiffes mit dem Hinweis auf die Freiheit der Meere begründete, die Portugal nicht respektiere. Das wiederum provozierte eine portugiesische Stellungnahme. Nicht nur habe Portugal vom Papst legitimierte Monopolrechte in Asien. Es seien gerade auch die Kosten für die Erschließung und die Sicherung der Handelswege, die eine Monopolstellung rechtfertigten – und diese habe nun einmal Portugal zu tragen.

Die Handelskonkurrenz zwischen den Niederlanden und Portugal wurde schließlich gewaltsam zugunsten der niederländischen Kaufleute entschieden, doch die Problemstellung gilt bis zum heutigen Tag: Rechtfertigen die Kosten der Schaffung und Aufrechterhaltung einer Ordnung, dass deren Träger die Vorteile dieser Ordnung allein oder zumindest vorrangig für sich in Anspruch nehmen und andere davon ausschließen darf? Oder muss er es hinnehmen, dass andere, obwohl sie für die Kosten nicht aufkommen, nicht nur vom Rahmen dieser Ordnung profitieren, sondern diesen unter Berufung auf die «Freiheit der Meere» sogar mit erheblich geringerem Aufwand nutzen können und sich so große wirtschaftliche Vorteile verschaffen, gerade weil sie die Kosten nicht oder kaum tragen?[1]

Dieser Konflikt, der keine Frage der Moral, sondern Ausdruck eines objektiv existierenden Problems ist, liegt hinter dem Auf und Ab von Wirtschafts- und Handelskriegen, die seither in unterschiedlichen Formen die Welt beschäftigten. Je nachdem, wie dieser Konflikt reguliert oder auch nur wahrgenommen wurde, entwickelten sich Rivalitäten unter Umständen zu produktivem wirtschaftlichen Wettbewerb – oder es kam zu gefährlichen Konfrontationen, speziell dann, wenn sich das Ziel ökonomischen Vorteils mit politischem und militärischem Dominanzstreben verband. Ob die aufgeworfene Frage nach der Nutzung einer Ordnung je grundsätzlich entschieden werden kann, muss offenbleiben. Lehrreich ist indes ein Blick darauf, welche Antworten in den vergangenen Jahrhunderten darauf gegeben wurden. Mit der Straße von Malakka, dem Nadelöhr vor Singapur und Malaysia auf dem Handelsweg von und nach China, spielt die Geschichte von Wirtschaftskriegen heute aktueller denn je an einem Ort, an dem sie sicher nicht begann, wohl aber ihre semantische Rahmung entscheidend provoziert wurde.

Es wäre zweifellos übertrieben, das gegenwärtige Verhältnis der USA zu China mit dem Portugals gegenüber der aufstrebenden niederländischen Handelsflotte zu Beginn des 17. Jahrhunderts zu vergleichen, aber erhellend ist die Perspektive allemal. Denn der Aufstieg Chinas vollzog sich im Rahmen einer vor allem von den USA garantierten weltwirtschaftlichen Arbeitsteilung, die es chinesischen Anbietern leicht und vor allem kostengünstig ermöglichte, große Teile des Weltmarktes zu erreichen und nach und nach zu dominieren. Die Versuche der Vereinigten Staaten, den chinesischen Aufstieg zu bremsen – auch wenn dies unter Umständen eine Beschädigung der globalen Arbeitsteilung bedeutet –, sind jedenfalls der wesentliche Grund der weltweiten ökonomischen Turbulenzen, die sich seit geraumer Zeit beobachten lassen. Mit dem Ende eines von den USA dominierten Zeitalters der Globalisierung nähert sich die Welt heute einem Zustand des Ordnungsverlustes, der die kommenden Jahre unter ein großes Fragezeichen stellt. Dieser Zustand ist historisch nicht neu. Zumindest in wirtschaftlicher Hinsicht wechselten Phasen geregelter und friedlicher ökonomischer Arbeitsteilung mit heftigen Konflikten, die von Momenten des Wirtschaftskrieges bis hin zu gewaltsam ausgetragenen Auseinandersetzungen geprägt waren. In der folgenden Darstellung geht es darum, die historischen Linien dieser «Wellenbewegung» und die Muster nachzuzeichnen, die den Umschlag von Rivalitäten in offenen Konflikt oder in eine zumindest zeitweilige Herausbildung geordneter Kooperationen markierten. Rivalitäten sind der Normalzustand; entscheidend ist, wann sie gefährlich werden und das Potenzial besitzen, die Regeln der grenzüberschreitenden Zusammenarbeit – letztlich zum Nachteil aller – zu zerstören. Dass eine solche Fragestellung angesichts der gegenwärtigen weltweiten Entwicklungen eine besondere Aktualität besitzt, wird niemand bestreiten wollen. Historisches Wissen wird die derzeitigen Konflikte, ja ihre Zuspitzung in der kommenden Zeit nicht aufhalten können, aber es kann die Aufmerksamkeit dafür erhöhen, was eine kurzfristige und unüberlegte Politik anrichten kann.

Der Wirtschaftskrieg, das heißt der Konflikt um Macht und Vorteile im zwischenstaatlichen Handel und bei der Organisation und Strukturierung von grenzüberschreitenden wirtschaftlichen Austauschprozessen, ist ein altes Phänomen. Es genau einzugrenzen, ist gar nicht so einfach, denn klar isolierbar sind Wirtschaftskriege nur in seltenen Fällen. Vielmehr gibt es große Unterschiede bezüglich Art und Ausmaß der jeweiligen Auseinandersetzungen. Das betrifft zum einen die Zahl der beteiligten Akteure, zum anderen geht es in Wirtschaftskriegen zumeist nicht ausschließlich um wirtschaftliche Fragen. Allerdings sind Letztere im Laufe der Jahrhunderte immer wichtiger geworden. In der Gegenwart kommt ökonomischen Gesichtspunkten eine überragende Bedeutung zu, da die wirtschaftlichen Handlungsspielräume der Regierungen in der Regel die politischen durchaus bestimmen.

Das war zwar im Grunde auch in der Vormoderne schon so, doch hat sich der Charakter von Konflikten, nicht zuletzt militärischen Auseinandersetzungen, im Zuge des technologischen Wandels strategisch und taktisch völlig verändert. Während es in der Vormoderne vor allem darum ging, einen exklusiven Zugriff auf Ressourcen, Handelswege und Lieferketten zu erlangen, gewann spätestens zum Ende des 17. Jahrhunderts – explizit formuliert in den Agenden des Merkantilismus – die Stärkung der eigenen Produktionskraft und die Schwächung der Möglichkeiten realer oder potenzieller Gegner an Bedeutung. Handels- und Wirtschaftskriege dienen seither explizit der Verbesserung der eigenen wirtschaftlichen Dynamik, die sukzessive in den Vordergrund entsprechender Bemühungen trat.

Es war die so mögliche wirtschaftliche Stärke, die schließlich in den großen Auseinandersetzungen des 18. Jahrhunderts etwa den Ausschlag zugunsten Großbritanniens gab, das schlicht produktiver wirtschaftete als die kontinentaleuropäische Konkurrenz und sich daher – allerdings erst nach jahrzehntelangen Kämpfen – gegen sie durchsetzen konnte. Dabei blieb es nicht stehen. Der Schutz und die Förderung der eigenen «produktiven Kräfte» mit zum Teil durchaus robusten Mitteln änderten sich, nachdem die britische Wirtschaft eine Dominanz erreicht hatte, die die kontinentale Konkurrenz nicht mehr fürchten musste. Die von England weiterhin betriebenen Handels- und Wirtschaftskriege bekamen nun ein anderes Ziel. Es ging nicht mehr um den Schutz der heimischen

Wirtschaft, sondern um die Öffnung der globalen Märkte, um die eigene Stärke ausspielen zu können. Der Freihandelsimperialismus war somit auch eine Form des Wirtschaftskrieges, der im Aufbegehren verschiedener Staaten gegen die Überlegenheit Großbritanniens seine Entsprechung fand.

Diese Wechselbeziehung von Öffnung und Abschottung ist seither ein Kennzeichen von Wirtschaftskriegen. Nicht nur die Kriegsführung ist damit umfassend geworden; letztlich treten heute ganze Volkswirtschaften gegeneinander an, wenn es zum offenen Konflikt kommt. Und mit dem Amerikanischen Bürgerkrieg (1861–1865), der nicht zuletzt ein mit radikalen Mitteln geführter wirtschaftlicher Vernichtungskrieg des überlegenen Nordens gegen die Plantagenwirtschaft der Südstaaten war, ist auch in die Köpfe der verantwortlichen Politiker endgültig vorgedrungen, dass wirtschaftliche Stärke oder Schwäche das eigene politische Gewicht und die Durchsetzbarkeit eigener Interessen sehr schnell beeinflussen. Allein die Kriegskosten mussten das lehren, die die Bevölkerung zudem einer erheblichen protektionistischen, steuerlichen und inflationären Belastung aussetzten.[2] Ökonomischer Strukturwandel nimmt mithin eine eigentümliche Rolle als Konfliktverstärker ein, lange bevor es zu offenen Auseinandersetzungen oder gar Feindseligkeiten kommt. Letztlich muss jede Regierung darauf bedacht sein, die eigene ökonomische Basis auszubauen, oder, wo dies nicht möglich ist, Gegner daran zu hindern, zu stark zu werden.[3]

Das ist kein neues Phänomen, wenngleich sich dessen Ausmaße in den vergangenen Jahrzehnten dauerhaft verschoben haben. Die Belagerung oder gar die Zerstörung von Städten, Häfen und Flotten, die Versklavung von Menschen oder der Raub von Ressourcen, die gezielte Verschlechterung von Münzen, das Blockieren von Handelswegen – all diese aus der älteren Zeit gut bekannten Vorgänge waren stets auch Mittel von Handels- und Wirtschaftskriegen. Diese Konflikte und ihren strukturellen Wandel umfassend nachzuzeichnen, ist unmöglich. Die folgende Darstellung versteht sich daher nicht als eine Art Enzyklopädie der Wirtschaftskriege,[4] sondern als eine Betrachtung herausragender Ereignisse und als Versuch, hinter der Vielzahl dieser Ereignisse und dem damit verbundenen historischen Wandel Muster zu erkennen. Dadurch lassen sich zwar keine zukünftigen Konflikte vorhersagen, doch trägt das Nachvollziehen von Mustern dazu bei, diese Konflikte besser zu verstehen. Zugespitzt könnte man sagen, der Überraschungseffekt von Ereignissen sinkt, wenn die historische Bildung steigt. Man weiß, womit man gegebenenfalls rechnen muss, und kann sich im günstigsten Fall auf die Eventualitäten des historischen Wandels besser einstellen. Mangelndes Wissen über die historischen Entwicklungen ist in jedem Fall ein Nachteil – vielleicht sogar ein Fehler.

Im hier skizzierten Sinne herrscht stets irgendwo Handels- oder Wirtschaftskrieg. Historisch betrachtet, sind deren Formen – streng genommen ist Wirtschaftskrieg das übergeordnete Konzept und der Handelskrieg ein Moment davon – erstaunlich stabil. Es beginnt mit Geheimhaltung, Drohungen und Schikanen, es folgen, ohne dass es eine feste Ordnung gäbe, Blockaden und Beschlagnahmungen, Embargos und Boykotte, Sanktionen, Zölle und nichttarifäre Handelshemmnisse, Piraterie und Kaperei, schließlich auch offene Kriegshandlungen mit dem Ziel, dem Gegner wirtschaftlichen Schaden zuzufügen und dadurch die eigene Position zu verbessern. Diese Vorgänge hatten und haben keinen statischen Charakter, sondern sind sehr wandlungsfähig. Sie hängen nicht nur vom Stand des jeweiligen technischen Wissens ab, sondern lösen stets Gegenreaktionen aus und zwingen daher zu Anpassungsmaßnahmen, die je nach beteiligtem Staat oder beteiligter Obrigkeit sehr unter-schiedlich ausfallen können.

All diese Maßnahmen mögen in der Räson des Staates, der sie ergreift, ihren Sinn haben, sie entsprechen aber nicht automatisch den Interessen der in ihm lebenden Menschen. Denn Wirtschaftskriege schaden keineswegs nur dem Gegner, sondern zumeist ebenso der eigenen Bevölkerung, allen voran den Konsumenten, den Kaufleuten und den Unternehmen. Einerseits werden Güter und Rohstoffe teurer, gegebenenfalls auch physisch knapp, andererseits sind auswärtige Märkte und Kooperationspartner nicht mehr erreichbar. Dies bedingt, dass Wirtschaftskriege nur in extremen Fällen eine konsequent gewählte und durchhaltbare Strategie darstellen. Im Grunde müssen hierfür sehr günstige Bedingungen vorliegen, wie sie für die meisten der potenziellen Konfliktparteien schlicht nicht gelten.

Nur einige große Staaten wie die USA und in absehbarer Zeit wohl auch China können angesichts der eigenen Marktgröße zumindest hoffen, dass Sanktionen, Zölle und andere Maßnahmen des Wirtschaftskrieges vor allem andere treffen und für die eigenen Volkswirtschaften eher folgenlos, ja sogar vorteilhaft sind. Donald Trump sagte es bei seiner zweiten Amtseinführung als Präsident der Vereinigten Staaten Anfang des Jahres 2025 ganz offen: Die Zölle sollen den amerikanischen Steuerzahler entlasten.[5] Aber das sind Ausnahmefälle, und selbst hier trifft die erhoffte eigene Unverwundbarkeit zumeist nicht zu. Für die meisten Staaten, die in engem, nicht substituierbarem Austausch mit ihren Nachbarn stehen, bergen Wirtschaftskriege ein existenzielles Risiko, denn das Unterbrechen ökonomischer Kooperation kann sehr schnell die Lebensverhältnisse im eigenen Land verschlechtern. Wenn es dennoch zu Wirtschafts- oder Handelskriegen kommt, erscheinen sie eher wie ein Zwangsmittel, das zur unmittelbaren Durchsetzung von Interessen genutzt wird, aber keine dauerhafte Option darstellt.

Spätestens seit der zweiten Hälfte des 18. Jahrhunderts sind die Vorteile eines nicht beschränkten, grenzüberschreitenden Wirtschaftsverkehrs allgemein bekannt. Solange man einen solchen Handel für ein Nullsummenspiel hielt, bei dem der eine Akteur das gewinnt, was der andere verliert, war der Wirtschaftskrieg unter Umständen ein geeignetes Mittel. Doch setzte sich im Laufe des 18. Jahrhunderts, getragen nicht zuletzt von ökonomischen

Diskussionen um den offenkundigen Nutzen des Freihandels, die eng mit den Namen von David Hume, Adam Smith oder Anne Robert Jacques Turgot verbunden sind,[6] die Vorstellung durch, dass Kooperation allen Partnern nützt, wenn auch vielleicht nicht in gleichem Ausmaß. Es müssen besondere Gründe vorliegen, dass Maßnahmen des Wirtschaftskrieges mit den ihnen innewohnenden Risiken überhaupt gewählt werden.

Genau in dieser Diskrepanz liegt ein Hauptaugenmerk der folgenden Darstellung. Denn obwohl ökonomisch im strikten Sinne stets nachteilig, treten Wirtschafts- und Handelskriege immer wieder auf. Im Kalkül der beteiligten Staaten spielt mithin der bald einsetzende negative ökonomische Effekt dieser Konflikte eine untergeordnete Rolle oder wird mit Spekulationen auf mittel- und langfristige Wirkungen, auf die dauerhafte Schwächung von Rivalen oder auf die robuste Behauptung der eigenen Führungsposition, wofür temporär auch Kosten in Kauf genommen werden, in den Hintergrund gedrängt. Der politische Blick auf Handelskriege unterscheidet sich insofern von zumeist kurzfristig bestimmten ökonomischen Überlegungen.

Wenn sich Wirtschaftskriege nicht so sehr in ihrer Form unterscheiden, dann tun sie es umso mehr in ihrer Art und Intensität, die stets unmittelbar das politische Umfeld reflektieren. Drei prinzipielle Merkmale lassen sich beobachten. Da ist *erstens* die zwischenstaatliche Rivalität, die auch mit wirtschaftlichen Mitteln ausgetragen wird. Das *zweite* Merkmal betrifft das, was wir heute unter dem Stichwort Sanktionen zusammenfassen, also zumindest anfangs einseitig unternommene Schritte, um durch das Verursachen von ökonomischem Schaden politisches Wohlverhalten zu erzwingen. Im strengen Sinne ist das eine Erscheinung des 20. Jahrhunderts, denn erst seit dem Ersten Weltkrieg ist es üblich geworden, Kriegshandlungen nicht nur militärisch, sondern auch moralisch zu bewerten und gegebenenfalls zu bestrafen. Bei Sanktionen spielt insofern das Ziel eine Rolle, je nach Standpunkt das

Gute zu fördern und das Böse zu dämpfen, wobei die Standpunkte nur sehr selten eindeutig sind. Im Vergleich zur Gegenwart ging es in der älteren Staatenkonkurrenz jedoch nicht nur, ja nicht einmal vorrangig, um die Durchsetzung des Guten, sondern um staatliche Selbstbehauptung, die an sich als legitim galt. Das *dritte* Merkmal schließlich umfasst das alltägliche Konfliktgeschehen, das sich in den unzähligen Nadelstichen äußert, denen Handels- oder Kooperationspartner ausgesetzt sind, angefangen bei Zöllen und nichttarifären Handelshemmnissen über Gesundheitsvorschriften bis hin zu Mobilitätsbarrieren für Menschen und Kapital, die je nach Umständen «pragmatisch» genutzt werden.

Historisch lässt sich keines dieser charakterlichen Merkmale in reiner Ausprägung fassen, stets gehen sie durcheinander.[7] Rein wirtschaftliche Gründe waren es in der Regel nicht, die etwa dazu führten, dass England im 18. Jahrhundert den Weinimport aus Frankreich stark einschränkte, Deutschland im späten 19. Jahrhundert den Zugang zum Berliner Kapitalmarkt für Russland sperrte oder die USA 1940 ein Ölembargo gegen Japan verhängten. In der Regel sind Wirtschaftskriege Mittel zur Austragung von Konflikten, nicht ihre Ursache. Sie sind, wie erwähnt, stets Teil weitergehender Rivalitäten und dienen nicht allein dazu, unmittelbare wirtschaftliche Vorteile zu erlangen. Selbst wenn das Ziel darin besteht, die eigene ökonomische Vorherrschaft zu behaupten oder den Aufstieg der Konkurrenz zu bremsen, geht es um politische Rivalitäten. Aus Sicht von Verbrauchern, Handel und Unternehmen ist es ja keineswegs nachteilig, wenn Güter aus einem anderen Land preiswert und in guter Qualität zur Verfügung stehen. Sie denken nicht in allgemeinen Bilanzen oder gar Länderkonkurrenzen, sondern handeln nach ihren jeweiligen Nutzenerwartungen, die nicht den Machtvorstellungen der eigenen Obrigkeit entsprechen müssen. Wirtschaftskriege sind so gesehen nie zwangsläufig, folgen keiner ökonomischen Rationalität, im Gegenteil. Für Unternehmen ist Wettbewerb, auch wenn sie ihn nicht immer unbedingt mögen, der Normalfall, auf den sie mit Leistungssteigerungen oder Kostensenkungen reagieren, in der Regel aber nicht damit, die Werkstore der Konkurrenz zu blockieren.

Die Tatsache, dass Wirtschaftskriegen immer eine politische Konkurrenz zugrunde liegt, hat sie von Anfang an zum Gegenstand von juristischen Überlegungen gemacht. Schon während der Konflikte zwischen Spanien und Großbritannien im 16. und 17. Jahrhundert um den Handel mit den neu entdeckten Gebieten in Asien und Amerika war zumindest in europäischen Gewässern klar, dass willkürliche Eingriffe wie etwa das Aufbringen von Schiffen und die Beschlagnahmung der Ladung rechtlich inakzeptabel waren und zu größeren militärischen Auseinandersetzungen führen konnten. Das trug zu einer sukzessiven Verrechtlichung der Handelsbeziehungen bei. Legales und legitimes Handeln wurde vorstrukturiert, und der Wirtschaftskrieg war zwar formal als Teil der allgemeinen Kriegsführung akzeptiert, durfte aber nicht willkürlich geführt werden. Der Seeraub zum Beispiel, der während eines Krieges mit staatlicher Lizenz (den sogenannten Kaperbriefen) geradezu legal betrieben werden durfte, war nach Friedensschluss schlichte Piraterie, die entsprechend bestraft wurde.[8]

Seither bemühten sich viele Staaten, den grenzüberschreitenden Handel, der trotz der Regeln des Seehandels in vielen Fällen nicht normiert war, rechtlich genau zu fassen und Verstöße zu benennen und zu sanktionieren. Dadurch wurde im Laufe der Zeit der Raum für «legale» Maßnahmen des Wirtschaftskrieges immer geringer, auch wenn grenzüberschreitendes Wirtschaftsrecht faktisch nicht möglich war, sondern regelkonformes Verhalten nur über Verträge durchgesetzt werden konnte. Das bedeutete nicht, dass die Handlungsbeschränkungen im Konfliktfall stets beachtet worden wären, zumal es ein geschlossenes und umfassendes Völkerrecht bis heute nicht gibt.[9] Doch stieg das Risiko für Wirtschaftskriegsmaßnahmen weiter an, da sie gegebenenfalls rechtlich geahndet werden konnten.

Die Gründung des Völkerbundes 1920, die Verrechtlichung der internationalen Wirtschaftsbeziehungen nach dem Zweiten Weltkrieg etwa mit dem Allgemeinen Zoll- und Handelsabkommen (General Agreement on Tariffs and Trade, GATT) sowie die in diesem Rahmen seit den 1950er Jahren stattfindenden Welthandels- und Entwicklungskonferenzen führten zu einer Vereinheitlichung, Vereinfachung und Verbilligung grenzüberschreitender Kooperation. Immer mehr Staaten verpflichteten sich dazu, von Maßnahmen des Wirtschaftskrieges, ja generell von unfairen Handlungen (Währungsmanipulationen, erratischen Zollerhöhungen, Sperren etc.) Abstand zu nehmen und sich einer internationalen Rechtsordnung zu unterwerfen, wie sie schließlich durch die Welthandelsorganisation (WTO) verkörpert wurde. Wirtschaftskriege gelten in diesem Rahmen im Grunde als rechtswidrig; nur in engen Grenzen können Retorsionsmaßnahmen erfolgen, also ein selbst «unfreundlicher, aber völkerrechtskonformer Akt [...] als Reaktion»,[10] wenn andere Akteure gegen wichtige gemeinsame Regeln verstoßen, etwa der Nichtdiskriminierung, des fairen Wettbewerbs oder der Respektierung von Eigentum. Grundsätzlich unterliegen alle einschlägigen Maßnahmen einer übergeordneten Schiedsgerichtsbarkeit, die diese sanktionieren kann. Von den historisch bekannten Formen des Wirtschaftskrieges wäre gegenwärtig wohl keine mehr legal. Wenn es überhaupt zu ihnen kommt, dann vor allem, weil anerkannte internationale Gremien Regelverstöße einzelner Staaten festgestellt haben, gegen die mit Sanktionen vorgegangen werden kann. Dies hängt wiederum von kollektiven Beschlüssen ab, die indes sehr selten sind.

Wirtschaftskriegsmaßnahmen ohne völkerrechtlich verbindliche Grundlage kommen dennoch seit dem Zweiten Weltkrieg immer häufiger vor und verlangen, auch wenn es sich um reine Machtpolitik handelt, eine moralische Rechtfertigung – was etwa bei den amerikanischen Maßnahmen gegen China eine ganze Palette von entsprechenden Argumenten provoziert hat (unfaire

Praktiken, Missachtung von Eigentumsrechten, Unterdrückung von Minderheiten in Tibet oder Xinjiang). Die Rechtlichkeit von Handelskriegen, ihre Legalität und Legitimität, unterliegt mithin starkem historischem Wandel, allerdings liegt bis heute ein Großteil des zwischenstaatlichen Handels in einer rechtlichen Grauzone, was zur moralischen Verschleierung solcher Kriege maßgeblich beigetragen hat. Ob etwas rechtlich zugelassen ist oder nicht, lässt sich generell schwer entscheiden. Dass es moralisch geboten ist, kann da schon leichter behauptet werden.[11]

All diese Gesichtspunkte führen dazu, dass die Identifikation historischer Wirtschaftskriege nicht einfach ist. Viele Unterscheidungen, die vor allem für ältere Wirtschafts- und Handelskriege durchaus pragmatischen Wert haben, verlieren an Trennschärfe mit der Durchsetzung moderner Wirtschaftsstrukturen, durch welche jeder Krieg, auch der zunächst nicht ökonomisch begründete Konflikt, zwangsläufig deshalb zum Wirtschaftskrieg wird, weil in den Kriegen der Gegenwart die Wirtschaft nicht nur Hilfsmittel, sondern vorrangiges Ziel der Kriegsführung geworden ist. Das soll nicht heißen, dass ökonomische Aspekte nicht bereits früher kriegsentscheidende Bedeutung besaßen, doch blieb diese Bedeutung vor allem auf die Fähigkeit begrenzt, Mittel zur Finanzierung von Rüstung, zur Kriegsführung, zur Anwerbung von Soldaten oder zur Unterstützung von Verbündeten zu gewinnen. Mit der sogenannten Militärischen Revolution des 15. und 16. Jahrhunderts, der Entstehung der modernen Artillerie, der gewaltigen Expansion von Festungsbauten, der Entstehung moderner Kriegsflotten und schließlich der Unterhaltung stehender Heere, nahm dieser Finanzbedarf enorm zu, sodass die Beschaffung finanzieller Ressourcen zur eigentlichen Achillesferse zwischenstaatlicher Konflikte und insofern selbst zum Gegenstand der Staatenkonkurrenz wurde.[12]

Wollte man sich durchsetzen, war es vielleicht sogar wirksamer, dem Gegner wirtschaftlich und finanziell zu schaden, als das Risiko offener militärischer Konflikte einzugehen. Kriege konnten überdies derart eskalieren, dass ihre ökonomischen Folgen unkalkulierbar groß wurden. In dieser Hinsicht lässt sich der Dreißigjährige Krieg mit dem schwedischen Historiker Peter Englund als «Verwüstung Deutschlands» verstehen.[13] Dabei war das ökonomische Desaster nicht einmal primäres Kriegsziel, sondern ergab sich als Folge der Kriegsdauer und der militärischen Konstellation. Der Dreißigjährige Krieg war streng genommen kein Wirtschaftskrieg,[14] führte aber schließlich dazu, dass die deutschen Territorien für lange Zeit als relevanter ökonomischer Faktor ausschieden oder zumindest massiv an Bedeutung verloren.

Das war zweifellos noch die Ausnahme. Selbst der Siebenjährige Krieg des 18. Jahrhunderts, der in der kolonialen Konkurrenz von Frankreich und Großbritannien von Anfang an starke Momente eines Wirtschaftskrieges aufwies, relativ lange dauerte und auf seinen verschiedenen Schauplätzen in Amerika, Europa und Asien erhebliche Verwüstungen anrichtete,[15] wurde von den Zeitgenossen in Deutschland als ein begrenztes Ereignis wahrgenommen, das kaum in den Alltag eingriff, solange jedenfalls die eigene Region nicht selbst zum Kriegsschauplatz wurde.[16] In der Gegenwart, in der Kriegsfähigkeit und ökonomisches Potenzial unmittelbar miteinander korrelieren, ist die Situation eine andere. Wie stark hier die Phänomene verschwimmen, zeigt der aktuelle Konflikt in der Ukraine, der einerseits als militärische Auseinandersetzung auf den ostukrainischen Raum beschränkt ist, gleichzeitig aber Züge eines globalen Wirtschaftskrieges angenommen hat, da etwa die Sanktionsmaßnahmen der westlichen Staaten keineswegs nur Russland direkt, sondern auch seine internationalen Kooperationspartner treffen sollen. Das Ziel ist ganz offenkundig, Russland wirtschaftlich in die Knie zu zwingen, sodass es den Krieg in der Ukraine nicht gewinnen kann.

Solange Kriege und Konflikte begrenzt blieben, kann man schlussfolgern, ließen sich auch Wirtschaftskriege, etwa die Englisch-Niederländischen Seekriege des 17. Jahrhunderts, die kolonialen Auseinandersetzungen zwischen Frankreich und Großbritannien im 18. Jahrhundert oder die Opiumkriege des 19. Jahrhunderts, gut fassen und abgrenzen. Doch bereits der Amerikanische Bürgerkrieg wurde von den Nordstaaten im modernen Sinne «totalisiert», das heißt, die militärischen Auseinandersetzungen wurden von umfangreichen Maßnahmen ergänzt, die von der Blockade der Ausfuhrhäfen der Südstaaten bis zur gezielten Zerstörung der Infrastruktur und zum Niederbrennen der Landschaft reichten.[17]

Was sich hier andeutete, fand in den «totalen Kriegen» des 20. Jahrhunderts eine geradezu radikale Fortsetzung. Sie reichte bis hin zur gänzlichen Zerstörung des Gegners im Zweiten Weltkrieg, wobei die Wirtschaft selbst zum primären Ziel militärischer Handlungen wurde, da ihre Kapazitäten für die Kriegsfähigkeit der jeweiligen Parteien ausschlaggebende Bedeutung hatten.[18] Zwischen offenem Krieg und Wirtschaftskrieg ist im Zeitalter des «totalen Krieges» also kaum mehr zu unterscheiden, was wiederum nicht heißen soll, dass jeder Konflikt in der Gegenwart diese totalen Züge annimmt. Das war und ist der Fall, wenn die Gegner relativ ebenbürtig sind; bei ungleicher Kräfteverteilung kann es hingegen bei traditionellen Formen der Auseinandersetzung bleiben.

Im 20. Jahrhundert kam allerdings ein neues Moment ins Spiel, eben jenes der moralischen Verpflichtung, das zumindest einem Teil der Wirtschaftskriege seither seinen Stempel aufprägt.[19] Auch hier war der Amerikanische Bürgerkrieg ein Vorläufer, insofern der Krieg nicht mehr allein als legitimes Mittel der staatlichen Interessendurchsetzung begriffen wurde, wie es in der Tradition der europäischen Kriegsführung der Fall war, sondern zugleich als eine Art moralischer Feldzug des Guten gegen das Böse geführt wurde. Erster Höhepunkt dieser neuen Situation war der Friedensschluss von Versailles, in dem Deutschland eine moralische Kriegsschuld akzeptieren musste, die das Land verpflichtet hätte, selbst dann zu zahlen, wenn es den Krieg nicht verloren hätte. Diese «Moralisierung» begünstigt seither eine neue Form des Wirtschaftskrieges, die Sanktionierung von «Schurken». Bereits in der Zwischenkriegszeit verhängte der Völkerbund Sanktionen gegen Italien (wegen des Abessinienkrieges) oder die USA gegen Japan (wegen der Invasion Chinas). Nach dem Zweiten Weltkrieg, der ja in der Tat auch eine moralische Auseinandersetzung war, kam es dann zu einer großen Fülle von Sanktionen, also Wirtschaftskriegsmaßnahmen, die genau so begründet wurden. Angesichts des atomaren Eskalationsrisikos, durch das offene militärische Konflikte zwischen den Großmächten unwahrscheinlich wurden, waren diese Maßnahmen gelegentlich sogar das Mittel der Wahl.

Im Kalten Krieg reichte diese Art Sanktionierung vom Boykott über Blockaden und die Unterbindung von Technologietransfer bis hin zu Geheimdienstoperationen. Noch die Eskalation des Wettrüstens unter Ronald Reagan wurde mit moralischer Beigabe begründet. Dies richtete sich jedoch keineswegs nur gegen die Sowjetunion und deren Verbündete. Der aus moralischen Gründen ergriffene Wirtschaftskrieg traf selbst eigene vermeintliche Verbündete wie Spanien unter Francisco Franco oder später die Südafrikanische Republik wegen ihrer Apartheidpolitik, vor allem aber politische Gegner wie das iranische Mullahregime oder das kommunistische Nordkorea, um nur die bekanntesten Beispiele zu nennen. Der moralische Aspekt spielte nun auch bei der öffentlichen Rechtfertigung von Wirtschaftskriegen eine Rolle; gelegentlich waren es die Öffentlichkeiten selbst, die mit moralischer Verve nach ihnen riefen, da eine wirtschaftliche Zusammenarbeit mit «Schurkenstaaten» selbst dann scheinbar nicht mehr zu rechtfertigen war, wenn sie gegenseitige Vorteile versprach. Im gegenwärtigen Ukrainekrieg verschwimmen, wie gesagt, all diese Momente miteinander, wodurch zugleich deutlich wird, dass es eine klare Abgrenzung und Definition von Wirtschaftskriegen weder gibt noch geben kann, weil deren Formen und Gehalte selbst starkem historischem Wandel unterliegen.

Mit dem sich abzeichnenden Großkonflikt zwischen den USA und China tritt das Phänomen der Wirtschaftskriege allerdings noch einmal in eine neue Phase ein. Dieser Konflikt wird im Grunde gar nicht mehr von erkennbaren moralischen Zielen bestimmt, etwa Freiheit versus Parteidiktatur, wenngleich das allgemein so oder ähnlich geäußert wird. Anfänglich spielte noch die Frage eine gewisse Rolle, ob China durch bestimmte Handlungen gegen die auch von ihm akzeptierten Regeln der WTO verstoßen habe. Aber darum geht es mittlerweile kaum noch. Im Verhältnis der USA zu China traten schon seit den 1970er Jahren, als das Land noch zentrale Momente der Mao-Diktatur aufwies, moralische Probleme gegenüber einem Streben nach gegenseitigem Vorteil zurück, wobei das ökonomische Potenzial der Volksrepublik ebenso willkommen war wie die gemeinsame Frontstellung gegen die Sowjetunion. Selbst die Niederschlagung des Protestes auf dem Tiananmen-Platz 1989 führte nicht dazu, dass das sich modernisierende China vom wirtschaftlichen Austausch, der sich nach dem Ende des realen Sozialismus global öffnete, ausgeschlossen worden wäre. Im Gegenteil wurde das Land immer stärker in die Weltwirtschaft einbezogen und avancierte peu à peu zu einem der bedeutendsten Lieferanten von Industriegütern, der umso begehrter war, je mehr er die Welt an den niedrigen Arbeitskosten im eigenen Land teilhaben ließ.

Solange der Aufstieg Chinas die Pax Americana, also die um die Dominanz der USA gruppierte weltwirtschaftliche Arbeitsteilung mit dem Dollar als Leitwährung, nicht infrage stellte, sondern den Strukturwandel der amerikanischen Wirtschaft weg von den «Dinosauriern» der Industrie hin zur digitalen Dienstleistungswirtschaft sogar noch begünstigte, schien eine Kooperation unproblematisch. Doch sobald sich China von der Rolle des Lieferanten emanzipierte, technologisch auf Augenhöhe mitspielen wollte und zugleich eigene globale Strukturen jenseits der amerikanischen Ordnung aufzubauen begann, war es damit vorbei. Das Bemerkenswerte an dem aktuellen Konflikt ist nicht, dass er über die Auseinandersetzung um Taiwan, die Menschenrechtsverstöße gegen die Uiguren und in Tibet oder die Rolle der Parteidiktatur erneut zu einer Art moralischem Konflikt zwischen Gut und Böse stilisiert wird; das ist vor allem öffentliche Meinungsmache. Entscheidend ist, dass es diesmal in der Tat um ökonomische Fragen als Voraussetzung und Bedingung politischer Machtentfaltung geht, um Wachstum, Produktivität und technologische Innovationsfähigkeit, es sich also um einen genuin politischen Konflikt handelt, der im Ergebnis zu dem Zeitpunkt in eine Art Wirtschaftskrieg umschlug, als sich der ökonomische Aufschwung Chinas zu einer ernsthaften Herausforderung der Führungsrolle der USA entwickelt hatte. Das Ökonomische wurde aufgrund seiner Dimension deshalb politisch, weil es die Gewichte und Handlungskapazitäten in der Machtkonkurrenz definitiv zu verschieben drohte.

Gerade daher ist allerdings auch kaum vorstellbar, dass es in diesem Konflikt zu einer schon gar nicht einfachen militärischen Lösung kommt. Eher scheint der Wunsch der Vereinigten Staaten vorstellbar, dass die chinesische Führung Reformen im Land zustimmt, den Charakter der Parteidiktatur aufgibt, sich politisch den USA annähert und schließlich deren Dominanz akzeptiert – doch selbst dann bleibt die große Frage, ob die weiterhin feststellbare ökonomische Gewichtsverlagerung hin zu China durch die USA akzeptiert werden könnte. Es ist wohl davon auszugehen, dass es einen Wettlauf um die technologischen Entwicklungen der Zukunft geben wird, der kompetitiv und nicht kooperativ ausgetragen wird. Damit ist ein Eskalationspotenzial angelegt, das bis in die als Cyberspace bezeichnete virtuelle Realität führt. Wie in der Auseinandersetzung um die beste Ausgangslage bei der Ausbeutung der sogenannten Neuen Welt im 16. Jahrhundert geht es auch heute wieder um die besten Positionen bei der Nutzung der vielversprechenden Zukunftsräume des ökonomischen und technologischen Wandels, die freilich nicht mehr territorial gebunden sind, sondern zunehmend in die digitale Welt der globalen Kommunikation quasi grenzenlos diffundieren. Gerade diese Grenzenlosigkeit, die mit jedem technologischen Schub nicht nur weiter zunimmt, sondern zugleich ökonomische, politische, kulturelle und nicht zuletzt militärische Handlungschancen und -zwänge hervorbringt, macht den Cyberspace zu einer Art Schlachtfeld, auf dem es neben den Versuchen zur Regulierung vor allem darum geht, die eigene technologische Handlungsfähigkeit zu sichern.[20]

Historisch gibt es für den gegenwärtigen Konflikt keine Vorbilder; zumindest technologisch ist dies ein ganz neues Feld. Doch er passt in historisch bekannte Muster, denn Wirtschaftskriege waren und sind ein durchgehendes Phänomen des ökonomisch-historischen Wandels, kein Merkmal einer bestimmten Epoche oder Konstellation, auch wenn diese für ihre konkrete Gestalt jeweils eine große Rolle spielen. Für sie ist maßgeblich, dass ökonomischer Strukturwandel seinen eigenen Regeln folgt und keine Rücksicht auf gegebene Territorialstrukturen und Machtverhältnisse nimmt.[21] Die britische Monarchie unterstützte 1585 die Niederlande in ihrer Auseinandersetzung mit Spanien, nahm davon aber zunehmend Abstand und entwickelte sich schließlich zum Feind, als holländische Flotten den Überseehandel zu dominieren begannen und selbst in englischen Häfen zu gern gesehenen Gästen wurden, die preiswerter und zuverlässiger als englische Anbieter lieferten. Der zunächst geförderte Aufstieg der Niederlande wurde zum Ärgernis, zum Anlass für Wirtschaftskriegshandlungen wie die «Navigationsakte» («Navigation Acts») zur Regulierung von Schifffahrt und Seehandel, ja für offenen Krieg. Durchsetzen konnte sich Großbritannien jedoch erst, als es seine eigene ökonomische Basis durchgreifend verbessert hatte und mit der Industrialisierung des 18. Jahrhunderts völlig neue Handlungsspielräume gewann.

Frankreich unter Ludwig XIV. dominierte in Europa nicht zuletzt wegen der Größe seiner Bevölkerung und des schieren ökonomischen Potenzials des großen Territoriums, sehr zum Missfallen der Nachbarn, nicht zuletzt der Engländer. Doch waren es letztlich nicht die wiederholten offenen und ökonomischen Kriege gegen Frankreich, die die Überlegenheit Großbritanniens begründeten, sondern die große wirtschaftliche Dynamik, die dem Land schließlich auch die Vorherrschaft über das potenziell sehr viel stärkere Kontinentaleuropa Napoleons verschaffte. Die neue globale Ordnung, unter dem Schlagwort Pax Britannica bekannt, schrieb die englische Vorherrschaft fest und ermöglichte die erste Globalisierung in der zweiten Hälfte des 19. Jahrhunderts. Doch machte Großbritannien nun die geradezu paradoxe Erfahrung, dass zumindest wirtschaftlich nicht die Ordnungsmacht vorrangig von der Ordnung profitiert, die sie garantiert, sondern andere Länder, die den für sie im Wesentlichen kostenfreien Rahmen nutzen, um ihre Produktivität zu entfalten.[22]

Ganz ähnlich erging es den USA, die nach dem Zweiten Weltkrieg eine internationale Rahmenordnung schufen, die zwar zunächst nur die westliche Hemisphäre umfasste, seit 1990 aber in der Tat global wurde und zu einem Sieg der amerikanischen Vorstellungen von internationaler Kooperation führte. Doch im Rahmen der so ermöglichten Ordnung waren es nicht die Vereinigten Staaten, die am meisten profitierten oder am schnellsten wuchsen. Der Aufstieg Westdeutschlands und Japans, die politisch keine Konkurrenz darstellten und ihre ökonomische Stärke nicht als Waffe gegen die USA richteten, wenngleich das dort manche so empfanden, war noch hinzunehmen, ja schien zum gegenseitigen Vorteil – nicht jedoch der Aufstieg Chinas, den man zu Anfang unterschätzt hatte. Seit der Jahrtausendwende gewann er aber nicht nur an einer Dynamik, die die USA in den Schatten stellte, er war auch mit der Aufrechterhaltung, ja Konsolidierung gegensätzlicher politischer Vorstellungen verbunden. Obwohl der ökonomische Austausch für beide Seiten überaus nützlich war, empfanden die USA die mit ihm verbundene wirtschaftliche Gewichtsverschiebung zugunsten Chinas zunehmend als bedrohlich und reagierten entsprechend. Das führte zu einer erst langsamen, seither aber immer rascheren Auflösung der Pax Americana, hin zu einer neuen Ordnungslosigkeit, in der die Wahrscheinlichkeit für Wirtschaftskriege ebenso sehr zunimmt wie Wachstumsverlust und Wohlfahrtseinbußen absehbar werden.[23]

Konstitutiv hierfür ist die durch den ökonomischen Strukturwandel bedingte, eingangs bereits skizzierte Paradoxie von Ordnung und Rivalität: Alle profitieren von geordneter Kooperation, nur eben nicht in gleicher Weise, sodass sich infolge des Strukturwandels die jeweiligen ökonomischen Handlungsspielräume in politisch relevantem Maße verschieben. Der Versuch, diese Verschiebungen zum eigenen Nutzen zu kontrollieren, ist der eigentliche Kern von Wirtschaftskriegen; hierdurch können aus alltäglichen gefährliche Rivalitäten werden. Selbst einmal fixierte Ordnungen können den Wirtschaftskrieg letztlich nicht verhindern, da sie vom Strukturwandel, der durch sie erst ermöglicht wurde, ja rasch wieder infrage gestellt werden. Wirtschaftskriege sind insofern ein politisches, kein ökonomisches Dauerproblem, auf das verschiedene Antworten möglich sind.

In diesem Buch soll jene Vielfalt an Antworten historisch beleuchtet werden, um auf dieser Basis Überlegungen für die Gegenwart anzustellen. Dabei geht es weder, wie bereits betont, um eine Aufzählung aller größeren Konflikte noch darum, einzelne spektakuläre Fälle vergleichend nebeneinanderzustellen. Zwar wäre es reizvoll, eine Reihe herausragender Ereignisse auf Gemeinsamkeiten und Unterschiede in den Blick zu nehmen, jedoch würde dabei letztlich die Perspektive des historischen Wandels verblassen. In dieser Fokussierung unterscheiden sich die folgenden Ausführungen von anderen verdienstvollen Studien zu Wirtschaftskriegen.[24]

Es gibt keinen roten Faden, mit dem sich Wirtschaftskriege aneinanderreihen lassen, aber die Ereignisse greifen dennoch ineinander. Der Wandel und seine Bedeutung werden erst in einer zusammenhängenden Betrachtung deutlich, die sich zwangsläufig nicht auf Wirtschaftskriege beschränken kann, sondern auch Zeiten berücksichtigen muss, in denen diese weniger ausgeprägt waren oder ganz in den Hintergrund traten: Das Wesen von Wirtschaftskriegen wird häufig erst klar, wenn sie mit friedvolleren Zeiten in Beziehung gesetzt werden. Die hier verfolgte These lautet, dass es gerade die relativ friedlichen Zeiten sind, in denen die rasche wirtschaftliche Entwicklung den Keim für neue Konflikte und Auseinandersetzungen legt, während andererseits Phasen von Wirtschaftskriegen Zustände der Ordnungslosigkeit herbeiführen, die schließlich als so drückend empfunden werden, dass der Ruf nach Ordnung lauter und schließlich auch wirkungsvoller wird. Statische Konstellationen stellen so gesehen eine Ausnahme dar.

Geordnet ist die Argumentation in diesem Buch durch drei Grundannahmen, von denen die *erste* die empirische Unabgrenzbarkeit des Problems betrifft. Die Beschränkung auf neuzeitliche Wirtschaftskriege seit dem 16. Jahrhundert hat den Vorteil, einen in sich strukturierungsfähigen Gegenstand zu konstituieren, wenngleich dem arbiträre Entscheidungen zugrunde liegen. *Zweitens* geht es um den Wandel in Art und Intensität der Konflikte im historischen Verlauf, wobei dieser durchaus mehr ist als die bloße Chronologie der Ereignisse. Wie bereits erwähnt, spielen historische Erfahrungen eine nicht zu unterschätzende Rolle gerade für die gewählte Form der Auseinandersetzung, auch wenn die jeweiligen Charakteristika durchaus ihre eigene Wertigkeit besitzen. Dies führt zur *dritten* Grundannahme, dass es ein erkennbares Muster gibt, nach dem sich Wirtschaftskriege beurteilen und historisch einordnen lassen und das man als unauflösliche Paradoxie von Ordnung und Rivalität bezeichnen könnte. Diese Paradoxie ist das eigentliche dynamische Moment, das den historischen Wandel treibt und ihn trotz wechselnder Formen durchweg begleitet.

Den Anfang bilden Überlegungen zur Konkurrenz zwischen Spanien und Portugal einerseits, Großbritannien, den Niederlanden und Frankreich andererseits (Kapitel 1), die durch die harte maritime Konkurrenz zwischen Großbritannien und den Niederlanden abgelöst wurden (Kapitel 2). Hier setzte sich Großbritannien unter Einsatz so ziemlich aller denkbaren Mittel durch, nur um danach in eine umso heftigere Konkurrenz mit Frankreich einzutreten (Kapitel 3), die vom Spanischen Erbfolgekrieg bis zum Ende der Napoleonischen Kriege (Kapitel 4) dauerte. Der eigenen ökonomischen Stärke verdankte Großbritannien nicht nur den siegreichen Ausgang dieser langen Auseinandersetzung, sondern zugleich eine Dominanz, mit der es eine internationale Freihandelsordnung errichten konnte, die auch in anderen Teilen der Welt robust durchgesetzt wurde (Kapitel 6 und 7). Einzig die jungen Vereinigten Staaten von Amerika konnten sich dem entziehen, und zwar wiederum durch robuste Mittel eines eher passiven, protektiven Wirtschaftskrieges (Kapitel 5).

Der Erste Weltkrieg brachte diese Ordnung zu Fall, die keine adäquate Folgeordnung fand. Die sogenannte Zwischenkriegszeit versank vielmehr in einem ordnungslosen Zustand,[25] der von zahlreichen Wirtschaftskriegen geprägt war, was schließlich in den Zweiten Weltkrieg führte, der der Ordnungslosigkeit ein Ende setzte (Kapitel 8). Er mündete nicht nur in der Niederlage der «Störenfriede» Deutschland und Japan – man sah nun den Aufstieg der USA als einziger Macht, die die Kraft und, anders als nach 1918, auch den Willen besaß, eine internationale Ordnung der friedlichen Kooperation energisch durchzusetzen und die gerade in Europa traditionellen Konflikte zu befrieden. Das geschah zwar um den Preis der Spaltung der Welt in Ost und West, doch der Erfolg der Pax Americana im Westen war derart durchschlagend, dass mit dem Untergang des realen Sozialismus und der Etablierung der Welthandelsorganisation erstmals so etwas wie eine globale, auf Freihandel und Kooperation setzende Weltwirtschaftsordnung möglich schien, ein Zeitalter ohne Wirtschaftskriege (Kapitel 9). Doch im Ergebnis brachte die Globalisierung unter amerikanischer Hegemonie nicht etwa harmonische Kooperation mit sich, sondern die Rückkehr heftiger wirtschaftlicher Auseinandersetzungen (Kapitel 10). Die Pax Americana scheint damit an ihr Ende gekommen zu sein.

Diese Darstellung ist, das muss kaum betont werden, aus einer europäischen, genauer einer deutschen Perspektive geschrieben. Der Hinweis ist zunächst trivial – jeder historische Text ist durch die Perspektive des Verfassers geprägt (und der Versuch, eine eurozentrische Sicht der Dinge vermeiden zu wollen, kann mittlerweile als sicherer Ausweis von Eurozentrismus gelesen werden). Eine europäische, deutsche Perspektive einzunehmen bedeutet nicht notwendig, die Gewichte in der Darstellung falsch zu setzen. In der jüngeren Wirtschaftsgeschichte gibt es zahlreiche gute Gründe, sich vor allem mit Entwicklungen in Europa und davon ausgehend in den USA auseinanderzusetzen, denn hier lag nicht nur der regionale Schwerpunkt des neueren ökonomischen Strukturwandels, hier hatten auch die Hauptakteure wirtschaftlicher Konflikte ihren Platz. Das heißt nicht, dass andere globale Regionen vernachlässigt werden können oder sollen, nur werden sie aus der hier eingenommenen Perspektive thematisiert, wobei selbst die sich gegenwärtig abzeichnende Verlagerung der großen Konflikte in den Pazifik und in den Nahen und Mittleren Osten weiterhin von der Dominanz oder zumindest dem prägenden Einfluss westlicher Akteure getragen wird. Die Auswahl von Kriegen und Konflikten, die in den folgenden Kapiteln zum Gegenstand werden, ist also durch diesen europäischen Blick beschränkt, doch führt das, so zumindest die begründete Vermutung, nicht zu einer systematischen Verzerrung der Ergebnisse. Selbst aktuelle Globalgeschichten des wirtschaftlichen Strukturwandels kennen schließlich vor allem den «globalen Norden» als «Täter» und sehen in den Staaten der südlichen Hemisphäre vor allem «Opfer» einer nördlichen Hegemonie. Damit bestätigen sie die Perspektive, die sie zu überwinden beanspruchen.[26]

KAPITEL 1

DIE ANFÄNGE: SPANIEN UND DIE NEUE WELT

KOLONIALE EXPANSION

Den Anfang eines historischen Phänomens zu bestimmen, hat immer etwas Willkürliches. Stets gibt es Ereignisse, die auf einen älteren Ursprung dessen hinweisen, mit dem man eine Geschichte beginnen lässt, und so ist es nicht das Ereignis selbst, das den Unterschied macht, sondern die Begründung, die man für dessen Auswahl als plausibel betrachtet. Schon in der Antike lassen sich Auseinandersetzungen finden, die die Züge eines Handelskrieges trugen, etwa im 5. und 4. Jahrhundert v. Chr. die Konflikte um die Sicherung der Getreideversorgung Athens oder den ausbeuterischen Zugriff auf die Silbervorkommen von Laureion sowie die Kriege zwischen Karthago und Rom im 3. und 2. Jahrhundert v. Chr.[1] Auch die Formen, von der Blockade über die Piraterie, die Zerstörung von Hafenanlagen oder die Verwüstung wirtschaftlich wichtiger Landstriche bis hin zur Versklavung großer Bevölkerungsgruppen, sind aus der Antike gut bekannt.[2] Wenn die Betrachtungen dieser Darstellung trotzdem erst mit der europäischen Expansion seit dem späten 15. Jahrhundert einsetzen, so nicht deshalb, weil hier bestimmte Phänomene erstmals beobachtet werden können, sondern weil wir es seit dieser Zeit mit Wirtschaftskriegen zu tun haben, die im Kern auf zwischenstaatliche Auseinandersetzungen zurückgehen, also in gewisser Weise moderne Staatlichkeit voraussetzen, zu deren Entstehung sie in nicht geringer Weise beitrugen.[3]

Die Anfänge dieser Auseinandersetzung hatten in vieler Hinsicht noch vormoderne Züge. Es waren ja nicht die Königreiche Spanien oder Portugal, die seit dem letzten Drittel des 15. Jahrhunderts gezielt ihr Territorium zu erweitern suchten, sondern mehr oder weniger privilegierte Exkursionen einzelner Seefahrer. Seit der Unterbrechung der Handelswege im Kontext der osmanischen Eroberung Konstantinopels 1453 hatten sie zunächst das Ziel, einen politisch sichereren Seeweg nach Indien zu eröffnen, mit dem man auch die hohen Kosten des Landtransports über die Levante sparen wollte. Portugiesische See- und Kaufleute besaßen hier geografische Vorteile, verfügten aber zugleich über Schiffbaukenntnisse und nautisches Wissen,[4] das ihnen einen erheblichen Vorsprung bei der Seefahrt entlang der afrikanischen Westküste Richtung Süden ermöglichte. Jede dieser Reisen diente dazu, das vorhandene maritime und kartografische Potenzial zu erweitern, das nebenher systematisch vor jeder möglichen Konkurrenz geheim gehalten wurde.[5] Mit der Zeit wurden Stützpunkte in Nord- und Westafrika errichtet, die wiederum als Ausgangspunkt für weiterführende Erkundungsfahrten genutzt werden konnten.[6] Es war eine dieser Reisen, von Christoph Kolumbus unternommen, die zur «Entdeckung» von Amerika führte. Den spanischen Seeleuten kam das Land, auch wenn man es fälschlicherweise zunächst für Indien hielt beziehungsweise so bezeichnete, wie eine Welt voller Reichtümer vor, und da sie scheinbar herrenlos war, meinte man, sie sich ohne Weiteres aneignen zu können.

So entstanden nach und nach portugiesische und spanische Stützpunkte sowie schließlich auch Niederlassungen, die sich in der Karibik und in Mittelamerika sowie entlang der afrikanischen Westküste bis zum Kap der Guten Hoffnung fanden, darüber hinaus an der südafrikanischen Ostküste, sodann in Indien, schließlich in Indonesien, China und Japan. Portugiesische See- und Kaufleute landeten auf dem Weg ins südliche Afrika auch in Brasilien. Doch bestand an diesem Land, von dem man kaum etwas wusste, kein eigenständiges Interesse; es diente lediglich als Etappe und nautische Station auf dem Weg der Umsegelung der Südspitze Afrikas. Die Portugiesen setzten nicht unbedingt auf gewaltsames Eindringen in den jeweiligen Regionen, was ihnen aufgrund der geringen Stärke der Expeditionsflotten auch kaum möglich gewesen wäre. Man suchte lieber die Kooperation mit einheimischen Gruppen, war im Zweifelsfall aber zugleich zu Konflikten inklusive gewaltsamen Vorgehens bereit.

Das Motiv dieser Reisen[7] bestand langfristig darin, einen Seeweg nach Indien zu finden, um wo immer möglich den Gewürzhandel in die Hand zu bekommen und zu monopolisieren. In der europäischen Tradition gab es keinen freien Handel, sondern jedes Handelsgeschäft bedurfte einer Privilegierung durch die jeweils zuständige Obrigkeit, und so bemühten sich die portugiesischen Kaufleute von dem Zeitpunkt an, als klar war, dass ein gewinnbringender Handelsweg gefunden war, um die nötigen Privilegien und Monopolrechte. Nach beharrlichen Interventionen beim Papst, der als Stellvertreter Christi auch für die neu entdeckten Gebiete, die noch keiner europäischen Obrigkeit untertan waren, die formale Statthalterschaft besaß, erhielten sie entsprechende Rechtstitel, was 1455 in der Bulle Romanus Pontifex festgehalten wurde. Von da an hatten die Portugiesen eine Art Afrikamonopol inne, das sie eifersüchtig verteidigten.

Mittel- und Südamerika fielen Spanien nach den Entdeckungsreisen von Kolumbus, Magellan und anderen insofern fast zufällig und kostenlos in die Hände. Der Norden des amerikanischen Kontinents blieb lange von eher geringem Interesse. Erst später, als See- und Kaufleute aus Großbritannien und den Niederlanden auftauchten, wurde auch hier die spanische Präsenz deutlich erweitert. Die Neue Welt wurde auf diese Weise seit der zweiten Hälfte des 15. Jahrhunderts faktisch zweigeteilt, und zwar in einen portugiesischen Osten und einen spanischen Westen, wobei der jederzeit drohende Streit zwischen den Seeleuten beider Länder schließlich vertraglich beigelegt wurde – durch verschiedene päpstliche Schiedssprüche und Verträge, wie den von Alcáçovas im Jahr 1479, Tordesillas 1494 und Saragossa 1529. Damit war der Handel in und mit der außereuropäischen Welt ein Monopol der Königreiche Portugal und Kastilien-Aragón. Allen anderen Mächten und privaten Kaufleuten waren dortige Aktivitäten verboten; sie wurden als Akte der Piraterie und des Rechtsbruchs angesehen und gewaltsam bekämpft.[8]

DER TRAUM VOM ELDORADO

Die ersten nautischen Innovationen sowie die anschließenden Erkundungsreisen waren zwar auch von Gewinnerwartungen der Königshäuser getragen, aber diese Reisen selbst trugen noch keine staatlichen Züge. Dazu war ihr Ausmaß viel zu beschränkt, zugleich ihr Ziel viel zu unbestimmt, denn vor den «Entdeckungen», die mit der Erkundung der afrikanischen Westküste und des Kaps der Guten Hoffnung, der Landung von Kolumbus in der Karibik 1492 und Magellans Weltumsegelung von 1519 bis 1522 ihre Höhepunkte hatten, war überhaupt nicht klar, welche Folgen die Abenteuer der ersten «Entdecker» haben würden. Erst als sich herausstellte, dass diese Exkursionen durchaus Erfolg haben, dass ertragreiche Handelswege erschlossen und gewinnbringende Geschäfte dauerhaft ermöglicht werden konnten, bemühten sich Spanien und Portugal frühzeitig um eine Art obrigkeitliche Legitimation.

Die spätere Forschung, namentlich die des Soziologen Immanuel Wallerstein, hat in den Folgen dieser Reisen, die in der Tat grundstürzend waren, auch deren Intention gesehen, so als hätten es die ersten «Entdecker» auf genau die Ausplünderung Amerikas abgesehen, die sie zumindest in vielen Fällen erreichten.[9] Doch nichts könnte der Wahrheit ferner liegen. Aus den Folgen einer Handlung, die gut ausgeht, deren vermeintliche Motive abzuleiten, ist so verbreitet wie unzutreffend.[10] Dass die notorisch negative Handelsbilanz Europas mit Asien – dadurch der ständige Abfluss von Edelmetall nach Asien zur Finanzierung der umfangreichen europäischen Wareneinfuhr von dort – nach der Erschöpfung der mitteleuropäischen Silberquellen einen Heißhunger nach Edelmetallen mit sich brachte, ist ebenso unstrittig wie die Tatsache, dass dieses Verlangen zugleich die jeweiligen Obrigkeiten beeinflusste, die Entdeckungsreisen zu finanzieren.[11] Doch waren das zunächst nichts mehr als Hoffnungen, vielleicht Erwartungen, mit denen kaum sicher kalkuliert werden konnte.

Mit der spanischen und portugiesischen Expansion in Mittel- und Südamerika sowie im Indischen Ozean im 15. und 16. Jahrhundert schienen sich diese Hoffnungen zu erfüllen, und das Blatt wendete sich vollkommen. Die Eroberungen erfolgten noch ganz archaisch: Man hielt die entdeckten Gebiete entweder für herrenlos oder unchristlich, was ungefähr auf das Gleiche hinauslief, und fühlte sich daher berechtigt, mit Gewalt etwaige Widerstände der Bevölkerung zu brechen und sich die Schätze und Ressourcen dieser Gebiete anzueignen oder andernfalls Handelsverträge zu schließen, die sehr im eigenen Interesse waren. Diesen gewaltsamen Expansionsprozess hat der Historiker Wolfgang Reinhard detailliert beschrieben, ebenso wie den Umstand, dass die kleinen Gruppen europäischer Seefahrer zumindest in Asien kaum dazu in der Lage waren, sich gewaltsam durchzusetzen, sondern stets auf die Kooperation heimischer Herrscher angewiesen waren, die sie zumeist geschickt zu nutzen wussten.[12]

So kam es zu unterschiedlichen Mustern der Durchdringung, die von Willkür und Gewalt im neu entdeckten Amerika bis hin zu eher vorsichtiger und diplomatischer Expansion in den asiatischen Territorien reichte, auch wenn dort, wo es notwendig und erfolgreich schien, vor Gewalt keineswegs zurückgeschreckt wurde.[13]

Manche Territorien, ihre Einwohner und Schätze wurden in der Tat auch als schlichte Beuteobjekte gesehen und entsprechend behandelt. Doch die Notwendigkeit, Handels- und Militärstützpunkte zu errichten und dauerhaft zu erhalten, sowie die beschwerlichen und langwierigen Seewege zwangen faktisch zur Kooperation, die vor allem dann unausweichlich wurde, wenn es nicht nur um Beute, sondern um den Aufbau mittel- und langfristiger Handelsbeziehungen ging. Die Entstehung regelrechter Kolonien erfolgte insbesondere dort, wo es um andauernde Edelmetallgewinnung und den Ausbau einer am europäischen Bedarf orientierten Plantagenwirtschaft ging. Gerade in letzterem Fall ließ sich auf die Erfahrungen venezianischer und Genueser Kaufleute zurückgreifen, die derartige Strukturen bereits im Schwarzmeergebiet, auf Zypern oder Ägypten aufgebaut hatten.[14]

Dabei kam es zu bemerkenswerten Unterschieden zwischen den portugiesischen und spanischen Vorgehensweisen. Während es die Kaufleute aus Portugal vor allem auf ein Gewürzmonopol abgesehen hatten, das angesichts der hohen europäischen Gewürzpreise außerordentlich lukrativ war, favorisierten die Spanier die Edelmetallgewinnung, begannen aber auch mit dem Aufbau einer Plantagenwirtschaft, etwa für Mais, Kartoffeln und Farbstoffe,[15] vor allem aber für Zucker, Tabak und Kakao. Dadurch bildeten sich die ersten Strukturen des später so genannten atlantischen Dreieckshandels, da für die beginnende Plantagenwirtschaft sowie für den Bergbau in Mexiko und Peru Arbeitskräfte benötigt wurden, die man sich nach der Vernichtung eines großen Teils der indigenen Bevölkerung in der Karibik in der gewünschten Quantität nur auf dem afrikanischen Sklavenmarkt beschaffen konnte. Hierbei waren es zunächst die Portugiesen, die die Sklaven afrikanischen Händlern abkauften und über den Atlantik transportierten, was lange Zeit trotz verschiedener Verträge eher chaotisch verlief.

Mit der zwischen 1580 und 1640 andauernden spanisch-portugiesischen Personalunion änderte sich das. 1585 wurde der erste «Asiento de Negros» (wörtlich «Vertrag über Schwarze») geschlossen, der den transatlantischen Sklavenhandel für die spanischen Kolonien in portugiesische Hände legte – womit sich das portugiesische Angebots- und das spanische Nachfragemonopol ergänzten.[16] Der Erwerb der Sklaven erfolgte gegen die Lieferung europäischer Güter, während die Produkte ihrer Arbeit, namentlich Zucker und Tabak, später vor allem auch Baumwolle, wiederum die europäische Nachfrage nach diesen Gütern befriedigte.[17] Für Portugal und Spanien, deren heimische Wirtschaften zu dieser Zeit wenig entwickelt waren im Vergleich etwa zu Norditalien, Oberdeutschland oder den Niederlanden, stellte dieser Zufluss an Edelmetallen und hochwertigen Handelsgütern eine große Entlastung dar, da nun die notwendigen Gewerbeimporte vor allem aus den genannten Regionen leicht zu finanzieren waren.

Die Auswirkungen dieses Zustroms von Reichtum waren für die heimische iberische Wirtschaft langfristig indes nicht günstig, da er die Preise im Land anheizte und eine regelrechte Inflation um sich griff.[18] Vor allem aber wurde der Aufbau eigener gewerblicher Strukturen, wurden ganze heimische Wirtschaftszweige (wie etwa die Wollverarbeitung) geradezu vernachlässigt, konnte man doch den Bedarf jederzeit – und zwar besser und kostengünstiger – durch den Import decken. Nicht zuletzt der spanische Staatshaushalt wurde schließlich in verhängnisvoller Weise von den Silberzufuhren aus Amerika abhängig, deren Ausbleiben später für eine entsprechende Zahlungsunfähigkeit und einen Staatsbankrott sorgen sollte.[19]

Man kann die europäischen Eroberungen durchaus als kriegerischen Akt sehen, doch handelte es sich nicht primär um Wirtschaftskriege, wenngleich immer wieder zu entsprechenden Mitteln gegriffen wurde. Die Expansion Portugals und Spaniens sowie die Bestrebungen, die neu entdeckten Gebiete zu kontrollieren und jede andere Konkurrenz auszuschalten, führten aber zu einer ungeahnten Eskalation der wirtschaftlichen Konkurrenz, in der es schließlich auch zu offenen Kriegshandlungen kam. In gewisser Weise provozierte der Monopolanspruch seine Infragestellung, förderte also die Nutzung von Mitteln des Wirtschaftskrieges, denn offensichtlich bot der Indienhandel, der entlang der afrikanischen Küste über das Kap der Guten Hoffnung durch den Indischen Ozean nach Indien und Südostasien führte, wirtschaftlich überaus attraktive Möglichkeiten, die eben auch die Konkurrenz auf den Plan riefen. Und seit der Durchdringung Südamerikas, vor allem seit der Erschließung der Silberminen von Potosí im heutigen Bolivien, schien Spanien über unbegrenzte Ressourcen zu verfügen, durch die das Land in der europäischen Staatenkonkurrenz geradezu übermächtig wurde. Dadurch änderten sich die Machtverhältnisse im notorisch von kriegerischen Konflikten beherrschten Europa grundlegend.

Von seinen Ressourcen und seiner Wirtschaftsleistung her war Spanien kaum in der Lage, dem Anspruch auf eine Universalmonarchie gerecht zu werden, den Karl V. 1519 nach seiner Wahl zum Kaiser des Heiligen Römischen Reiches und der gleichzeitigen Übernahme der spanischen Krone formulierte. Das Reich war nach der Reformation gespalten und in feindliche Lager zerfallen. Die wirtschaftliche Stärke der von Spanien kontrollierten Niederlande allein reichte nicht aus, die großen Konkurrenzkämpfe vor allem mit Frankreich und England zu finanzieren, zumal sich die Niederlande bald gegen den Abfluss ihrer Steuermittel zur Finanzierung fremder Kriege zur Wehr setzten. Auch die umfangreichen Kredite, die Karl V. bei den oberdeutschen und genuesischen Bankhäusern aufnahm, genügten kaum, um die Kämpfe mit Frankreich sowie die protestantischen Fürsten um Moritz von Sachsen zu finanzieren. Erst der Zugriff auf die überseeischen Ressourcen ermöglichte es, in einen langfristigen Kampf um die europäische Hegemonie einzutreten, der vor allen Dingen als Kampf zur Verteidigung des katholischen Glaubens legitimiert wurde.[20]

DER ERFOLG UND SEINE NEIDER

Die Folgen der Expansion nach Asien und Amerika und die spezifische Form, in der sie sich vollzog, veränderten also das Machtgefüge der europäischen Staaten in entscheidender Weise, und das in einer Phase, in der sich gerade in dieser Staatenkonkurrenz selbst ein revolutionärer Wandel vollzogen hatte. Die sogenannte Militärische Revolution wird zeitlich unterschiedlich verortet, doch spätestens seit dem 15. Jahrhundert und der Durchsetzung neuer Artilleriewaffen trat die Kriegsführung, die in der europäischen Welt stets allgegenwärtig war, in ein neues Stadium ein, in dem ein erfolgreicher Krieg von der Mobilisierung umfangreicher wirtschaftlicher Ressourcen abhängig wurde. Das galt nicht nur für den Aufbau und die Unterhaltung entsprechender Waffensysteme, sondern auch für den Aufwand, der zu deren Abwehr oder Einhegung notwendig wurde, etwa bei Festungsbauten.[21] Wenn es richtig ist, und sehr vieles spricht dafür, dass die Entstehung moderner Staatlichkeit mit dieser Militärischen Revolution in engster Verbindung stand, dann hing erfolgreiche staatliche Selbstbehauptung vor allem von der Möglichkeit ab, Ressourcen mobilisieren zu können.[22]

In dieser Konstellation wurde die überseeische Expansion zu einer Art «Gamechanger» insbesondere für das habsburgische Einflussgebiet, das ja von Mitteleuropa über die Iberische Halbinsel bis nach Amerika reichte und in dem es nun einen fast unbegrenzten Ressourcenzugriff zu geben schien. Frankreich hingegen sah sich von habsburgischen Territorien im Norden, Osten und Süden regelrecht umstellt und musste jetzt auch noch hinnehmen, dass deren Möglichkeiten ins Ungeahnte wuchsen. Großbritannien fürchtete ebenfalls die wachsende Macht Spaniens, das es erkennbar auf eine Rekatholisierung der Insel abgesehen hatte und nun plötzlich die Mittel zu besitzen schien, dieses Ziel im Zweifel gewaltsam durchzusetzen. Die Bekämpfung der habsburgischen Macht wurde für diese Territorien – zumindest der eigenen Überzeugung nach – eine Überlebensfrage, in der der Einsatz von Gewalt jederzeit infrage kam.[23] Entscheidender war jedoch, Spanien von seinen Ressourcen abzuschneiden, und hierfür gab es zahlreiche Wege, da die Legitimität der spanisch-portugiesischen Grenzziehungen für die Neue Welt und der damit verbundenen Monopolstellungen von seinen Gegnern keineswegs akzeptiert wurde. Gerade hier war den Möglichkeiten eines Wirtschaftskrieges kaum eine Grenze gesetzt, zumal ja die Monopolerklärungen selbst als feindlicher Akt und damit als Maßnahme eines Wirtschaftskrieges interpretiert werden konnten.

Die militärische Dimension der Expansion war freilich nicht das einzige Moment, das die Wahrscheinlichkeit von Wirtschaftskriegen deutlich erhöhte. Noch mehr führte der Ausschluss nichtiberischer Händler von der Nutzung der sich neu eröffnenden Handelswege dazu, dass dieses Monopol als nur angemaßt betrachtet und wo immer möglich infrage gestellt oder unterlaufen wurde. Dessen Kritiker an den europäischen Höfen konnten daher auch auf private Interessen zurückgreifen, um den iberischen Monopolansprüchen zu schaden, zumindest solange die portugiesischen und spanischen Obrigkeiten nicht von sich aus fremde Händler in «ihren» Territorien zuließen. Der konkrete Verlauf der Auseinandersetzungen des Habsburger Reiches mit Frankreich und Großbritannien und vor allem seit den 1570er Jahren auch mit den Niederlanden zeigt diese Verwobenheit von staatlichem Krieg, Sanktionierungen und privatem Wirtschaftskrieg in aller Deutlichkeit.[24]

Wann diese Wirtschaftskriege – denn ein einzelner war es nicht – begannen, ist schwer zu sagen, da bis zur Mitte des 16. Jahrhunderts und zum 1559 geschlossenen Frieden von Cateau-Cambrésis praktisch permanent Krieg zwischen Habsburg und Frankreich herrschte; offene Kriegshandlungen und Eingriffe in den

Handelsverkehr gingen Hand in Hand und waren sozusagen an der Tagesordnung. Die Lage war zudem überaus unübersichtlich, da die Niederlande Teil der habsburgischen Herrschaft waren und zunächst nicht am Handel mit der Neuen Welt gehindert wurden; ihr Eindringen in den Asienhandel kam allerdings den dortigen portugiesischen Interessen ins Gehege und wurde de facto als Piraterie angesehen.[25] Überdies lässt sich das von Spanien und Portugal beanspruchte Monopol und dessen Durchsetzung im Zweifel mit Waffengewalt, wie erwähnt, durchaus als Wirtschaftskriegserklärung auffassen, da alle anderen Händler mutwillig von den neuen Handelsrouten ausgeschlossen wurden, wogegen diese sich wiederum wehrten. Doch das ist im Einzelnen schwer voneinander abzugrenzen. Der entscheidende Punkt war das Erbe, das Karl V. 1516/19 mit den Kronen von Kastilien und Aragón, der Herzogswürde von Burgund und schließlich mit der Wahl zum Kaiser des Heiligen Römischen Reiches Deutscher Nation antrat, wodurch Frankreich in eine Art Umzingelung geriet, gegen die es sich nur militärisch glaubte behaupten zu können.

Dieser Konflikt, der vorwiegend in Oberitalien ausgetragen wurde, dauerte zunächst bis zum Frieden von Cambrai von 1529, der sich allerdings als brüchig erwies. Schon vorher nutzte Frankreich gezielt Mittel des Wirtschaftskrieges, namentlich das Aufbringen spanischer Schiffe, wo man ihrer habhaft werden konnte; so brachte der französische Freibeuter Jean de Fleury 1523 drei spanische Schiffe, die den Schatz des Montezuma transportierten, vor Portugal in seine Gewalt, wodurch der französische König Franz I. umso großzügiger bei der Ausstellung von Kaperbriefen werden sollte.[26] Zwischen formellem Krieg und informellem Wirtschaftskrieg war hier kaum noch zu unterscheiden.

Noch schwieriger wurde die Situation, nachdem die spanische Krone 1535 das Vizekönigreich Neuspanien und 1542 das Vizekönigreich Peru gegründet und die neuen Territorien in Amerika dem eigenen Hoheitsgebiet einverleibt hatte. Das hatte nicht nur hinsichtlich des Rechtsverständnisses über die Handelsmöglichkeiten mit Amerika schwere Konsequenzen. Mit der Kolonisierung endete zugleich die Zeit der Plünderungen, und eine mehr oder weniger systematische Nutzung der dortigen wirtschaftlichen Ressourcen begann. Damit intensivierte sich der Verkehr zwischen Europa und Amerika unter Einbeziehung der afrikanischen Westküste enorm, denn nicht nur Rohstoffe und Plantagenprodukte mussten nach Europa geschafft werden, sondern auch die Arbeitskräfte nach Amerika, die man vorrangig auf dem Sklavenmarkt an Afrikas Westküste erwarb und von dort in die Plantagengebiete der Karibik und Mittelamerikas transportierte.[27] Erst hierdurch wurde der Atlantik zu einem überaus attraktiven Wirtschaftsraum, der zumindest in materieller Hinsicht den Asienhandel auf der Route um das Kap der Guten Hoffnung bald übertraf.

DEMARKATIONSLINIEN

Mit dem Frieden von Cateau-Cambrésis endete die Phase der offenen Kampfhandlungen zwischen Frankreich und Habsburg, jedoch galt der Frieden explizit nicht «jenseits der Linie», wie in mündlichen Verabredungen während der Friedensverhandlungen besprochen worden war. Das bedeutet, dass westlich des Nullmeridians (in etwa auf Höhe der Kanarischen Inseln) und südlich des Wendekreises des Krebses eine Art gesetzloser Raum geschaffen wurde,[28] der nun zum eigentlichen Territorium des Wirtschaftskrieges wurde, wobei freilich die territorialen Abgrenzungen zu keiner Zeit genau eingehalten wurden. Denn hier, im mittleren Atlantik, lagen die Wege und die Kreuzungspunkte der neuen Handelsrouten, deren Nutzung durch fremde Kaufleute in den Augen der Monopolisten an sich schon Piraterie war, von der Gesetzwidrigkeit und Gewalt der eigentlichen Piraterie, also des Aufbringens von Handelsschiffen, ganz abgesehen.

Da diese Gebiete rechtlich gesehen umstritten waren, war es aus Sicht Englands oder der Niederlande, die sich 1572 von der spanischen Krone losgesagt hatten und seither ohnehin mit ihr im Krieg lagen, nur naheliegend, hier auf eigene Faust vorzugehen, ja selbst Piraten, Freibeuter und Kaperfahrer in Dienst zu nehmen, die bald eine entscheidende Rolle auf den Meeren spielen sollten. Bezeichnungen für derartige Praktiken und ihre Akteure existieren vielfach, doch ob Begriffe wie Pirat, Freibeuter, Kaperfahrer, auch Korsar, Bukanier oder Flibustier wirklich dazu taugen, die Praxis auf hoher See trennscharf zu bestimmen, ist sicher fraglich. Dafür waren Selbst- und Fremdverständnis, der juristische Umgang, selbst die Biografien einzelner Kapitäne zu diffus; das Spektrum reichte von höchstinstanzlich beauftragten Admirälen über halbstaatlich-anarchische Handlanger bis zu Kleinkriminellen.[29] Nach den französischen Kapitänen tauchten in der zweiten Jahrhunderthälfte auch mehr und mehr holländische und englische Schiffe auf, deren Kapitäne, wie etwa John Hawkins oder später Francis Drake und Walter Raleigh, bald einen legendären Ruf hatten, von der einen Seite als Nationalhelden gefeiert, von der anderen als blutrünstige Piraten gebrandmarkt. Die englische Krone scherte die Kritik wenig. Auch vor dem offiziellen Konflikt mit Spanien, der in den Untergang der Armada 1588 mündete, stellte die englische Krone großzügig Kaperbriefe aus, wobei Elisabeth I. persönlich in derartige Unternehmungen investierte. Denn die von den Kaperfahrern erbeuteten Waren und Edelmetallbestände wurden entsprechend der Prisenordnung nach Abzug von Kosten und Gewinnanteil zugunsten der Krone weiterveräußert – ein überaus lukratives Geschäft.

Zwischen den 1560er und 1590er Jahren herrschte in der Karibik de facto ein permanenter Kaperkrieg, dessen Höhepunkt 1577 bis 1580 die Weltumseglung von Francis Drake wurde, wonach England erstmals seinen Anspruch auf Kolonialgebiete in Amerika erhob. Wenig später unternahm Drake eine viel beachtete und viel bewunderte Plünderreise nach Mittelamerika, der unter anderem Panama zum Opfer fiel. Nachdem England auch noch die Unabhängigkeit der Niederlande anerkannt hatte, kam es zum erwähnten gescheiterten Versuch der spanischen Armee, England zu unterwerfen. Im Vertrag von Greenwich zwischen England, Frankreich und den Niederlanden von 1596 wurde zudem vereinbart, die spanisch-portugiesischen Monopolansprüche in der Neuen Welt nicht mehr zu akzeptieren, sondern deren Bekämpfung als eine Art Wiederherstellung des Völkerrechtes zur See anzusehen.

Als England und Spanien 1604 ihren Krieg beendeten, war nicht klar, ob damit auch der Westindienhandel freigegeben war, doch die englische Kolonisierung der nördlichen Karibik nahm nunmehr auf Barbados, auf den Bermudas und in den Küstenregionen Nordamerikas ihren Lauf. Auch das Kriegsglück, das den Spaniern lange hold war, kehrte sich nun endgültig gegen sie. 1607 zerstörten niederländische Kriegsschiffe die erneuerte spanische Armada vor Gibraltar; wenig später schloss Spanien mit den Niederlanden einen Waffenstillstand, in dessen Rahmen die niederländische Flotte im Atlantik und im Indischen Ozean faktisch Bewegungsfreiheit erhielt. Die niederländische Wirtschaft blühte aufgrund ihrer überaus leistungsfähigen Handelsflotte auf, und die nördlichen Niederlande, die sich durch die wirtschaftliche Blockade der weiterhin unter spanischer Kontrolle stehenden südlichen Niederlande selbst harter Mittel des Wirtschaftskrieges bedienten, wurden zum modernen Handelszentrum in Nordwesteuropa. Währenddessen versank Spanien mehr und mehr im Chaos, da es trotz erheblicher materieller Zufuhren aus Amerika nicht gelang, die eigene Wirtschaft leistungsfähiger zu gestalten, im Gegenteil. Das Land verließ sich, wie gesagt, zunehmend auf das Silber aus den Kolonien, um die benötigten Güter und Dienstleistungen auf den großen internationalen Märkten einzukaufen.

Zumindest langfristig profitierten vom peruanischen Silber daher eher das englische Gewerbe und der niederländische Handel als das spanische Königreich, das im Rausch seines Reichtums die Weiterentwicklung seiner eigenen Wirtschaft vernachlässigte. In den Auseinandersetzungen setzten sich die Niederlande und Großbritannien nicht wegen eines besseren Zugriffs auf wirtschaftliche Ressourcen durch – sonst hätte Spanien sie durch einen einigermaßen effizienten Wirtschaftskrieg leicht bändigen können. Beide Staaten waren vielmehr in der Lage, in dieser Zeit ihre eigenen produktiven Kräfte zu entfalten. Während sich in Spanien das Pro-Kopf-Einkommen im 16. Jahrhundert von 661 nur auf 853 Dollar erhöhte und im 17. Jahrhundert bei dieser Marke stagnierte, explodierte die Ziffer in den Niederlanden im gleichen Zeitraum von 761 Dollar um das Jahr 1500 auf 1381 Dollar um 1600 und auf 2130 Dollar um 1700. Die Niederlande stellten auch Großbritannien in den Schatten, doch stieg dort immerhin der Wert von 714 auf 974 und schließlich 1250 Dollar an.[30] Die Pro-Kopf-Wachstumsrate zwischen 1500 und 1820 betrug in Spanien durchschnittlich magere 0,13 Prozent, in England immerhin 0,27 und in den Niederlanden 0,28 Prozent.[31]

Waren um 1500 die wirtschaftlichen Unterschiede zwischen allen drei Ländern noch im Großen und Ganzen gering, so fiel Spanien trotz der erheblichen Einnahmen aus seinen Kolonialgebieten in den kommenden Jahrzehnten entscheidend zurück. Den Wirtschaftskrieg, der im späten 15. Jahrhundert um die Ausbeutung der neuen Gebiete in Asien und Amerika ausgebrochen war und der in den folgenden zwei Jahrhunderten mehr oder weniger anhielt, konnte Spanien all seinem Reichtum zum Trotz nicht gewinnen.

KAPITEL 2

ÄRGER IM ÄRMELKANAL: DIE BRITISCH-NIEDERLÄNDISCHE KONKURRENZ NACH DEM NIEDERGANG SPANIENS

DER AUFSTIEG DER NIEDERLANDE

Spanien wurde letztlich die unzureichende wirtschaftliche Entwicklung zum Verhängnis, und es schied aus der Konkurrenz der großen Mächte aus. In den Wirtschaftskriegen des 17. und 18. Jahrhunderts war das Land mit seinen überseeischen Besitzungen, die es immer weniger als Monopol verteidigen konnte, bestenfalls noch ein Nebenschauplatz. Während des Spanischen Erbfolgekrieges zu Beginn des 18. Jahrhunderts war es noch einmal bedeutend genug, um ins Zentrum großer Konflikte zu rücken, doch nur deshalb, weil niemand wünschte, dass das aufstrebende Frankreich unter Ludwig XIV. sich der Ressourcen des Landes bemächtigte. Die antispanische Koalition, an der in unterschiedlicher Konstellation England, Frankreich und die Niederlande beteiligt waren, löste sich infolge des sukzessiven Bedeutungsverlustes Spaniens auf, doch bis zum Ende des Dreißigjährigen Krieges 1648, der die formelle Unabhängigkeit der nördlichen Niederlande besiegelte, blieb die Situation in Europa auch wegen der zahllosen teils religiös, teils konstitutionell bedingten Bürgerkriege relativ unübersichtlich.

Erst mit dem Ende des Dreißigjährigen Krieges, dem Ende des Englischen Bürgerkrieges und der allmählichen Verdrängung der habsburgischen Macht Richtung Südosteuropa klärten sich die Fronten, aus denen die Seemacht der Niederlande als eindeutiger Sieger hervorging. Denn der holländische Schiffsbau erwies sich in dieser Zeit allen übrigen Konkurrenten als deutlich überlegen; hier baute man bereits große, hochseetaugliche Schiffe in Serie (sogenannte Fleuten), die sowohl in ihrer Seetüchtigkeit wie in den Kosten ihrer Herstellung lange Zeit unerreicht waren.[1] Als vorteilhaft erwies sich dabei vor allem die Trennung von Handels- und Kriegsflotte, da die Handelsschiffe ohne militärische Ausstattung einen größeren Laderaum zur Verfügung hatten und mit weniger Aufwand gebaut werden konnten. Überdies waren die Niederländer ihrer Konkurrenz in den Handels- und nautischen Techniken überlegen, konnten also ihre geografische Lage nutzen, um europaweit Transportdienstleistungen anzubieten, zumal das Land durch die Indienfahrten zum Hauptimporteur bestimmter Gewürze wurde, mit denen die Bevölkerung der eigenen aufblühenden Städte und ganz Europa versorgt werden konnten.[2] Dagegen hatte der Aufbau von spezialisierten Kriegsschiffen mit entsprechender Bewaffnung für den Seekrieg selbst einschneidende Folgen, da die Niederländer die Ersten waren, die vom Enter- zum Distanzkampf übergehen konnten, was ihren Kriegsschiffen gegenüber der iberischen Konkurrenz fast durchweg einen Vorteil verschaffte. Zudem konnte bei dieser Art des Kampfes die Zahl der Soldaten an Bord bedeutend verringert werden, was sich sowohl auf die Kosten als auch die Schnelligkeit der Schiffe positiv auswirkte.[3]

Der militärische Konflikt mit Spanien nach dem «Abfall der Niederlande», also der Lossagung von der spanischen Krone, hatte im Ergebnis beachtliche Vorteile. Die spanische Belagerung Antwerpens und die Sperrung der Schelde erzwangen eine Verlagerung der dortigen Kaufleute Richtung Norden, vor allem nach Amsterdam, von wo aus sie ihren Handel mehr oder weniger ungehindert fortführen konnten. Durch den Krieg mussten die niederländischen Schiffe zudem die Iberische Halbinsel umgehen, wozu sie jedoch durch den Aufbau von Direktverbindungen zwischen Amsterdam und Brasilien beziehungsweise Westafrika, dem Kap der Guten Hoffnung, Indien und Indonesien in der Lage waren. Die Vergrößerung der Distanzen erzwang längere Fahrtzeiten und damit wiederum die Entwicklung besserer Schiffe, wodurch zunächst die Niederländische Ostindien-Kompanie (VOC) und dann andere Organisations- und Finanzierungsformen für den Asienhandel entstanden, die diesen Kostenstrukturen gerecht werden mussten. Die VOC war streng genommen die erste kapitalistische Handelsgesellschaft Europas, vielleicht sogar der Welt, und in ihrer Organisationsform der englischen Konkurrenz, der East India Company (EIC), die sich nach jeder Reise auflöste und wieder neu gegründet werden musste, lange deutlich überlegen. Im Gegensatz zur EIC war die VOC eine dauerhaft bestehende Kapitalgesellschaft, deren Anteile börsenfähig waren, und damit die deutlich modernere Organisationsform.[4]

Lange Zeit wurde kontrovers diskutiert, wie denn ein Land ohne Monarchen, von dem sich die nördlichen Niederlande gegen Ende des vorherigen Jahrhunderts losgesagt hatten, international überhaupt handlungsfähig sein könne. Im Laufe des 17. Jahrhunderts wurde diese Frage zugunsten einer bürgerlichen Republik entschieden, zu der sich die verschiedenen Generalstaaten schließlich vereinigten – eine Republik, die nicht demokratisch war, aber doch auf der politischen Vorherrschaft des Bürgertums der großen Städte beruhte.[5] Diese Konstellation ermöglichte nicht nur die Etablierung einer neuen Art der rationalen Finanzwirtschaft mit Amsterdam als Zentrum der ersten modernen Banken Europas, sondern zugleich den Aufbau einer staatlichen Finanzwirtschaft mit durchaus hohen Steuersätzen, die vom Bürgertum aber deshalb akzeptiert wurden, weil das Regiment garantierte, dass diese Steuern für den «Flor des Landes» verwendet wurden. So wurde Amsterdam zum ersten Finanzplatz Europas, der von unterschiedlichen Anlegern wegen seiner Sicherheit aufgesucht wurde, was sich wiederum auf den Zinssatz auswirkte. In den Niederlanden war es für solvente Bürger möglich, sich zu deutlich niedrigeren Zinssätzen zu verschulden, als die potenziell sehr viel reicheren, aber unsoliden Regierungen etwa Spaniens oder Großbritanniens in der zweiten Hälfte des 17. Jahrhunderts vor der «Glorious Revolution» 1688/89 zu zahlen hatten.[6]

Nun würde es hier zu weit führen, das Goldene Zeitalter der Niederlande in seiner Fülle zu beschreiben, die Blüte von Handel, Gewerbe und Kunst, das Wachstum und den wirtschaftlichen Aufstieg der Städte, das zugleich Ausdruck und Faktor sich durchsetzender kapitalistischer Verkehrsformen war.[7] In der Summe der institutionellen und strukturellen Änderungen erlebte die Wirtschaft der niederländischen Generalstaaten einen gewaltigen Produktivitätssprung.[8] Folgerichtig stieg das niederländische Pro-Kopf-Einkommen, das wurde relativ zum absteigenden Spanien schon betont, enorm an, derweil der südliche Landesteil als traditionell gewerbliches Zentrum ohnehin schon von großer Bedeutung war und der Norden erst mit der Seeschifffahrt wirklich auflebte.[9]

ENGLISCHER HANDELSNEID

Es war denn auch genau dieser Erfolg, der den Neid der Nachbarn und die Machtkonkurrenz untereinander anstachelte. Dabei war es aber nicht der niederländische Reichtum und das Bild seiner blühenden Städte, die Anstoß erregten, sondern vielmehr die Tatsache, dass der niederländische Handel in den europäischen Gewässern dominierte und nach und nach auch der Kolonialhandel in die Hände holländischer Kaufleute kam. Vor allem gelang es niederländischen Reedern und Spediteuren, die Hanse im Nord- und Ostseehandel zu verdrängen, der nun zur «Moedercommercie» («Mutter aller Commercien») heranwuchs.[10] Die Hanse, die lange Zeit mit Mitteln der Handelssperre ihre Dominanz in der Ostsee und in der nördlichen Nordsee behauptet hatte, konnte dem aufgrund der geringen Leistungsfähigkeit ihrer Flotten kaum etwas entgegensetzen.[11] Die für Westeuropa existenziell wichtigen Getreidelieferungen aus den Ostseeanrainern erfolgten schließlich überwiegend auf holländischen Schiffen; das galt auch für Rohstoffe wie Teer, Pottasche, Pelze oder Holz für den Schiffbau.

Die niederländischen Schiffe versorgten aber keineswegs nur ihre Heimatstädte mit den begehrten Gütern, sie belieferten ebenso England und Frankreich und erzielten aufgrund der Qualität ihrer Speditionsleistungen und der im Vergleich kostengünstigen Angebote auch hier große Erfolge. Diese beschränkten sich nicht auf die Spedition von Gütern: Niederländische Fischereischiffe, die den Hering direkt an Bord verarbeiteten, versorgten gleichfalls die englische Ostküste mit Matjes, in einer Qualität und zu Preisen, die die englische Fischerei nicht bieten konnte.[12]

Im Kolonialhandel waren die Erfolge der niederländischen Schiffe zumindest in Asien ebenfalls überragend. Bis zur Mitte des 17. Jahrhunderts war die portugiesische Vorherrschaft im Indienhandel gebrochen, zumal Portugal in den Jahren nach seiner Unabhängigkeitserklärung von Spanien 1640 im Asienhandel seine Vorherrschaft an England verlor.[13] Die niederländischen Schiffe waren insbesondere in Südostasien durchaus auch gewaltsam gegen ihre portugiesische Konkurrenz vorgegangen, die sie unter Berufung auf die Freiheit der Meere wiederholt in ihrer privilegierten Position attackierten. Im Laufe der Jahre gelang es ihnen, sich an verschiedenen Stellen in Indien festzusetzen; auch die Gewürzinseln der sogenannten Insulinde, das heutige Indonesien, wurden von ihnen mit Stützpunkten überzogen und schließlich einem niederländischen Handelsmonopol unterworfen, von dem fremde Konkurrenz gewaltsam ausgeschlossen wurde.[14] Vom Tee abgesehen, den die niederländischen Händler zunächst nicht im Programm hatten, bauten sie Handelsmonopole für Pfeffer, aber auch für andere in Europa begehrte Gewürze wie Zimt oder Nelken auf, was sich angesichts der hohen europäischen Gewürzpreise nach wie vor als überaus lukrativ erwies.[15]

Die niederländische Handelsschifffahrt erwarb so eine Reihe von Vorteilen, durch die sie sukzessive immer bedeutender wurde, denn das Land kontrollierte nicht nur große Teile des Nord- und Ostseehandels und des Kolonialhandels, es saß auch wie die Spinne im Netz der regionalen und globalen Wertschöpfungsketten und konnte sich deren lukrativste Teile sichern. So wurden nicht zuletzt die Produkte der kontinentalen Leinenherstellung über die Niederlande in die Kolonialgebiete der Karibik verschifft, wobei niederländische Händler das Rohleinen etwa in Schlesien aufkauften, es in den Niederlanden veredeln ließen und dann als fertige Ware teurer nach Amerika lieferten. Spätestens mit der Anerkennung der niederländischen Unabhängigkeit im Westfälischen Frieden 1648 war dann ihre Position im Asienhandel unumstritten, was freilich die Schar der Neider nur vergrößerte.

Im Atlantik erzielten die holländischen Flotten keine vergleichbaren Erfolge. Sie schafften es zwar, in das portugiesische Sklavenhandelsmonopol in Westafrika einzudringen und sich dort an deren Stelle zu setzen, bauten Niederlassungen im heutigen Brasilien auf sowie Stützpunkte in der Karibik und in Nordamerika, namentlich in Surinam, auf den Antillen oder in Neu-Amsterdam, dem heutigen New York. Jedoch war ihre Stellung zu keinem Zeitpunkt so stark wie im Asienhandel. Die Konkurrenz französischer und englischer Händler, im Sklavenhandel von zentraler Bedeutung und damit auch beim Aufbau von plantagenwirtschaftlichen Strukturen in Mittelamerika und in der Karibik, war im Bereich der Versorgung der spanischen Kolonien stets überaus stark.[16]

Trotz allem war das Bild des Seehandels in dieser Zeit vor allem eines: holländisch. Die niederländische Handelsmarine war in der Mitte des 17. Jahrhunderts größer als die aller europäischen Konkurrenten zusammen. Dazu besaß das Land auch die größte Kriegsmarine, die es nicht zögerte einzusetzen, wenn es galt, fremde Handelsmonopole zu brechen und niederländischen Schiffen Zugang zu attraktiven Handelsplätzen zu verschaffen. Auf diese Weise gelang es dem kleinen Land an der Nordsee im 17. Jahrhundert, ein eigenes, «maritim fundiertes Weltsystem» zu errichten, um den Politologen Ulrich Menzel zu zitieren. Ihm folgend,[17] sprach die Verteilung der Kriegsschiffe eine klare Sprache: Die «Weltmacht»-qualifizierende Schwelle von fünfzig Prozent Anteil an der Gesamtheit aller Kriegsflotten[18] erreichte Portugal in der ersten Hälfte des 16. Jahrhunderts für gut vierzig Jahre. Nach einem kurzen spanischen Intermezzo folgten im frühen 17. Jahrhundert die Niederlande für gut dreißig Jahre sowie Mitte des 18. Jahrhunderts England für gut fünfzig Jahre. Gegen dessen lange Dominanz erscheint der Aufstieg der Niederlande aber so rasch wie seit den 1650er Jahren wiederum ihr Abstieg. In absoluten Zahlen konkurrierten sie immerhin noch für den Rest des Jahrhunderts mit England und Frankreich, und die Spitze – im Jahr 1642 mit über 140 Kriegsschiffen – erreichte erst 1789 wieder England.

Die Niederlande vertraten zudem traditionell die besagte Auffassung, dass es eine Freiheit der Meere gab, die zu beschneiden niemand das Recht hatte. Das bedeutete aber keineswegs, dass sie nicht Monopolrechte für sich beanspruchten, sobald sich die Möglichkeit bot. Handelsschiffe, die einander überfielen, Großmächte, die Plünderungen auf maritimen Handelsrouten wahlweise skandalisierten, heroisierten oder forcierten – das alles war nicht neu. Spanien, Portugal, Frankreich, die Niederlande und England hatten im 15. und 16. Jahrhundert hierfür bereits viele Beispiele geliefert.

Insofern war das, was der niederländische Philosoph und Rechtsgelehrte Hugo Grotius 1609 publizierte, im Kern bekannt – und dennoch war seine Schrift «Mare Liberum» («Von der Freiheit des Meeres») ein Paukenschlag. Bis heute gilt der Text als völkerrechtlich wegweisend, rasch provozierte er juristische Repliken, der englische König ließ die Verbreitung gar zunächst verbieten.[19] Ausgang für Grotius' Schrift waren die in der Einleitung bereits beschriebenen Vorfälle zu Beginn des Jahrhunderts, bei denen 1601 zunächst ein niederländisches Handelsschiff von portugiesischen Seeleuten, die auf ihren Monopolrechten bestanden, gekapert worden war. Daraufhin hatte die im Jahr 1602 entstandene VOC 1603 zwischen Malaysia und Indonesien wiederum ein portugiesisches Schiff erbeutet. Zu diesem Vorfall beauftragte die VOC bei Hugo Grotius ein Gutachten, das die Aufbringung des portugiesischen Schiffes sowie die Rechtmäßigkeit der Prise samt Weiterverkauf rechtfertigen und zukünftig ähnliche Aktionen legitimieren sollte – «Mare Liberum» entstand.[20] Weltpolitisch waren die Fronten spätestens seit 1580 mit der spanisch-portugiesischen Union und den nach Unabhängigkeit strebenden Niederländern klar. Und so galt es für Grotius, das portugiesische Vorgehen zu delegitimieren und zugleich die niederländische Antwort samt Beute zu rechtfertigen: Vom «wirklichen Besitz» Indiens könne keine Rede sein, dazu sei das portugiesische Hafennetz an der «unendlichen Kette von Ufern» viel zu dünn.[21] Grundsätzlich könne «weder ein Volk noch ein Privatmann ein Eigentumsrecht auf das Meer [...] geltend machen [...], da Natur und öffentliche Nutzung die Beschlagnahme nicht zuläßt».[22] Hingegen lobte Grotius den Freihandel: «Gott wollte, [...] daß der Mangel hier und die Fülle da die Menschen freundschaftlich zusammenführe [...]», denn: «Ein neu entdeckter Handelszweig darf unmöglich nur einigen wenigen Nutzen bringen, sondern muß dazu dienen, den Mangel hier durch den Überfluss dort auszugleichen.»[23]

Das Argument des die portugiesischen Interessen vertretenden Rechtsgelehrten Seraphim de Freitas, die Kosten der Erschließung und der Sicherung der Handelswege begründeten eine Monopolstellung, da Portugal nun einmal die Kosten dieser Ordnung zu tragen habe, galt in den Augen der Niederländer nicht, zumindest solange Portugal andere Akteure vom Asienhandel ausschließen wollte.[24] Immer noch galt ja die Formel des Friedens von Cateau-

Cambrésis, «no peace beyond the line» – eine Position, die sich erst änderte, als die Niederländer im Asienhandel die Vorherrschaft erlangt hatten und selbst Monopolrechte in Anspruch nahmen, während sie in Europa und auf dem Atlantik auf die Freiheit der Meere pochten. Generell vertrat man in den Niederlanden Freihandelspositionen, aber nun, da diese Positionen offenkundig der Absicherung der eigenen maritimen Vorherrschaft dienten, trafen diese auf immer stärkere Gegenargumente gerade aus den Reihen ehemaliger Verbündeter in der Auseinandersetzung mit Spanien. War bereits der Konflikt mit Spanien und Portugal auch ein Kampf um Deutungshoheit vor allem mittels der Formulierung von juristischen Positionen gewesen, so setzte sich der Streit um das Recht, auf offener See ungehindert agieren zu können, nun in veränderter Form vor allem mit Großbritannien fort.

MERKANTILE FANTASIEN

Dieser Konflikt ist die eigentliche Geburtsstunde der modernen Wirtschafts- und Handelskriege, da nun zwei klar erkennbare Positionen existierten, die vor allem aus wirtschaftlicher Konkurrenz und dem Streit um den Zugang zu bestimmten Ressourcen und Handelsgütern entstanden waren. Es ging um die institutionelle Regelung des grenzüberschreitenden Wirtschaftsverkehrs im jeweiligen nationalen Interesse, das jetzt überhaupt erst definiert werden konnte. Dabei zeichnete sich in der Mitte des 17. Jahrhunderts ein wiederkehrendes Muster ab: Die jeweils wirtschaftlich leistungsfähigere Seite plädiert für Handelsfreiheit, von der sie sich klare Vorteile verspricht, und sieht in den Schutzmaßnahmen des unterlegenen Partners illegitime, im Zweifel illegale Eingriffe in den Handel und die ökonomische Kooperation. Dagegen kann nun gegebenenfalls mit Zwangsmitteln vorgegangen werden – im Interesse des freien Handels und des allgemeinen Wohlstandes muss dies sogar geschehen.[25] Die unterlegene Seite geht hingegen nicht vom Wohlstand der einzelnen Teilnehmer und der internationalen Kooperation aus, sondern argumentiert mit den kumulativen Effekten der Handelsströme für die nationale Handlungsfähigkeit, wobei die nationale Sicht nicht deckungsgleich mit dem individuellen Wohlstand sein muss – ein Konflikt, der ebenfalls mit Aufflammen und Andauern von Wirtschaftskriegen endemisch werden wird.

Die niederländische Seite kritisierte mit fast klassisch anmutenden wirtschaftsliberalen Argumenten die Handelsregulierung, insbesondere die Privilegierung bestimmter Händlergruppen und die Vergabe von Monopolrechten, da dies zu Wohlverstandsverlusten für alle führen müsse, während der insbesondere seit den 1620er Jahren immer lauter werdende englische Merkantilismus letztlich mit frühen handelsbilanztheoretischen Überlegungen argumentierte. Das niederländische Übergewicht im Handel führe zumindest zu nationalen Wohlstandsverlusten, so die Position des englischen Kaufmanns und Ökonomen Thomas Mun, der 1630 schrieb: «Die üblichen Mittel, um unseren Wohlstand und Staatsschatz zu erhöhen, liegen daher im Außenhandel, wobei wir stets diese Regel beachten müssen; jährlich mehr an Ausländer zu verkaufen als wir von deren Wert konsumieren.»[26] Diese Verschiebung der Handelsströme erfolgte nicht spontan, ja sie war geradezu ausgeschlossen, da sie keineswegs im Interesse von englischen Konsumenten ausländischer Gütern lag. Daher musste sie durch öffentliches Handeln herbeigeführt werden, wobei grundsätzlich zwei Wege offenstanden, die sich nicht gegenseitig ausschlossen, sondern durchaus miteinander kombiniert werden konnten.

Zunächst konnte die englische Regierung alles daransetzen, die Leistungsfähigkeit der eigenen Handelsschifffahrt und Seefischerei zu erhöhen, um gegen die holländische Konkurrenz Erfolge zu erzielen. Sodann war es möglich, die niederländischen Händler zumindest vom englischen Markt förmlich auszusperren, wobei hierbei freilich Kosten anfielen, die unter Umständen nicht nur unpopulär waren, sondern den wirtschaftlichen Erfolg der ergriffenen Maßnahmen infrage stellen konnten. Die englische Position, die sich hier abzeichnete und die später unter dem Stichwort Merkantilismus definiert wurde, lief letztlich darauf hinaus, den Außenhandel instrumentell mit der Stärkung des eigenen Standorts zu verbinden, wenn möglich auf Kosten der Konkurrenz, ihn also nur dann zuzulassen und zu fördern, wenn die eigene Wirtschaft in der Summe davon mehr profitierte als die Handelspartner.[27] Jeden Handel, der den Partnern große Vorteile verschaffte, selbst dann, wenn das eigene Land dadurch Kosten sparte, galt es hingegen zu verhindern oder jedenfalls im Umfang zu beschränken.

Es war von Anfang an klar, dass Wirtschaftskriege unter Umständen teuer und wohlstandsmindernd sein konnten, doch der Logik des Nullsummenspiels folgend, die den älteren Theorien des internationalen Handels zugrunde lag, war man bereit, dies in Kauf zu nehmen, wenn nur die Verluste des Konkurrenten größer waren als die eigenen. In der Welt der ersten Hälfte des 16. Jahrhunderts, in der Reichtum an der Verfügbarkeit von Edelmetallen gemessen wurde, lief das auf eine Handelspolitik hinaus, die die Edelmetallvorräte des eigenen Landes auf Kosten der Konkurrenz vergrößerte. Den Abfluss von Edelmetallen, etwa für Importe oder fremde Dienstleistungen, galt es zu verhindern, stattdessen sollten Gold und Silber durch eine Forcierung eigener Exporte ins Land gezogen werden.[28] Doch das war leichter gesagt als getan, denn mögliche Maßnahmen wie Handelssperren konnten eine durchaus kontraproduktive Wirkung haben, da ein Absinken des Außenhandels unter Umständen auch einen Verlust an Zöllen und Steuern, Haupteinnahmequellen des frühneuzeitlichen Staates, mit sich brachte.

Den Handel nicht zu behindern, aber unter eigene Kontrolle zu bringen, war eine Herausforderung, besonders wenn die eigenen

Ressourcen nicht so reibungslos und kostengünstig in Anspruch zu nehmen waren wie die der Konkurrenz. Die möglichen Mittel zum Erreichen dieser Ziele, die zum Teil kontrovers diskutiert wurden, waren denn auch alles andere als einheitlich. Der traditionelle Weg bestand darin, bestimmte Handelsregionen nationalen Monopolen vorzubehalten, wie etwa den Ostseehandel der Company of Merchant Adventurers.[29] Zusätzlich konnte man für den Handel mit den eigenen Kolonien die Schiffe und Händler des Mutterlandes privilegieren, was jedoch ausreichende Kapazitäten des eigenen Landes voraussetzte, da man sich ansonsten von wesentlichen Ressourcen selbst abschnitt.

Von zentraler Bedeutung war zudem die Besteuerung von Importgütern, entweder in prohibitiver oder in fiskalischer Absicht, und die Förderung heimischer Exportgewerbe beziehungsweise von Gewerbezweigen, die bisher notwendige Importe durch Eigenleistung substituieren konnten. Im Ergebnis sollte all das zu einer aktiven Handelsbilanz und damit zur Bereicherung des Staatsschatzes beitragen; zugleich ließen sich so die notorischen Probleme der strukturellen Unterbeschäftigung angehen und die heimischen Produktionsfaktoren effizienter nutzen – zumindest auf dem Papier.[30] Maßnahmen zur Wirtschaftskriegsführung waren daher von Anfang an auch Maßnahmen zur Modernisierung und Vergrößerung eigener Produktionsfaktoren beziehungsweise ihrer besseren Nutzung. Der bereits zitierte Thomas Mun brachte dies mit seiner 1664 veröffentlichten Schrift «England's Treasure by Forraign Trade. Or, The Balance of Our Forraign Trade is the Rule of our Treasure» klar auf den Punkt.

In der Welt der Militärischen Revolution, in der die eigene Selbstbehauptung davon abhing, ob genügend Geld und Kredit vorhanden waren, um die nötigen Militäreinheiten auszurüsten und einzusetzen sowie den Gegner genau daran zu hindern, entbehrte diese Auffassung nicht einer gewissen Logik.[31] Dass im Kontext des merkantilistischen Denkens frühzeitig eine nationale Semantik gepflegt wurde, die den Preis für eine solche Wirtschaftskriegsführung als Opfer für das Vaterland verklärte und Verstöße dagegen als persönliche Bereicherungssucht verschrie, verwundert wenig. Ebenso wie Wirtschaftskriege die Tendenz in sich trugen, zu eskalieren und in offene Kriege zu münden, hatten auch die damit verbundenen Polemiken und Propagandaschlachten einen Hang zur Maßlosigkeit. Wenn etwa das Trinken von französischem Rotwein als «unbritisch», geradezu als unmännlich dargestellt wurde, der Genuss höherprozentiger Tropfen aus dem verbündeten Portugal hingegen als Ausdruck von Maskulinität, dann war der Grund derartiger Konstrukte zumindest in diesem Fall offensichtlich.[32]

Die Ursache solcher Zuspitzungen war fast durchweg die gleiche. Wirtschaftskriege waren und sind stets mit der moralischen Abwertung der Konkurrenz verbunden, die das eigene Opfer zugleich legitimiert. Ganz ähnlich wuchs in Großbritannien seit dem ersten Drittel des 17. Jahrhunderts die kritische Haltung gegenüber den Erfolgen der Niederländer, die nicht nur die überlegene Konkurrenz im Nord- und Ostseehandel waren, sondern auch den Kolonialhandel so kontrollierten, dass Großbritannien erhebliche Summen zur Finanzierung der Importe und zur Bezahlung der niederländischen Speditionsdienstleistungen aufbringen musste. Das Bild wäre freilich unvollständig, wollte man die semantische Mobilisierung allein auf die Dämonisierung der Handelskonkurrenz beschränken. Parallel fand in zahlreichen europäischen Ländern, wenn auch in unterschiedlicher Form, eine Art semantischer Selbstmobilisierung statt, die man in der Forschung «Sozialdisziplinierung» nennt, also die gezielte Bekämpfung von Faulheit, Bettelei und Vagantentum sowie die systematische «Verfleißigung» der eigenen Bevölkerung.[33]

NAVIGATIONSAKTE, SEEKRIEGE UND HANDELSKONKURRENZ

Solange in Großbritannien der Bürgerkrieg tobte, der erst mit der Niederlage Karls I. und seiner Hinrichtung im Januar 1649 endete, war an eine entschlossene Verdrängung der holländischen Reeder und Spediteure vom britischen Markt nicht wirklich zu denken. Doch genau dies war nach 1649 eines der ersten Ziele der Regierung Oliver Cromwells, um die Zahlungsfähigkeit des vom Bürgerkrieg geschundenen Landes wiederherzustellen.[34] Dass im Bereich des Außenhandels erheblicher Handlungsbedarf bestand, war schon zuvor offensichtlich gewesen: England war ein Hauptexporteur von Rohwolle, hatte damit aber immer weniger Einnahmen erzielt, zumal die Nachfrage nach Wolle auf dem Kontinent im Zuge des Dreißigjährigen Krieges deutlich sank. Überdies war klar, dass der Export von Rohwolle weniger attraktiv war als die Ausfuhr fertiger Tuche, doch setzte dies eine leistungsfähige Spinnerei, Weberei und Appretur voraus, die England nur sehr eingeschränkt besaß. All das hatte schon in den 1620er Jahren zu Wollausfuhrverboten geführt, doch während des Bürgerkrieges war keine einheitliche Außenhandelspolitik vorstellbar gewesen.[35]

Das änderte sich nun unter der Herrschaft des Lordprotektors Oliver Cromwell. Nach Handelsstreitigkeiten und der Weigerung der Niederlande, sich einem Bündnis gegen die Stuarts und die Oranier anzuschließen, wurde gegen Ende des Jahres 1651 die erste Navigationsakte verabschiedet, die den gesamten Überseehandel Englands an Schiffe englischer Flagge band und ebenso die Küstenschifffahrt und die Fischerei englischen Fischern auf englischen Schiffen vorbehielt. Seither durften Importe von Kolonialwaren nur unter englischer Flagge erfolgen sowie Importe aus Europa nur unter englischer oder der Flagge der Herkunftsländer, und schließlich durfte nur noch von englischen Fischern gefangener Fisch angelandet werden. Ziel war es, den niederländischen Zwischenhandel auszuschalten und seinen Hochseefischfang schwer zu schädigen, wobei ein Seekrieg bewusst in Kauf genommen wurde.[36]

Das traf den holländischen Handel, der ja häufig gar nicht Amsterdam als Ziel hatte, in der Tat empfindlich. Doch die Wirkungen waren noch beschränkt, sodass weitere Navigationsakte folgten, und zwar zunächst im Jahr 1660 eine Vorschrift, nach der unter anderem der Handelsverkehr zwischen Europa und den englischen Kolonien ausschließlich über London und von dort ausschließlich auf englischen Schiffen abzuwickeln war.[37] Diese Maßnahme richtete sich besonders gegen Amsterdam und hatte für die englischen Handelskompanien durchweg positive Auswirkungen. Für die Kolonien, namentlich in Neuengland und in der Karibik, waren diese Vorschriften indes alles andere als günstig, da sie nun die teuren Frachten der englischen Schiffe bezahlen mussten und überdies den hohen englischen Steuersätzen nicht entgehen konnten. Doch London blieb hart, und um die häufigen Umgehungen der Vorschriften auszuschließen, wurde in einer Akte von 1663 ein totales Handelsverbot für nicht britische Schiffe mit den eigenen Kolonien erlassen. Schon zuvor hatten die strengen englischen Regeln vielfältige Formen ihrer Nichtbeachtung hervorgebracht: Ein bedeutender Teil der Piraterie in der Karibik und vor der Küste von Carolina und Florida war im Grunde Auftragsseeraub, finanziert von Händlern des nordamerikanischen Kontinents, die sich so mit preiswerter, nicht versteuerter und nicht verzollter Ware versorgten.[38]

Die in der Navigationsakte deutlich hervortretende englisch-niederländische Konkurrenz hatte von Anfang an auch gewaltsame Momente, die in der internationalen Seefahrt seit dem 16. Jahrhundert ohnehin gang und gäbe waren, nämlich das mehr oder weniger offen staatlich subventionierte Kaperwesen, dem vor allem niederländische Kauffahrer im Ärmelkanal zum Opfer fielen. Der Kaperkrieg war später auch die bevorzugte Art der englischen

Kriegsführung, da das Land während des Bürgerkrieges die Seerüstung vernachlässigt hatte und fast zwangsläufig auf die Kaperei setzen musste. Nach einer ersten kleineren Seeschlacht vor Dover kam es im Sommer 1652 mit der offiziellen Kriegserklärung zum ersten Englisch-Niederländischen Seekrieg, dem sich ein beidseitiger Kaperkrieg anschloss, der sich vor allem auf die Nordsee, den Kanal und das westliche Mittelmeer konzentrierte. Im Seekrieg selbst war das Kriegsglück wechselhaft: Die Niederländer erzielten vor Plymouth und bei Elba kleinere Erfolge und mussten bei Kentish Knock im November 1652 eine Niederlage einstecken, bevor sie bald darauf bei Dungeness im Dezember und vor Livorno im März 1653 erfolgreich waren. Die englische Flotte entschloss sich daraufhin, die holländische Küste komplett zu blockieren, was nach der für beide Seiten verlustreichen Seeschlacht vor Scheveningen aber wieder aufgegeben werden musste. Mit dem Frieden von Westminster im Jahr 1654 endete das Ringen letztlich unentschieden, jedoch mussten die Niederlande die Bestimmungen der Navigationsakte akzeptieren.[39]

Der Wirtschaftskrieg war damit freilich nicht beendet, zumal sich das Kapern von Schiffen weiterhin als eine überaus lukrative Sache erwies. Es gab zwar auf beiden Seiten Prisenordnungen, nach denen die erbeuteten Schiffe und ihre Waren nur unter Aufsicht, sozusagen legal und unter Berücksichtigung der Ansprüche der jeweiligen Obrigkeiten, verkauft werden konnten. Doch der Spielraum für die private Bereicherung von Kapitänen, Offizieren und Mannschaften einerseits, Hehlern und Händlern andererseits war viel zu groß, um den Unterschleif von Kriegsbeute zu verhindern oder unattraktiv zu machen.[40] Man kann von etwa zweihundert niederländischen Schiffen ausgehen, die vor Westafrika und in der Karibik aufgebracht wurden. Und so eskalierten die Konflikte unterhalb der Kriegsschwelle rasch, da die niederländische Flotte in der Folge westafrikanische Stützpunkte der britischen Marine angriff, mit der Begründung, sie würde sich dort unrechtmäßig fremdes Gut aneignen, was die englische Seite wiederum zum Anlass nahm, Neu-Amsterdam (später New York) sowie niederländische Siedlungen am Fluss Delaware anzugreifen. Offener Krieg lag erneut in der Luft, und genau das wurde in London auch in aller Deutlichkeit diskutiert, in Händlerkreisen hingegen wohl eher furchtsam – das belegen die Tagebuchaufzeichnungen des Staatssekretärs Samuel Pepys, der entsprechende Hofgespräche protokollierte und eher in der Finanznot der Regierung den Grund für ihre bellizistische Haltung sah.[41]

Dass aus diesem kalten Wirtschaftskrieg nur wenig später ein reeller britisch-niederländischer Seekrieg resultierte, lag aber vor allem am Finanzbedarf der mittlerweile (mit niederländischer Hilfestellung) restaurierten, finanziell chronisch klammen Stuartmonarchie. Der englische König Karl II. sah die Niederlande, das monarchenlose Land, das bis in die 1670er Jahre auch keinen Statthalter hatte, offensichtlich als gewinnbringende Beute und nahm die schließlich gegebene Feuererlaubnis für niederländische Schiffe zur Abwehr der überall drohenden Kaperüberfälle als Anlass, im März 1665 offiziell den Krieg zu erklären. Der Kriegsverlauf selbst interessiert hier nur am Rande – die bereits bekannte Pattsituation wiederholte sich, auch weil die Niederlande ihre Seerüstung deutlich verbessern konnten. Nach beidseitigen Kriegserfolgen, wobei die englische Seite zusätzliche Schläge durch den Großen Brand von London sowie den Ausbruch der Pest in der Stadt hinzunehmen hatte, wurde 1667 schließlich der Frieden von Breda geschlossen, in dem England erhebliche Zugeständnisse bezüglich der Reichweite der Navigationsakte machte und auch die niederländische Herrschaft in Surinam anerkannte, dafür aber Neu-Amsterdam erhielt.[42]

Die Handelskonkurrenz war durch diesen Frieden keineswegs beigelegt, vielmehr bemühten sich die Engländer weiterhin nach Kräften, die Niederlande auszuschalten. Hierbei schreckte Karl II. nicht einmal vor einem Bündnis mit dem großen Rivalen Frankreich zurück. Dies schuf die Grundlage für den dritten Seekrieg, den England 1672 in der Hoffnung vom Zaun brach, ein für alle Mal die holländische Konkurrenz und die Regentschaft der Brüder de Witt in Amsterdam zu beenden. Letztere befanden sich in offenem Konflikt mit der Partei des Statthalters der Niederlande, der wiederum den Stuarts nahestand. Jedoch war England auch diesmal nicht dazu in der Lage, die Niederlande zur See zu besiegen. Auf Druck des Parlaments schied England aus dem Krieg aus, den Frankreich mit einer Invasion der Niederlande fortführte. Diese scheiterte letztlich, da die Niederländer zur Landesverteidigung die Deiche öffneten und die Bewegungsfähigkeit der Invasionstruppen massiv beschränkten. Der Krieg, den die Niederlande unter den Brüdern de Witt eher zögerlich geführt hatten, brachte indes eine gravierende Änderung. Die bellizistische Fraktion um die militärische Führung der Niederlande, also um den Statthalterprätendenten Wilhelm von Oranien, kam mithilfe von Tumulten in Amsterdam an die Macht. Die Brüder de Witt wurden auf bestialische Weise ermordet, und es wurde eine Art Monarchie wiederhergestellt. Mit Wilhelm III. von Oranien zog erneut ein Statthalter im Haag ein, nachdem in der sogenannten statthalterlosen Zeit vor allem die Provinz Holland unter der Führung der Stadt Amsterdam den Ton angegeben hatte.[43]

VERSÖHNUNG ÜBER DEN ÄRMELKANAL

Durch die Heirat Wilhelms III. mit der Tochter des englischen Königs Jakob II. kam es nicht nur zur Aussöhnung, sondern zur engen Verbindung der Wirtschaften von England und den Niederlanden. Nach der «Glorious Revolution», die Wilhelm III. auf den englischen Thron brachte, holte dieser auch seine Finanzberater nach England, die das moderne niederländische Finanzwesen auf die Insel übertrugen und der notorischen Misswirtschaft der

Stuarts ein Ende bereiteten. Durch die sukzessive Verschiebung der wirtschaftlichen Gewichte weg vom Fernhandel hin zur Weiterentwicklung der heimischen Gewerbe und der nach und nach entstehenden industriellen Strukturen kamen der seebasierten holländischen Wirtschaft mit der Zeit ihre spezifischen Vorteile abhanden, zumal England auch im Schiffbau und der Logistik zu den Niederlanden aufschloss und sie schließlich überholte. Die für die Entfaltung des Handels günstige geografische Lage der Niederlande verlor im Zuge der Industrialisierung wegen der nur geringen Rohstoff- und Energievorkommen nicht völlig an Bedeutung, musste aber hinter andere Standortfaktoren zurücktreten.

Die Handelsrivalitäten mit Frankreich waren zudem keineswegs beendet. Nach dem Frieden von Westminster ging der Kaperkrieg mit Frankreich im Ärmelkanal und im Mittelmeer unverändert weiter und mündete schließlich in den Spanischen Erbfolgekrieg, in dem sich eine völlig neue Konkurrenzsituation etablierte, die bis zum frühen 19. Jahrhundert andauern sollte: der englisch-französische Kampf um die politische und militärische Dominanz in Europa und in den Kolonien. Die Niederlande spielten in diesem Gefüge keine große Rolle mehr, wozu die maritime Konkurrenz Englands, vor allem aber die fehlende Industrialisierung im eigenen Land entscheidend beitrug.[44] Deutlichster Ausdruck dieses langsamen Niedergangs war der Bedeutungsverlust der Niederländischen Ostindien-Kompanie, die noch bis zum Beginn des 18. Jahrhunderts eine deutlich größere Handelsleistung als die East India Company erbracht hatte, nun aber der englischen Konkurrenz Platz machen musste. Das faktische Monopol des Asienhandels ging ebenso verloren wie die starke Stellung der holländischen Flotte in Westafrika und im Sklavenhandel. In das lukrative Teegeschäft, das den traditionellen Gewürzhandel nun mehr und mehr in den Schatten stellte, drangen die niederländischen Kaufleute, die den Tee lange vernachlässigt hatten, gar nicht mehr ein.[45]

Generell ging die wirtschaftliche Dynamik in den Niederlanden zurück. Die Bevölkerungszunahme, die noch im 17. Jahrhundert mit England hatte mithalten können, stagnierte nun.[46] Auch der Vorsprung im Pro-Kopf-Einkommen schwand sukzessive: In der zweiten Hälfte des 18. Jahrhunderts hatte England die Niederlande trotz des hohen Bevölkerungszuwachses bereits eingeholt, um sie dann rasch hinter sich zu lassen.[47] Großbritannien profitierte zweifellos von seiner rabiaten merkantilistischen Politik, namentlich der immer härteren Durchsetzung der Navigationsakte, doch war das nicht alles: Das Land machte einen umfassenden wirtschaftlichen Wandel durch und profitierte stark von der Zuwanderung der französischen Hugenotten, die in England erheblich zum ökonomischen und technologischen Fortschritt beitrugen, aber auch vom heimischen Kohlereichtum und der damit verbundenen preiswerten Energie und den technischen Möglichkeiten.[48]

England übernahm außerdem, wie erwähnt, das Modell der niederländischen Finanzwirtschaft, und das mit großem Erfolg.[49] Nicht nur stabilisierte sich der öffentliche Kredit, das Land wurde auch für ausländische Geldgeber außerordentlich attraktiv, insbesondere für die niederländischen Banken, die im Niedergang der dortigen Wirtschaft keineswegs an Bedeutung eingebüßt hatten. Amsterdam war weiterhin der solideste Finanzplatz Europas, der die Sicherheit suchenden Gelder anzog und insofern stets überaus kreditfähig war. Selbst Ludwig XIV., der nach seinem Tod eine Schuld von über zwei Milliarden Livres hinterließ,[50] hatte vor allem Gläubiger in Amsterdam. Die niederländischen Finanzhäuser blieben also bedeutend, nur finanzierten sie jetzt, verkürzt gesagt, die Industrialisierung der Britischen Inseln. Die Zeit der Handelsrivalität und der damit zusammenhängenden Wirtschaftskriege zwischen beiden Ländern war nun definitiv vorüber.

KAPITEL 3

EIN ANDAUERNDER UNRUHEHERD: DIE FRANZÖSISCH-BRITISCHE RIVALITÄT IM 18. JAHRHUNDERT

FRANKREICHS AUFSTIEG

England setzte sich gegen die Niederlande letztlich deshalb durch, weil das Land seine eigenen produktiven Möglichkeiten nach und nach ausschöpfte. Die Erschließung von Kohle, die Verbesserung der gewerblichen Strukturen und die sukzessive Entfaltung einer modernen industriellen Produktion unter kapitalistischen Vorzeichen waren auch nicht vorrangig Folgen der Ressourcenaneignung durch koloniale Expansion. Zumindest vom Volumen her betrachtet, folgten diese Vorgänge eher der Industrialisierung, als dass sie sie begründeten.[1] Es lässt sich daher nur schwer kalkulieren, welche Folgen der Wirtschaftskrieg Englands gegen die Niederlande wirklich hatte. Er trug zweifellos zum langsamen Niedergang der niederländischen Seeherrschaft bei, aber ob diese im Rahmen des wirtschaftlichen Strukturwandels zu halten gewesen wäre, ist mehr als fraglich. In den drei Seekriegen kam daher vor allem der politische Wille Englands zum Ausdruck, sich in der Nordsee und im Atlantik gegen jede Konkurrenz zu behaupten, sodass klar war, dass mit dem Bedeutungsverlust des Rivalen Niederlande diese Auseinandersetzungen nicht zu Ende sein würden. Die englische Regierung setzte nach der «Glorious Revolution» und der engen Anbindung an die Niederlande die Navigationsakte auch keineswegs außer Kraft.

Die Konflikte verlagerten sich: War das 16. und frühe 17. Jahrhundert durch die Abwehr einer möglichen spanisch-habsburgischen Hegemonie gekennzeichnet und das restliche 17. Jahrhundert vom Kampf gegen die maritime Dominanz der Niederlande, so strebten nach dem Niedergang der Niederlande sowohl Großbritannien als auch Frankreich nach der Vorherrschaft zur See. In beiden Ländern waren die Voraussetzungen dafür nicht schlecht: Die langen Bürgerkriegsphasen waren beendet, in Großbritannien hatte die «Glorious Revolution» zu einer Befriedung des Landes und zur Beschleunigung der wirtschaftlichen Entwicklung geführt.[2] In Frankreich war die Zeit der konfessionellen Kämpfe seit der Herrschaft Heinrichs IV. vorüber; unter den Fürstbischöfen Richelieu und Mazarin kam es zu einer inneren wirtschaftlichen Konsolidierung des Landes bei zugleich bedeutendem demografischen Zuwachs. Nur war Frankreich im Außenhandel lange vollständig von der niederländischen Spedition abhängig, was der entscheidende Grund dafür war, dass das Land in den 1670er Jahren gemeinsam mit Großbritannien die holländische Dominanz im Seehandel und in der kolonialen Expansion um nahezu jeden Preis zu brechen suchte.

Auf dem Papier war es im Grunde keine Frage, welchem Staat nun die Nachfolge der niederländischen Dominanz zufallen musste. Frankreich war (von Russland abgesehen) nicht nur der größte, sondern mit über 21 Millionen Menschen um das Jahr 1700 auch der bevölkerungsreichste Staat Europas. Das Land verfügte über große Agrarkapazitäten und eine breite gewerbliche Tradition, war allerdings mit für die moderne Industrie wichtigen Rohstoffen wie Kohle und Eisen nicht unbedingt gesegnet. Die deutschen Territorien, aufgrund ihrer politischen Verfassung zumindest gemeinsam kaum handlungsfähig, brachten es damals auf etwa 15 Millionen Einwohner; das Land hatte den Einbruch der Katastrophe des Dreißigjährigen Krieges noch lange nicht überwunden, war wirtschaftlich zwar in bestimmten Bereichen durchaus erfolgreich, im Kern aber eher selbstbezüglich. Ähnliches galt für Italien mit seinen 13 Millionen Einwohnern: Auch hier bedingten kriegerische Verwüstungen und politische Zersplitterung, dass das Land nur noch ein Schatten seiner einstigen ökonomischen Blüte war.

Großbritannien hatte (inklusive Schottland und Irland) mit gut neun Millionen Einwohnern[3] Frankreich letztlich kaum etwas entgegenzusetzen, profitierte allerdings, wie beschrieben, von seiner günstigen Ressourcenausstattung und war der Hauptnutznießer der Vertreibung der Hugenotten aus Frankreich, durch die zahlreiche Gewerbe in Großbritannien überhaupt erst Fuß fassten, während sie zugleich südlich des Kanals deutlich geschwächt wurden.[4] Angesichts der bereits hohen internationalen Verflechtung und Arbeitsteilung in Nordwesteuropa wurden derartige Verlagerungen überaus skrupulös wahrgenommen; ihre Verschiebungen und Veränderungen konnten auf die politische und militärische Machtstellung der verschiedenen Territorien entscheidenden, ja existenziellen Einfluss ausüben.[5]

MERKANTILE REIBEREIEN

Sowohl Frankreich als auch Großbritannien verfolgten im letzten Drittel des 17. Jahrhunderts bereits eine relativ klar akzentuierte merkantilistische Strategie, wie man es später nennen würde, da man sich der Stärken und Schwächen der eigenen Wirtschaft im internationalen Vergleich immer bewusster wurde. Frankreich hatte zwar eine hoch entwickelte Agrarproduktion und verfügte über ausdifferenzierte gewerbliche Strukturen, war aber im grenzüberschreitenden Handel relativ bedeutungslos. Seit dem späten 16. Jahrhundert setzten daher Versuche ein, Frankreichs Außenhandel vor allem gegen das spanische Monopol zu stärken und zugleich koloniale Unternehmen (etwa in Brasilien) aufzubauen. Der britische Außenhandel hing lange vor allem am Export von Rohwolle, was bereits in der ersten Hälfte des 17. Jahrhunderts, als die Wollexporte deutlich schrumpften, zu einer schweren Belastung der Handelsbilanz führte.

Für beide Länder war klar, dass man sich von der holländischen Vormacht emanzipieren und die eigenen Produktionsfaktoren besser nutzen musste. Ziel einer solchen Strategie war es, die Wirtschaftskraft des eigenen Landes als Voraussetzung seiner militärischen und politischen Machtentfaltung zu stärken. Jean-Baptiste Colbert, von 1661 bis 1683 Generalkontrolleur der Finanzen unter Ludwig XIV., sprach das ganz unumwunden aus: «Handel ist die Quelle der Finanzen, die Finanzen sind die vitalen Nerven des Krieges.»[6]

Dass es nicht allein um die Verfügbarkeit von Edelmetallen ging, war den Zeitgenossen klar, die schließlich erkannten, dass der Niedergang der spanischen Habsburger durch den gewaltigen Silberzustrom aus Lateinamerika bestenfalls gebremst wurde, und denen ebenso nicht entging, dass der Reichtum der Niederlande von ihrer Schlüsselstellung im Seehandel herrührte, dessen Erträge vor allem der holländischen Stadtbevölkerung zugutekamen. Die merkantilistische Wirtschaftspolitik, die wir heute mit dem Namen des besagten französischen Innenpolitikers Colbert verbinden, setzte daher vor allem auf Gewerbeförderung und Importsubstitution; die Forcierung der eigenen kolonial- und handelspolitischen Anstrengungen zielte hingegen auf die Mobilisierung fremder, kolonialer Ressourcen ebenso wie auf die Verdrängung möglicher maritimer Konkurrenz, von deren Leistungen man nicht länger abhängig sein wollte.

Colbert strebte zudem die Stärkung des Seehandels an und einen entsprechend starken Zollschutz, um die Kriege Ludwigs XIV. zu finanzieren, wobei er sich einer ganzen Reihe unterschiedlicher Maßnahmen und Sanktionen bediente: von Importzöllen über die Exportförderung und die Gründung von Handelskompanien bis hin zur staatlichen Unterstützung der kolonialen Expansion in Asien (Bourbon, Madagaskar, Indien), Nordamerika (Neufrankreich, Louisiana) und in der Karibik (Saint-Domingue, Cayenne, Martinique) sowie in geringerem Ausmaß in Westafrika.[7] Die Auswirkungen dieser Maßnahmen waren unterschiedlich. Vor allem gelang es, die gewerbliche Produktivität in den betreffenden Zentren Frankreichs zu verbessern, während die koloniale Expansion gemischte Resultate zeigte. Hier waren die karibischen Besitzungen erfolgreich – Frankreich wurde im Laufe des 18. Jahrhunderts der größte europäische Zuckerlieferant; England importierte zwar mehr, ein Großteil davon wurde aber auf der Insel konsumiert.[8] In anderen Bereichen und in anderen Teilen der Welt blieben derartige Erfolge wie beim Zucker allerdings aus.

Im Inland gelang Frankreich neben der Modernisierung der Institutionen, vor allem mit dem System der Steuerpacht, eine erhebliche Steigerung der Agrar- und gewerblichen Produktion sowie eine entsprechende Ausdehnung des Steueraufkommens. Dieses stieg von 1,8 Millionen Livres 1453 auf 106 Millionen Livres 1683[9] und wurde vorwiegend in den Ausbau der militärischen Stärke des Landes investiert, der gewaltige Summen verschlang.[10] Frankreich wurde im letzten Drittel des 17. Jahrhunderts die mit Abstand bedeutendste Landmacht, konnte sich allerdings auf See nicht in gleichem Maße behaupten, auch wenn schließlich die Seerüstung massiv forciert wurde. Ende des 17. Jahrhunderts besaß Frankreich zwar die größte Kriegsflotte, diese war jedoch nicht entscheidend größer als die jeweiligen Flotten Englands oder der Niederlande.[11]

Nimmt man allein die Armeestärken in Europa, so zeigt sich, was das bedeutete. Während Frankreich auf dem Höhepunkt in den 1690er Jahren etwa 330 000 Mann unter Waffen hielt, brachte es Großbritannien nur auf 76 000 und Spanien gerade einmal auf 48 000, von den militärisch bis auf das durch die Türkenkriege gebundene Österreich unbedeutenden deutschen Staaten ganz zu schweigen.[12] In den Kriegen unter Ludwig XIV. im letzten Drittel des 17. und den ersten Dekaden des 18. Jahrhunderts, namentlich im Spanischen Erbfolgekrieg, der gegen eine große Koalition europäischer Staaten einschließlich Englands nicht gewonnen werden konnte, gelang es Frankreich gleichwohl nicht, den europäischen Kontinent zu dominieren. Geführt wurden die Kriege, in denen Frankreich und England die wesentlichen Kontrahenten waren, nicht nur auf dem europäischen Kontinent, wo es Frankreich gelang, bis zur Rheingrenze vorzudringen, sondern ebenso in Mittelamerika und in Asien. In Frankreich sprach man vom dreißigjährigen Krieg in Amerika, der dem Pfälzischen und dem Spanischen Erbfolgekrieg voranging; in England hieß dieser dreißigjährige Kampf King William's War und Queen Anne's War.

Mit den Friedensschlüssen nach dem Ende des Spanischen Erbfolgekrieges war der offene Krieg zu Ende – die beteiligten Staaten waren schließlich derart verschuldet, dass eine Weiterführung des Krieges kaum möglich gewesen wäre. Allein die französische Staatsschuld lag beim Tod Ludwig des XIV. im Verhältnis zur Wirtschaftsleistung, je nach Schätzung, zwischen circa achtzig und hundertsiebzig Prozent, womit sie die englische, die bei ungefähr fünfzig Prozent lag, noch mal deutlich übertraf.[13] Die verzweifelten Versuche sowohl Frankreichs wie Englands, sich nach dem Ende des Krieges mit Währungsexperimenten und hiervon angestachelten Börsengeschäften von der Staatsschuld zu befreien, endeten im Desaster einer großen Krise, zu der sich der Law'sche Schwindel in Paris und die berühmt-berüchtigten South-Sea-Bubbles in London schließlich verbanden. In beiden Fällen hatten es die französische beziehungsweise die englische Regierung vermocht, im Gegenzug gegen die Verleihung von Notenausgaberechten und Handelsprivilegien bestimmte Gesellschaften (Compagnie Royale, South Sea Company) zur Übernahme der Staatsschuld zu bewegen, die diese wiederum an der Börse zu refinanzieren suchten. Dies führte beide Male zu gewaltigen Spekulationsblasen, deren Platzen in einer Enteignung des Publikums endete.[14] Eine erneute teure Kriegsführung war damit zunächst ausgeschlossen.

WIRTSCHAFTSKRIEG GLOBAL

Der Wirtschaftskrieg, der die offenen Auseinandersetzungen stets begleitet hatte, wurde nach deren Ende mit aller Härte fortgesetzt. Hauptschauplatz waren die kolonialen Handelssphären, namentlich Amerika mit Schwerpunkten in der Karibik und im heutigen Kanada, aber auch in Afrika und vor allem Asien trafen die unterschiedlichen Interessen hart aufeinander. In all diesen Gebieten kam es laufend zu Konflikten, teils zu offenen Kämpfen, teils zu Kaperei und Piraterie, teils zu Boykotten und Sanktionen, in die zumeist die Landgebiete selbst einbezogen wurden, da es stets auch darum ging, Verbündete vor Ort zu gewinnen.[15] Der französische Außenhandel war von diesen Kämpfen schließlich stark geprägt. Während im Jahr 1776 der Handelsaustausch mit Großbritannien, der beiderseits ständig harten Beschränkungen unterlag, recht unbedeutend war, hatte Frankreich seine Stärken vor allem im Kolonialhandel, aus dem es große Mengen an Zucker und anderen Plantagenprodukten bezog, die zu einem bedeutenden Teil wieder exportiert wurden, vor allem nach Spanien und Italien, in die Niederlande und ins Baltikum.[16] Die französische Handelsbilanz, die mit den Kolonialgebieten stark negativ war, konnte so zwar nicht ausgeglichen, aber einigermaßen im Gleichgewicht gehalten werden.[17] Der Wirtschaftskrieg zur Sicherung der eigenen Stellung in den Kolonien und im internationalen Handel zahlte sich für Frankreich mithin aus.

Die englischen Navigationsakte verfolgten das gleiche Ziel: die Stärkung der heimischen Gewerbe und den Ausbau der Kolonialposition, wobei in Kauf genommen wurde, dass man durch die Verdrängung der leistungsfähigen holländischen Flotte selbst höheren Aufwand treiben musste. Solange dies die Machtstellung des eigenen Landes nicht zu berühren schien, war man bereit, diesen Aufwand hinzunehmen. Dies hieß aber zugleich, dass der Merkantilismus und die von ihm angeregten handelspolitischen Praktiken von Beginn an auch Konflikte im eigenen Lande schürten, da die Konsumenten der Kolonialgüter die Kosten von deren Transport, Verzollung und Besteuerung durchaus als wohlstandsmindernd empfanden.

Großbritannien verfolgte im gesamten 18. Jahrhundert das Ziel, in Europa zumindest eine Art Machtgleichgewicht zu erreichen, also die Vorherrschaft einer einzelnen Macht auf dem Kontinent zu verhindern und gleichzeitig die eigene Stellung massiv zu verbessern, in Amerika vor allem auf Kosten Frankreichs, in Asien auf Kosten der französischen und der niederländischen Konkurrenz. Während es im Asienhandel durch die Erfolge der East India Company gelang, eine starke Position, wenn auch kein Monopol aufzubauen, da Frankreich seine Besitzungen in Indien hielt sowie die Niederlande ihr indonesisches Kolonialgebiet, war die Lage im nördlichen Amerika deutlich komplizierter. Der Versuch, die Handelsbeziehungen mit den eigenen Kolonien zu monopolisieren, wie es die Navigationsakte vorsahen, gelang zwar, doch herrschte in Nordamerika das gesamte 18. Jahrhundert hindurch eine Art schwelender Kriegszustand, zunächst mit Frankreich, später mit den Kolonien, die sich angesichts der hohen Kosten, die die englische Politik verursachte, schließlich für unabhängig erklärten.[18]

Der Siebenjährige Krieg von 1756 bis 1763 war so gesehen bereits eine Art Weltkrieg, der vor allen Dingen in Nordamerika ausgetragen wurde, der aber auch in Indien, insbesondere Pondicherry, zur zeitweiligen Kontrolle der französischen Kolonialgebiete durch Großbritannien führte.[19] Das Land konnte sich mit dem Frieden von Paris weitgehend in Nordamerika durchsetzen, auch die indischen Besitzungen Frankreichs fielen wie dessen Plantagenwirtschaft in der Karibik zumindest zeitweilig an Großbritannien. Es waren allerdings keineswegs allein die Kriege, die sukzessive zur britischen Überlegenheit im internationalen Handel führten, sondern eher die konsequente Stärkung der eigenen Position. Unter niederländischem Einfluss verfolgte Großbritannien, gemessen an den chaotischen Verhältnissen unter Karl II. und Jakob II., langsam eine solidere Politik der Staatsfinanzen und auch eine gezielte Zoll- und Steuerpolitik, um die eigenen Einnahmen zu verbessern, wobei vor allem die hohen Teezölle eine große Rolle spielten. Die Staatseinnahmen wuchsen im gesamten 18. Jahrhundert kontinuierlich von zunächst gut vier Millionen auf schließlich zum Ende des Jahrhunderts mehr als 30 Millionen Pfund an, wovon in der Regel zwei Drittel auf Zölle und indirekte, also Verbrauchssteuern entfielen.[20]

Der europäische Handel wurde restriktiv geregelt; insbesondere der Handel mit Frankreich wurde, wenn auch nicht ganz unterbunden, so doch mit hohen Zöllen belegt. Während man Importe aus Frankreich zu minimieren suchte, förderte man den Austausch zugleich dort, wo man sich davon Vorteile versprach, wie im Methuen-Vertrag, der 1703 mit Portugal geschlossen wurde. Höherprozentiger Alkohol genoss so deutliche Zollvorteile etwa gegenüber Wein, wodurch der Import von Portwein und Sherry auf Kosten französischer Weine begünstigt wurde. Gleichzeitig hielt das Land am Exportverbot für Rohwolle fest, um die Wertschöpfungsketten im eigenen Land möglichst weit auszudehnen.[21] In der Mitte des 18. Jahrhunderts begann ein vorwiegend durch die Entfaltung eigener produktiver Kräfte getragener wirtschaftlicher Strukturwandel, der schließlich in die Industrielle Revolution mündete, die in den 1770er Jahren voll in Fahrt kam. Es war so gesehen die von der merkantilistischen Politik begünstigte wirtschaftliche Modernisierung des Landes, die die Voraussetzungen für seinen internationalen Aufstieg schuf, dessen Erträge dann wiederum die industrielle Modernisierung stärkten.

Dies schlug sich in der Ausgabenpolitik der englischen Regierungen nieder. Während in Friedenszeiten die Ausgaben für das Heer niedrig gehalten wurden, steckte das Land relativ viel Geld in den Ausbau der Flotte.[22] Die Kriege wurden in der Regel über die zusätzliche Aufnahme von Schulden finanziert, die der mittlerweile geordnete Staatshaushalt gut tragen konnte. Zu einem Zahlungsausfall kam es nicht. Spurlos blieb die bis weit in das 19. Jahrhundert steigende Staatsverschuldung, die allein von 1720 an von etwa siebzig Prozent mit jedem Krieg anstieg und um 1800 bei etwa einhundertfünfzig Prozent des Inlandsprodukts lag,[23] dennoch nicht. Die Regierung litt unter fast permanenten Finanzierungsproblemen und musste gerade deshalb Zölle und Steuern hochhalten. Nicht zuletzt die Bank of England wusste die hohe Staatsschuld durchaus als Druckmittel zu nutzen, als das Parlament dem jungen Finanzhaus, das angesichts der Kriegsfinanzierungen immer einflussreicher wurde, mit den Bank Charter Acts turnusmäßig ihre Arbeitsgrundlage erneuerte.[24] Die Flottenstärke jedenfalls nahm kontinuierlich zu. Hier gelang es England schließlich, die anderen europäischen Seemächte, die zu Beginn des 18. Jahrhunderts noch ähnlich stark waren, in den Schatten zu stellen. In der Mitte des Jahrhunderts war die englische Flotte bereits doppelt so stark wie die französische.[25] Als Landmacht weiterhin schwach, dominierte England die Meere, wenn auch noch nicht konkurrenzlos. Doch der Weg dorthin schien vorgezeichnet.

GROSSBRITANNIENS ERFOLG: EIN SIEG DES MERKANTILISMUS?

Der wirtschaftliche Aufstieg Großbritanniens im 18. Jahrhundert war allerdings nicht das Ergebnis von Wirtschaftskriegen und militärischen Siegen über Frankreich, etwa im Siebenjährigen Krieg, durch den Frankreich als Kolonialkonkurrent in Nordamerika ausschied. Auch dürfen die Kosten der Kriege und Wirtschaftskriege nicht unterschätzt werden. Nach alledem war das Land erheblich verschuldet – die militärische und politische Bilanz der Auseinandersetzungen, die Stärkung der eigenen Position bei Schwächung vor allem der französischen, dürfte deutlich günstiger ausfallen als eine wirtschaftliche Kosten-Nutzen-Rechnung. Vor allem der Siebenjährige Krieg, in dem nicht nur das eigene Militär, sondern auch die kontinentalen Verbündeten, namentlich Brandenburg-Preußen, finanziert werden mussten, war nur durch erhebliche Verschuldung finanzierbar. Der Ausgleich der Schulden durch vermehrte Steuereinnahmen hatte schließlich entscheidenden Anteil an der Unabhängigkeit Amerikas. Der sogenannte Stamp Act von 1765 sah eine neue Einnahmequelle aus den nordamerikanischen Kolonien vor: Mit der Stempelsteuer für alle offiziellen Dokumente sollten die britischen Kriegskosten zumindest teilweise gedeckt werden. Doch trug sie zur Rebellion in den Kolonien bei, die in den Unabhängigkeitskrieg und die Gründung der Vereinigten Staaten mündete. Zwar begriff man in London die fatale Wirkung der Besteuerung und nahm sie später zurück, doch da war es bereits zu spät.

Hinsichtlich des Außenhandels ging die Rechnung der Merkantilisten jedoch auf: Das Handelsvolumen stieg vom Ende des Spanischen Erbfolgekrieges bis zu den Revolutionskriegen der 1790er Jahre um das Drei- bis Vierfache; zeitweilig wuchsen die Exporte rascher als das Inlandsprodukt, auch wenn es während der Kriege stets heftige Rückschläge gab.[26] Zu einer wirklichen Entfesselung des Außenhandels kam es allerdings erst nach der Ära des Merkantilismus, sodass die heutige wirtschaftshistorische Forschung davon ausgeht, dass der Merkantilismus das Wachstum des Handels in Wahrheit behinderte, was erklärt, warum sich nach und nach, vor allem in der zweiten Hälfte des 18. Jahrhunderts, immer mehr Kritik regte. Die Handelsbilanz war zumeist positiv, da das Land in der Folge der Navigationsakte einen bedeutenden Teil der Importe wiederum auf die europäischen Märkte exportierte. Der im Außenhandel erwirtschaftete Reichtum finanzierte vor allem das luxuriöse Leben der Handel treibenden Oberschicht und der Kaufleute der Seestädte; welche Bedeutung er für die sich gleichzeitig abzeichnende Industrialisierung des Landes genau spielte, wird bis heute diskutiert. Die Hinweise, dass die Erträge des Außenhandels die Industrialisierung finanzierten, sind empirisch überaus dünn.[27] Es handelte sich wohl eher um zwei parallele Prozesse, die voneinander profitierten, aber nicht einseitig ursächlich waren.[28]

Ganz anders als versprochen führte die merkantilistische Strategie, im Grunde der auf Dauer gestellte Wirtschaftskrieg,[29] keineswegs zu einer dauerhaften Verbesserung der wirtschaftlichen Lage in den betroffenen Gebieten. Leistungsfähigkeit und Produktivität nahmen in der Zeit der großen Auseinandersetzungen insgesamt zwar zu, doch bleibt die Frage, wie die Dynamik ohne die umfassenden obrigkeitlichen Eingriffe ausgesehen hätte. Gleichzeitig erhöhte sich der öffentliche Abgabendruck gewaltig. Kosten und Erträge der merkantilistischen Politik sind bisher systematisch nicht untersucht, es ist jedoch unwahrscheinlich, dass sich hier eine positive Bilanz ziehen lässt. Schmuggel und Unterschleif breiteten sich zudem überall stark aus. In Großbritannien konnte etwa Tee nur noch auf englischen Schiffen angelandet werden. Die Preise für Tee waren aufgrund der Transportkosten und der fälligen Zölle ohnehin schon hoch, doch dann wurde er zusätzlich einer relativ hohen Besteuerung unterzogen, sodass es sich lohnte, ihn auf verschiedenen Wegen ins Land zu schmuggeln und dann zu niedrigen Preisen illegal an den Mann zu bringen. Die Nachfrage war gewaltig, die Bereitschaft der britischen Untertanen groß, derartige Praktiken zu dulden, zu fördern und zu nutzen. Es gibt Schätzungen, nach denen der Konsum von Tee, der illegal vor allem über Schottland eingeschleust wurde, mehr als die Hälfte des Gesamtverbrauchs betraf.[30]

Die andauernden Handelskriege zwischen Frankreich und Großbritannien, die auch weitergeführt wurden, wenn es keinen offenen Krieg gab, schadeten aber nicht nur den Verbrauchern, sie brachten ebenfalls massive Einschränkungen für die Händler mit sich. Letztlich führten daher die Wirtschaftskriege jener Zeit neben der permanenten Anheizung der internationalen Spannungen auch zu einer Zuspitzung der internen Konflikte, da die Bevölkerungen die wirtschaftlichen und sozialen Kosten dieser Auseinandersetzungen immer unwilliger trugen. Der Unmut über die merkantilistische Politik der Staaten äußerte sich nicht nur in der Kritik der Handelskreise und – eher indirekt – in illegalen Praktiken der Warenbeschaffung.[31] Zusätzlich brach mit der Zeit die theoretische Unterstützung für die merkantilistische Politik weg, die im 17. Jahrhundert noch stark ausgeprägt gewesen war. Obrigkeitskritische Stimmen wurden immer lauter, die den Rückgang der staatlichen Eingriffe sowie den Ausbau der freien Handlungsmöglichkeiten für Kaufleute forderten.

Diese Überlegungen konnten unterschiedliche Formen annehmen, doch war ihnen die kritische Haltung gemein, die mit den negativen Wohlfahrtseffekten des Merkantilismus zugleich dessen politische Legitimität infrage stellte. Die französische Physiokratie – ein ökonomisches Konzept, das auf der Vorstellung der allein produktiven Bedeutung der Landwirtschaft beruhte und ausgehend davon für eine weitgehende Neutralität des Staates inklusive einer freihändlerischen Handelspolitik plädierte – und der sich in diesem Kontext etablierende ökonomische Frühliberalismus waren dabei weniger programmatisch, wie es später vor allem unterstellt wurde, als man Adam Smith zum Vater des Wirtschaftsliberalismus stilisierte. Diese Stimmen waren vielmehr pragmatisch orientiert, gingen also von den völlig unzureichenden Ergebnissen der merkantilistischen Wirtschaftspolitik aus. Sie sprachen den Obrigkeiten im Grunde Wissen und Kompetenz ab und setzten stattdessen auf eine sukzessive Befreiung des wirtschaftlichen Handelns von staatlichen Auflagen.[32]

Es ist ein wenig vermessen, vom Ende der merkantilistischen Ära in der Französischen Revolution und den Napoleonischen Kriegen auf deren Anfänge und die weitere Entwicklung im

18. Jahrhundert zu schließen, denn die Ausprägungen merkantilistischer beziehungsweise kameralistischer[33] Politik waren regional durchaus unterschiedlich.[34] Auch soll hier kein vorschnelles Urteil über den Beitrag des Merkantilismus zur wirtschaftlichen Modernisierung der Territorien Mittel- und Westeuropas im Vorfeld der Durchsetzung kapitalistischer Strukturen gefällt werden, zumal die Debatte darüber bis heute nicht abgeschlossen ist.[35] Überdies ist die komplexe Bedeutung der Folgen merkantilistisch basierter Machtpolitik ja keineswegs nur auf deren wirtschaftspolitische Dimension zu reduzieren.[36] Aber so skrupulös das Urteil im Einzelnen sein mag: Die Ergebnisse sind unzweifelhaft. Die notorische Überschuldung Frankreichs und die damit verbundene Überdehnung der wirtschaftlichen Abgabefähigkeit des Landes trugen ebenso zum Ausbruch der Revolution bei, wie die Kosten der Sanktionspolitik (Handelssperren, Zölle, Besteuerung) die nordamerikanischen Kolonien dem britischen Mutterland entfremdeten und schließlich deren Abspaltung begründeten.

Streng ökonomisch gesehen, waren die unter merkantilistischen Vorzeichen geführten Handels- und Wirtschaftskriege wahrscheinlich nicht vorteilhaft, zumindest wenn man das Wohlfahrtsniveau der Masse der Bevölkerung als Maßstab nimmt. Andererseits war aus britischer Sicht, nachdem man sich 1815 gegen Frankreich endgültig durchgesetzt hatte und die eigene maritime Dominanz faktisch ungefährdet war, der Aufwand letztlich doch lohnend. Das Land verzichtete nach der Etablierung seiner Hegemonie im Übrigen rasch darauf, seinen merkantilistischen Weg aufrechtzuerhalten, und mutierte zum zunächst leisen, dann lautstarken und robusten Vertreter des Freihandelsimperialismus. In dessen Rahmen wurden in den folgenden Jahrzehnten Wirtschaftskriege nicht mehr mit dem Ziel geführt, andere vom Handel auszuschließen, sondern um den Freihandel als Bedingung für die Entfaltung der eigenen Kräfte gegen merkantilistische Abwehrstrategien durchzusetzen.

«Kicking away the ladder» – das ist bis heute der Vorwurf gegen eine Politik, die skrupellos alle Machtmittel für sich nutzt, nur um danach den Rückgriff auf diese Machtmittel zu verdammen.[37] Der Vorwurf, immer das theoretisch zu vertreten, was am meisten zum eigenen Vorteil ist, wurde indes nicht erst in jüngerer Zeit erhoben. Bereits zu Beginn des 19. Jahrhunderts machten die frühen zoll- und handelspolitischen Debatten in den USA klar, dass man sich diesem britischen Utilitarismus keineswegs beugen würde.

KAPITEL 4

DER KONTINENT GEGEN GROSSBRITANNIEN: NAPOLEON UND DIE KONTINENTALSPERRE

EINE NEUE STUFE DER KONKURRENZ

Die Ära des Merkantilismus ging nicht ohne Paukenschlag zu Ende, was zugleich zeigte, dass er stets ein politisches und weniger ein ökonomisches Projekt gewesen war. Ohne die merkantilistischen Restriktionen wären die positiven Erträge des ökonomischen Strukturwandels, der sich im 18. Jahrhundert überall bemerkbar machte, größer gewesen und hätten eine breitere regionale Streuung aufgewiesen, als dies tatsächlich der Fall war. Wenn auch wiederholt als eine Art Entwicklungsstrategie präsentiert, war der Merkantilismus doch vor allem ein politisches Instrument, um der Wirtschaft konkurrierender Staaten zu schaden und die eigene politische und militärische Handlungsfähigkeit zu erhöhen. Insofern ist hiervon der in verschiedenen deutschen Territorien verbreitete Kameralismus zu unterscheiden, dessen Schwerpunkt nicht darin lag, die Strukturen der internationalen Arbeitsteilung zu beeinflussen, sondern darin, die jeweiligen Binnenwirtschaften politisch zu fördern.[1] Zwar nutzten auch deutsche Territorien merkantilistische Maßnahmen zur Beeinflussung der Handelsbilanz (namentlich Zölle, Verbote von Rohstoffausfuhren, Beschränkung von Importen wie etwa Kaffee), aber zu einem Wirtschaftskrieg waren die meisten Territorien kaum in der Lage. Hier standen die inneren Reformen, etwa in Preußen unter Friedrich II. oder in Österreich unter Joseph II., im Vordergrund.[2]

Eine neue Phase des Wirtschaftskrieges zeichnete sich mit der Französischen Revolution ab. In ihrem Vorfeld hatten sich die

Konflikte zwischen England und Frankreich mit gegenseitigen Boykottaktionen zugespitzt, doch hatte man sich schließlich im Interesse beider Seiten darauf verständigt, diese Restriktionen aufzugeben. Unter dem Einfluss des schottischen Philosophen und Ökonomen Adam Smith und der französischen Physiokraten um Anne Robert Jacques Turgot kam 1786 ein englisch-französischer Handelsvertrag (Eden Treaty) zustande, in dem die Zollsätze auf durchschnittlich zehn bis fünfzehn Prozent der früher zum Teil prohibitiv hohen Sätze etwa bei Wein oder Bier herabgesetzt wurden. Auch wurden bestimmte Export- und Importverbote beispielsweise für französische Seide aufgehoben.[3] Die Revolution und die von ihr ausgehende Bedrohung der politischen Ordnung Europas veränderte die Situation grundsätzlich. Als sich herausstellte, dass auch ein vereintes Vorgehen verschiedener europäischer Mächte das Ausgreifen der Revolution nicht verhindern konnte, schloss sich Großbritannien schließlich den Koalitionskriegen gegen das revolutionäre Frankreich an, und zwar durch erneute Handelsrestriktionen, die schnell in eine Eskalationsspirale mündeten.

Bereits 1793 blockierte die Royal Navy die französischen Häfen, um das Land vom Kolonialhandel abzuschneiden, was sich zumindest für den Kanal und den Atlantik als überaus wirksam erwies. Frankreich reagierte zunächst mit der Aufkündigung des Handelsvertrages von 1786, später suchte man mit der napoleonischen Ägyptenexpedition zumindest das Mittelmeer als Seeweg offen zu halten, scheiterte 1798 aber mit der Flottenniederlage bei Abukir. Immerhin hatten die revolutionären Armeen zuvor die Niederlande besetzt und verfügten daher über eine relativ weitgehende Kontrolle der kontinentaleuropäischen Handelsplätze, doch dürfte dieser Erfolg den Preis der Expansion kaum aufgewogen haben. Der Statthalter der Niederlande floh nämlich nach Großbritannien und übertrug während der Zeit seiner Handlungsunfähigkeit die holländischen Kolonien vor allem in Südafrika, Indien und dem heutigen Indonesien einer Art britischen Treuhänderschaft. Großbritannien konnte damit seine koloniale Präsenz deutlich ausbauen.[4]

Überdies beerbte London Amsterdam nach und nach als Finanzplatz und konnte seine internationale Bedeutung gerade durch die französische Okkupation entscheidend verbessern, da weitere niederländische und andere kontinentaleuropäische Bankiers ihre Geschäfte nach Großbritannien verlegten.[5] Frankreich begegnete der englischen Blockadepolitik mit eigenen Maßnahmen: Schon 1796 wurde ein umfassendes Importverbot gegen Großbritannien erlassen, das nicht nur die direkten Einfuhren aus England betraf, sondern den gesamten französischen Importhandel, da nominell alle auswärtigen Güter als «englisch» klassifiziert wurden. Das war nicht ohne Grund, denn englische Waren strömten über Deutschland, Spanien und Italien weiterhin ins Land. Für den englischen Export war das in der Tat ein schwerer Schlag, der allerdings rasch durch eine Ausdehnung des nicht europäischen Handels kompensiert werden konnte. Für den französischen Handel, der vor allem im Zuckerimport eine herausragende Stellung hatte, waren die Folgen demgegenüber gravierend: Das Land verlor faktisch seinen gesamten Überseehandel und musste sich in seiner wirtschaftlichen Arbeitsteilung auf den Kontinent beschränken, den Frankreich mittlerweile einigermaßen souverän kontrollierte. Durch ein Bündnis mit Spanien und die militärische Kontrolle Oberitaliens waren letzten Endes die Voraussetzungen eines Friedens mit Großbritannien gegeben, der 1802 in Amiens geschlossen wurde.[6]

EIN TOTALER WIRTSCHAFTSKRIEG

Mit dem Frieden von Amiens im Jahr 1802 erkannten sich Frankreich und Großbritannien gegenseitig als Kontinental- und Seemacht an, was Napoleon für seine Auseinandersetzungen mit Österreich und Preußen den Rücken freimachte, die er wiederum mit den Siegen von Austerlitz und Jena klar in ihre Schranken weisen konnte. Die antibritischen Versuche Frankreichs bekamen dadurch erneut Aufwind. Insbesondere das Bündnis mit Spanien schien die Möglichkeiten für einen erfolgreichen Seekrieg und damit gegebenenfalls für eine Invasion der Britischen Inseln zu schaffen. Zugleich dehnte Napoleon das Importverbot nun auch auf Italien aus, jedenfalls auf den nördlichen Teil der Halbinsel, den er kontrollierte. Der Versuch, in der Karibik Fuß zu fassen, scheiterte, nachdem sich schon seit 1789 das für den Zuckeranbau so zentrale Saint-Domingue (das heutige Haiti) durch Sklavenaufstände im Ausnahmezustand befand.[7] Schließlich verkaufte Frankreich 1803 Louisiana an die USA – letztlich spottbillig, gemessen an der riesigen Fläche, die damals weit über den heutigen Staat hinaus bis nach Montana reichte.[8] Noch dazu unterlag Napoleon im erneuten maritimen Kräftemessen: Obwohl von der Zahl der Schiffe her überlegen, verlor die spanisch-französische Flotte die Seeschlacht von Trafalgar gegen eine taktisch und technisch überlegene englische Flotte, was allen maritimen Emanzipationsversuchen Frankreichs ein Ende bereitete. Die Auseinandersetzung mit Großbritannien war deshalb zwar nicht vorbei, doch standen fortan die Mittel des Wirtschaftskrieges im Vordergrund.[9]

Ein umfassender Handelskrieg, den Frankreich nach Trafalgar in Betracht zog, hatte einiges an Argumenten für sich. Trotz der gegenseitigen Blockaden machte der Handel mit Kontinentaleuropa immer noch etwa ein Drittel des britischen Außenhandels aus.[10] Die Wirtschaft der Insel war vor allem auf bestimmte Rohstoff- und Nahrungsmittellieferungen angewiesen, was vor allem für Getreide und Bauholz galt. Gleichzeitig nahm der Kontinent nicht nur etwa fünfzehn Prozent der britischen Gewerbeexporte auf; er war auch das Ziel der noch weit umfangreicheren Reexporte von kolonialen Produkten wie Zucker, Tabak oder Baumwolle.[11] Da die französischen, die spanischen und die französisch kontrollierten niederländischen Häfen als Anlaufstationen ausfielen, waren es vor allem die deutschen und dänischen Nordseehäfen, über die britische Güter auf den Kontinent gelangten. Aber auch die Häfen an der südlichen Ostseeküste dienten als Einfallstore, ganz zu schweigen vom Baltikum, über das britische Gewerbeprodukte nach Russland gelangten.

Die militärischen Erfolge Napoleons gegen Preußen und die Absprachen, die mit Russland in Tilsit nach der Niederlage Preußens getroffen wurden, erlaubten nun eine Ausdehnung der Blockade auf große Teile des Kontinents. Lediglich skandinavische und italienische Häfen waren noch unkontrolliert nutzbar, doch konnte das napoleonische Regiment, wenn auch nur unter hohem Aufwand, den Weitertransport der Waren zu den europäischen Verkaufszentren gegebenenfalls unterbinden. Die Voraussetzungen waren mithin günstig, und so verkündete Napoleon im Dezember 1806 mit dem Berliner Dekret de facto den Ausschluss Großbritanniens vom kontinentaleuropäischen Handel, die sogenannte Kontinentalsperre, indem teils der Handel mit Großbritannien vollständig verboten, teils prohibitiv hohe Zölle auf britische Gewerbeprodukte und über Großbritannien gelieferte Güter und Rohstoffe verhängt wurden.[12]

Die Sperre umfasste neben den hohen Zöllen folgende Elemente, die deren Radikalität unterstreichen: Zunächst wurde das gesamte Seegebiet um die Britischen Inseln mit einer Art Sperrzustand belegt. Jeder Handel und jede Korrespondenz mit Großbritannien wurden untersagt, britische Schiffe durften auf dem Kontinent nicht anlegen. Britische Kaufleute auf dem Kontinent sollten verhaftet und wie Kriegsgefangene behandelt werden. Alle Vorräte, Magazine und Waren britischer Herkunft, die auf dem Kontinent angetroffen wurden, waren als «gute Prise» einzustufen und zugunsten der Staatskasse zu verwerten, wobei die Verluste der betroffenen Kaufleute teilweise kompensiert wurden. Schließlich wurde auch jeder Handel mit englischen Gütern untersagt.[13]

Bemerkenswert daran war nicht die Tatsache der Blockade selbst oder einzelne ihrer Vorschriften – das fiel nicht aus dem Rahmen, sondern war gemessen an der Rabiatheit der englischen Blockade bestenfalls gleichwertig –, sondern vielmehr, dass ein derart weitreichender Schritt vor allem mit den wiederholten Verstößen der Briten gegen die bestehende Rechtsordnung legitimiert wurde.

Die englischen Maßnahmen, so der Vorwurf, beschränkten sich keineswegs auf die Blockade französischer Häfen und des französischen Handels. Handelsschiffe würden vielmehr völlig unabhängig von ihrer Herkunft und ihrem Ziel aufgebracht; zwischen privatem und staatlichem Eigentum mache die englische Marine keinen Unterschied, sondern beschlagnahme alles, was ihr in die Hände falle. Selbst unbefestigte Handelsplätze, die keinerlei militärischen Wert hätten, würden blockiert.[14] Das entsprach, vorweggenommen, im Prinzip dem, was das Deutsche Reich Anfang 1917 bei der Verkündung des uneingeschränkten U-Boot-Krieges gegen England ins Feld führte: Da England sich mit seiner unterschiedslosen Blockade Deutschlands nicht an das Kriegsvölkerrecht halte, sei man zu diesem Schritt berechtigt.[15]

Im Grunde sahen das auch die Vereinigten Staaten ganz ähnlich, die bereits 1807 aus Verärgerung darüber, dass die Royal Navy ebenso den amerikanischen Handel mit Europa drangsalierte, ein Embargo über englische Waren verhängt hatten. Das als Jefferson-Embargo bekannte Importverbot traf den britischen Handel stark – gemeinsam mit dem Berliner Dekret gingen der britischen Wirtschaft zeitweilig zwei ihrer wichtigsten Märkte verloren.[16] Aber auch für die USA war das nicht leicht zu verkraften, hing das junge Land doch stark von englischen Gewerbeimporten ab. Entsprechende Güter wurden knapp und teuer, was immerhin punktuell durch den gleichzeitigen Einsturz der Preise für Rohbaumwolle, die nicht mehr nach Großbritannien verkauft werden konnte, kompensiert wurde und in der Konsequenz den Aufbau einer eigenen Textilindustrie in Nordamerika begünstigte.[17]

Die Bedeutung des Berliner Dekrets und der mit ihm verbundenen anderen Maßnahmen war groß. Das Wachstum der britischen Exporte verlangsamte sich deutlich; das Niveau der Reexporte kolonialer Güter schrumpfte sogar um etwa ein Drittel bis 1810.[18] Gleichwohl blieb die Wirkung unter den Erwartungen, denn die britische Ausweichstrategie, vor allem neue Märkte in Übersee zu erschließen, war trotz der gleichzeitigen Handelsblockade der USA durchaus erfolgreich. Nach einem kurzfristigen Einbruch stiegen die Gewerbeexporte des Landes rasch wieder an.[19] Selbst Europa war nicht wirklich versperrt, da über hanseatische und skandinavische Häfen Güter auf den Kontinent gebracht werden konnten. Mittel- und Süditalien blieben Einfallstore britischer Waren, die auch vergleichsweise leicht zu nutzen waren, da Großbritannien weiterhin Sardinien und Sizilien kontrollierte.

Diese Wege wieder zu verschließen, war mit vergleichsweise großem Aufwand verbunden. In Norddeutschland musste eine neue Zollgrenze errichtet werden, zu deren Bewachung erheblicher Personaleinsatz erforderlich war. Die militärische Besetzung Mecklenburgs und Schwedisch-Vorpommerns durch napoleonische Truppen war nur eine Frage der Zeit. Auch in Italien wurde der französische Einfluss weiter nach Süden ausgedehnt, um zumindest die mittelitalienischen Häfen, insbesondere Livorno, für britische Waren zu verschließen. Mit den Mailänder Dekreten von 1807 wurde folgerichtig der gesamte Handel von englischen Schiffen und solchen, die unter Kolonialflaggen fuhren, für illegal erklärt.[20] Neutralen Schiffen wurde der Handel zwischen Großbritannien und dem Kontinent ebenfalls untersagt, sodass jetzt auch formal das Schlupfloch Skandinavien geschlossen war.

Die englische Reaktion ließ nicht lange auf sich warten: Man zwang nunmehr alle aus den Kolonien nach Europa kommenden Handelsschiffe, zunächst englische Häfen anzulaufen, wo die mitgeführten Güter vor dem Weitertransport hoch verzollt wurden.[21] Gleichzeitig forcierte die englische Seite den Schmuggel, wobei der Insel Helgoland eine wichtige Funktion zukam. Zur Zeit der englischen Besetzung der Insel im Jahre 1807 gab es dort nur zwei «Schmuggelhäuser», also Firmen, die sich auf derartige Geschäfte spezialisiert hatten; wenig später lag ihre Zahl bei mehr als 140.[22] Im Laufe der Zeit entstanden feste Schmuggelwege: Während Nord- und Südeuropa über See direkt beliefert wurden, kamen Waren für Mittel- und Südwesteuropa illegal vor allem nach Deutschland und wurden dann über Frankfurt am Main weiterverteilt.[23]

Das war so erfolgreich, dass die französische Seite wiederum gezwungen war, nicht nur die Zollgrenzen schärfer zu bewachen, sondern auch drastische Strafen gegen Schmuggler zu verhängen und die Beschlagnahme und Vernichtung beziehungsweise Verwertung der geschmuggelten Waren anzuordnen. Der Umfang der Beschlagnahmen war erheblich: Allein in Frankfurt sollten im Jahr 1810 Waren im Wert von etwa 800 000 Gulden, so geht zumindest das Gerücht, öffentlich verbrannt werden, was dann allerdings, da die französischen Beamten bestechlich waren, nur zu einem geringen Teil erfolgte.[24] Die französischen Abschottungsmaßnahmen waren in Nordeuropa insgesamt wirksamer als im Mittelmeerraum, da Frankreich nach den verschiedenen Annexionen schließlich alle Küstenlinien kontrollierte. Hier spielte daher in den meisten Fällen der Schmuggel eine herausragende Rolle.

Weit weniger effektiv war der Versuch, England aus dem Mittelmeer zu verdrängen, denn das östliche Mittelmeer war für Frankreich nicht zu erreichen. In Süditalien blieben die Kontrollen gering, und auch in Mittelitalien kamen weiterhin viele britische Waren an. Während der Kontinentalsperre vervierfachte sich je nach Schätzung der englische Mittelmeerexport.[25] Überdies war die Teilnahme von Spanien und Portugal an der Blockade Großbritanniens keineswegs gesichert: Portugal, wo es zu antifranzösischen Protesten, ja Rebellionen kam, wurde zur englischen Einflusszone, und Spanien musste 1808 überhaupt erst unter militärische Kontrolle gebracht werden – ein teures, aufwendiges und letztlich wenig erfolgreiches Unterfangen. Noch dazu häufte sich der Widerstand jener Staaten und Gebiete, deren traditionelle Lieferungen nach Europa nun nicht mehr durchkamen oder viel kostspieliger wurden. Hier waren es vor allem die Proteste aus den USA und verschiedenen Kolonialgebieten, die in Frankreich nicht ungehört blieben und die sich in der Empörung europäischer Verbraucher widerspiegelten, die bestimmte Güter nicht mehr oder nur zu deutlich erhöhten Preisen erhielten.[26]

Die französische Regierung musste reagieren, wollte sie nicht den Erfolg ihrer Maßnahmen insgesamt riskieren. Mit den Dekreten von Saint-Cloud und Trianon von 1810 wurde folglich der Import von bestimmten Gütern aus den USA und der Karibik zugelassen, wenn auch bei recht hohen Zollsätzen; wenig später wurde allerdings mit dem Dekret von Fontainebleau, ebenfalls von 1810, das Vorgehen gegen Schmuggelware verschärft. Das wiederum verärgerte die russische Regierung, da die Versorgung mit vielen Gütern dadurch schwieriger wurde. Die Bereitschaft Russlands zur Teilnahme an der Kontinentalsperre hatte jedoch darauf beruht, dass die eigene Versorgung aufrechterhalten blieb, was nun offenkundig nicht mehr gegeben war. Die Regierung des Zaren suspendierte daher die verschiedenen Dekrete und ließ wieder regulären Handelsverkehr mit Großbritannien zu. Dies war einer der wesentlichen Gründe dafür, dass Frankreich die militärische Unterwerfung Russlands ins Auge fasste, was dann im Feldzug von 1812 tatsächlich versucht wurde – mit bekanntem Ausgang.[27] Die Völkerschlacht bei Leipzig beendete 1813 faktisch auch Frankreichs Kontinentalsystem, dessen wesentliche Stütze die Blockade des Englandhandels war. Der Rheinbund löste sich auf, die Kontrolle der wichtigen Nordseehäfen war nicht mehr möglich, und auch in Süd- und Südwesteuropa endete die napoleonische Herrschaft. Versuche, die Seite zu wechseln, etwa von Joachim Murat, dem König von Neapel, scheiterten kläglich.[28]

DAS KONTINENTALSYSTEM UND SEINE FOLGEN

Es wäre zu kurz gegriffen, die Kontinentalsperre allein als Waffe gegen Großbritannien zu interpretieren. Ihr wahrer Sinn wird erst erkennbar, wenn man sich bewusst macht, dass die napoleonische Regierung den Aufbau eines kontinentalen Wirtschaftsraums mit Frankreich als Zentrum anstrebte, um letztlich die gewerbliche Dominanz Englands zu beenden und für einen entsprechenden Aufstieg der französischen Industriezweige zu sorgen. Vor allen Dingen aber sollten die kontinentalen Arbeitsteilungsstrukturen im Interesse der französischen Gewerbe umgestaltet werden, denen etwa Monopolrechte für bestimmte Produkte zugestanden wurden, während andere Regionen als untergeordnete Lieferanten für Rohstoffe und Vorprodukte dienen sollten.

So wurde den norditalienischen Gebieten die Weiterverarbeitung der dort in großen Mengen produzierten Rohseide untersagt, die nun als Rohstoff an französische Seidenspinnereien abzuliefern war. Rohseide und Strohhüte wurden in dieser Zeit zu den Hauptexportartikeln Italiens, das darüber hinaus in erheblichem Umfang Soldaten und Geld für die französischen Kriegszüge beizusteuern hatte.[29] Andererseits wurde Italien verpflichtet, bestimmte gewerbliche Produkte, die man bis dato vom Weltmarkt bezogen hatte, künftig aus Frankreich zu importieren. Ähnlich erging es deutschen Territorien, die ebenfalls in eine Art zweite Reihe der Gewerbezonen rutschten und zwar von Aufträgen des französischen Militärs profitierten, aber gleichzeitig erhebliche Beiträge für den Krieg leisten mussten.

All das trug dazu bei, dass die französische Herrschaft, die zunächst in vielen Teilen Europas als Befreiung vom Ancien Régime begrüßt worden war, im Laufe der Zeit immer unpopulärer wurde, ja schließlich regelrecht verhasst war. Vor allem die wirtschaftlichen Folgen der napoleonischen Expansion waren fatal. In diesen Jahren überschlugen sich die Preise für bestimmte Güter; allein der Preis für Rohbaumwolle stieg um das Vierfache.[30] Die hohen Preise und die allgemeine Knappheit etwa von Zucker begünstigten zwar den Aufbau von Importsubstitutionsgewerben, namentlich die Verwertung der Zuckerrübe. Dies war jedoch keineswegs bei allen Gütern möglich, zumal selbst beim Zucker der Rübenanteil an der Weltproduktion noch jahrzehntelang marginal blieb.[31] Zu den Versorgungsengpässen und Preiserhöhungen kam die hohe Steuerlast ebenso hinzu wie die Kosten für Rekrutierung und Besatzung sowie das wiederholt harte Durchgreifen bei Schmuggel oder anderen Vergehen. Es häuften sich antifranzösische Proteste und Aufstände, die in Teilen des napoleonischen Herrschaftsgebietes zu offenen Konflikten und regelrechten Guerillakriegen führten.

Angesichts dieser Einbußen begannen die Vorteile, die das Kontinentalsystem für einen Teil der Unternehmen bedeutete, nach und nach zu verblassen.[32] Der französische Einfluss führte nicht nur zur Modernisierung zahlreicher institutioneller Strukturen, insbesondere großer Teile der älteren Feudalordnung, die durch moderne, marktwirtschaftliche Strukturen ersetzt wurden. Auch der Export des modernen französischen Rechts (Code de commerce, Code pénal) wirkte sich in wirtschaftlicher Hinsicht positiv aus und wurde nebenher, nach dem Ende der Besetzung etwa im Rheinland, auch nicht aufgehoben. Jene Gewerbezweige, die direkt für das Militär produzierten (Waffen- und Uniformfabriken, das Proviant- und Fouragewesen etc.), zogen erhebliche Vorteile aus der großen staatlichen Nachfrage, und auch für viele andere Gewerbezweige bedeutete der Wegfall der überlegenen englischen Konkurrenz ungeahnte Expansionschancen. Dies galt besonders für das weite Feld des Textil- und Bekleidungsgewerbes, das um 1800 herum etwa fünfzig Prozent aller nicht agrarischen Tätigkeiten in Deutschland umfasste. Allein in Sachsen verzwanzigfachten sich in diesen Jahren die industriell genutzten Baumwollspindeln.[33] Aber auch andere Gewerbe, selbst die wegen ihrer geringen Produktivität berüchtigten Manufakturen, das Lieblingskind der kameralistischen Gewerbeförderung des 18. Jahrhunderts, erlebten noch einmal eine Blütezeit.[34] Zeitweilig populäre Thesen, wonach das französische Regiment in Deutschland letztlich sogar einer der Gründe für die später einsetzende überaus erfolgreiche Industrialisierung gewesen sei, haben sich hingegen als nicht haltbar erwiesen.[35]

Langfristig gesehen bedeutete die Kontinentalsperre eine schwere Schlappe für Frankreichs weltwirtschaftliche Stellung, und dies strahlte auch nach Italien und Deutschland aus. Frankreich verlor binnen kurzer Zeit seinen gesamten Kolonial- und Welthandel, den es auch nach dem Ende der Napoleonischen Kriege und trotz der Wiederherstellung kolonialer Einflusszonen etwa in Indien (Pondicherry) nicht wiedererlangte. Die Folgen des Zusammenbruchs des Kolonialhandels gingen weit über den Handel selbst hinaus und betrafen neben Kaufleuten und wichtigen Hafenstädten wie Bordeaux, Nantes oder Rouen ebenso die vielfältigen Gewerbezweige, die koloniale Vorprodukte weiterverarbeiteten und nun ihre Produktionsmöglichkeiten verloren. Das galt für die Zuckerverarbeitung ebenso wie für die Herstellung von Baumwolltextilien oder den Baumwolldruck, aber auch für Leder- und Tabakmanufakturen.[36]

Jedoch litt nicht nur die Produktion gewerblicher Güter unter Rohstoffmangel und steigenden Preisen, ganze Gewerbezweige verloren ihren Absatzmarkt, vor allem in der Plantagenwirtschaft der südlichen USA und der Karibik. Das schlesische Leinengewerbe etwa hatte hier mit seinen billigen Leinenprodukten lange Zeit sicheren Absatz gefunden.[37] Während einzelne Kaufleute und Unternehmer durchaus Nutzen aus dem Wirtschaftskrieg zogen, war die gesamtwirtschaftliche Belastung gewaltig, zumal der Strukturwandel der englischen Wirtschaft dadurch nicht aufgehalten wurde. Im Gegenteil: Sollte nach dem Ende der Sperre die englische Industrie auf den Kontinent zurückkehren, war damit zu rechnen, dass das Desaster groß sein würde. Und so kam es. Relativ rasch nach dem Ende der Napoleonischen Kriege stürzte der Kontinent, verstärkt durch die verheerenden Folgen eines Vulkanausbruchs in Indonesien für das europäische Wetter, in eine schwere Wirtschaftskrise, die für zahlreiche Profiteure der unter der Kontinentalsperre herrschenden Treibhausatmosphäre das Aus bedeutete. Spätestens 1817 war die englische Industrie wieder auf dem Kontinent präsent, erfolgreicher und überlegener als zuvor. Zwar bekam auch die Wirtschaft der Britischen Inseln die Folgen der Blockade zu spüren: Es gab Versorgungsengpässe und zeitweilig deutliche Steigerungen der Lebensmittelpreise, was die Angst vor sozialen Unruhen sehr verstärkte, da davon vor allem die Armen betroffen waren.[38] Doch es standen zahlreiche Auswege zur Verfügung, die auch gezielt genutzt wurden.

Napoleons Kontinentalsperre ist aus historischer Perspektive ein herausragender Fall der im Grunde ständig auffindbaren Wirtschaftskriege. Sie hat im Gegensatz zu vielen anderen Beispielen klare Konturen, was sowohl ihre Dauer als auch den Umfang und die Wirksamkeit der Maßnahmen betrifft. Dabei ist der Eindruck dieser Episode ähnlich wie in den bisher dargestellten Fällen: Wirtschaftskriege sind politische Instrumente, die darauf abzielen, dem Gegner einen größeren wirtschaftlichen Schaden zuzufügen, als man durch dessen Gegenmaßnahmen selbst erleidet, um ihn auf diese Weise handlungsunfähig zu machen oder zumindest deutlich zu schwächen. Die negativen wirtschaftlichen Folgen der Blockademaßnahmen im Zuge der Kontinentalsperre waren allerdings so stark, dass die antibritische Koalition spätestens 1810 Risse bekam und wenig später zerbrach. Der Versuch, sie militärisch wiederherzustellen, endete im Desaster der Grande Armée.

Die Frage, ob ein dauerhafter Ausschluss Großbritanniens zu einer Stärkung und Modernisierung der kontinentaleuropäischen Wirtschaft beigetragen hätte, stellt sich, so gesehen, historisch nicht. Unter Umständen wäre es möglich gewesen, aber die Geschichte hat diese Möglichkeit nicht zugelassen. So bleiben nur die unmittelbaren Folgen der Blockade, und die sind überaus bezeichnend. Letztlich bedingte der Ausschluss Großbritanniens vom Kontinentalhandel umgekehrt auch den Ausschluss des Kontinents vom Welthandel – in gewisser Hinsicht war die Kontinentalsperre eine Reaktion auf die Tatsache, dass Großbritannien die Verdrängung des Kontinents von den Welt- und Kolonialmärkten längst vor den Berliner Dekreten eingeleitet hatte. Rein geografisch war Großbritannien im Vorteil, aber auch die Überlegenheit der Royal Navy ließ einen Erfolg der französischen Maßnahmen nicht erwarten. Napoleons Kalkül, der englischen Wirtschaft zu schaden, ging zwar durchaus auf, aber um welchen Preis? Frankreich musste seine weltwirtschaftliche Stellung aufgeben und zusätzlich mit den Folgen ausbleibender beziehungsweise immer teurerer Importe zurechtkommen, was massiven Schaden für die eigene Wirtschaft und die Verbraucher bedeutete. Zugleich gingen dem kontinentalen Gewerbe wichtige Märkte an die britische Konkurrenz verloren, die die Situation ausnutzte und die hier erzielten Erträge in die Modernisierung der eigenen Industrie investierte.

Die alte Erfahrung, dass sich Produktivitätsunterschiede zwischen Volkswirtschaften nicht willkürlich beeinflussen lassen, schon gar nicht durch Blockade, Raub und Diskriminierung, wurde auch in diesem Fall grandios bestätigt. Die britische Wirtschaft war ihrer kontinentalen Konkurrenz 1815 viel weiter voraus als noch in den 1780er Jahren. Die eigenen und fremden Stärken und Schwächen faktisch zu ignorieren – was für jede Blockadepolitik konstitutiv ist und politisch ja durchaus relevant sein kann, sonst würde man derartig zweischneidige Maßnahmen wohl eher meiden –, schlug auch hier wieder zum Nachteil desjenigen aus, der bei aller militärischen Stärke eben nicht das ökonomische Momentum auf seiner Seite hatte.

KAPITEL 5

DER GROSSE UMBRUCH: FREIHANDEL IM DENKEN, SCHUTZZOLL IN DER PRAXIS – ENGLAND UND DIE USA NACH 1815

VOM MERKANTILISMUS ZUM FREIHANDEL

Mit dem Ende der Napoleonischen Kriege war auch die große Zeit der merkantilistischen Maßnahmen, der gegenseitigen Übervorteilung und Schwächung, vorbei. Jedoch nicht deshalb, weil die Interessen, die das merkantilistische Handeln begründet hatten, nun grundlegend andere waren. Großbritannien war nach 1815 vielmehr in der völlig neuen Position, den Welthandel nach Belieben dominieren zu können, ihn sogar angesichts des starken Aufschwungs der Industrie im eigenen Land dominieren zu müssen, aus Absatzgründen und aus Gründen der Sanierung des Staatshaushalts – die Staatsschuld lag am Ende der Napoleonischen Kriege bei zweihundert Prozent des Inlandsprodukts.[1] Der Zugang insbesondere zu den Märkten in Süd- und Nordamerika war das Ventil, um die Folgen der Kontinentalsperre für den britischen Export in Grenzen zu halten.

Nach 1814/15 war zwar der Zugang zu den kontinentaleuropäischen Märkten wieder möglich, und insbesondere die britische Baumwollindustrie nutzte diese Chance konsequent. Doch zugleich bewirkte die Mechanisierung des Gewerbes einen starken Anstieg der Kapazitäten, die nur bei ungehindertem Zugang zum Weltmarkt einigermaßen effizient ausgenutzt werden konnten. Folglich gab Großbritannien seit den 1820er Jahren sukzessive alte protektionistische Maßnahmen auf (vor allem Agrarzölle, danach fast alle Einfuhrzölle, schließlich sogar die Navigationsakte) und liberalisierte nach und nach den Außenhandel, auch deshalb, weil es zumindest in der ersten Hälfte des 19. Jahrhunderts weder auf gewerblichem noch auf maritimem Gebiet eine ernsthafte Konkurrenz gab, die die Chance des Freihandels gegen Großbritannien hätte nutzen können. Großbritannien verzichtete jedoch auch nach 1815 nicht auf Maßnahmen, die man als Wirtschaftskrieg bezeichnen könnte; nur änderte sich ihre Stoßrichtung, weg von der restriktiven Gestaltung des Außenhandels hin zu einer liberalen Öffnung der internationalen Märkte, um die eigenen Stärken voll ausspielen zu können. Die Regierung und die Öffentlichkeit Großbritanniens hatten dabei zunächst nicht etwa kosmopolitische Anwandlungen; die Freihandelsvorstellung wurde erst später zu einer Art konstitutivem Moment der englischen politischen Öffentlichkeit und des britischen Selbstbildes.[2] In der englischen Handelspolitik seit dem Ende der Napoleonischen Kriege geschah erst einmal vor allem das, von dem man glaubte, es würde der englischen Wirtschaft den größten Nutzen bringen.[3]

Dass die Wende in der englischen Außenhandelspolitik seit den Napoleonischen Kriegen keine Frage der besseren Einsicht, sondern der machtpolitischen Umstände war, wird unmittelbar deutlich, wenn man die älteren englischen Debatten über diese Frage betrachtet. Die eher freihändlerische Position des schottischen Philosophen und Ökonomen David Hume fand schon in der Mitte des 18. Jahrhunderts ihre Befürworter: 1752 gab er die Rivalität zu Frankreich offen zu, um aber sogleich an den «unzähligen Schranken und Hindernissen im Handel» zu zweifeln: «Doch was haben wir dadurch gewonnen?», fragte er, man verlöre doch nur den Wollexport, und Wein bezöge man jetzt aus Spanien und Portugal – noch dazu «schlechter» und teurer! Dabei lägen die Vorteile auf der Hand: «Jeder neue Morgen Weinberg, in Frankreich zur Versorgung Englands mit Wein angelegt, würde die Franzosen zwingen, den Ertrag eines englischen Morgen Weizen oder Gerste zu kaufen, um ihren Unterhalt zu sichern, und es ist offensichtlich, dass wir dadurch die Verfügung über die bessere Ware erhielten.»[4]

Das blieb nicht unwidersprochen, wie die Debatte zwischen dem frühliberalen Hume und den restriktiven Positionen des eher konservativen Jonathan Swift zeigte. Als der Ire Swift in den 1720er Jahren mit ökonomischen, mitunter bissig-satirischen Schriften hervortrat, befand sich das Land in einer Strukturkrise und diskutierte im Schatten seines damals noch merkantilistischen Nachbarn England eine prohibitivere Wirtschaftspolitik – allerdings mehr aus Selbstschutz denn aus Dogmatik.[5] Überhaupt spielten in den umfangreichen Auseinandersetzungen der Zeit neben unterschiedlichen wissenschaftlichen Konzepten schlicht materielle Interessen eine große Rolle. Für eine weitgehende Liberalisierung des Handels plädierten daher nicht nur David Hume und später Adam Smith, um nur die beiden prominentesten Namen zu nennen. Auch unter den bedeutenden Groß- und Außenhandelskaufleuten geriet die staatliche merkantilistische Praxis bereits in der Mitte des 18. Jahrhunderts in die Kritik, und das keineswegs nur in Großbritannien. Französische Kaufleute stellten ebenso die offensichtlichen Nachteile einer strengen Restriktion des Außenhandels fest.[6]

David Hume war dabei durchaus kein Freund der Franzosen; dass er die Feindschaft zu Frankreich für gut begründet hielt, lag der obigen Bemerkung vielmehr zugrunde. Er war allerdings zu Recht der Meinung, dass England in dieser Auseinandersetzung keinesfalls von den restriktiven Maßnahmen des Merkantilismus profitieren würde; sie würden dem Land vielmehr schaden, da die Verhinderung des Außenhandels die Staatseinnahmen und insgesamt das Wohlstandsniveau mindere, und die Vorstellung, das Horten von Münzmetall würde den Reichtum des Staates vergrößern, sei geradezu dumm. Ein Land, in dem es «Menschen und Fleiß» gebe, könne gar nicht verarmen; deren Förderung auch gegen ausländische Konkurrenz war für Hume sogar selbstverständlich, nur müsse das eben intelligent erfolgen: «Voreingenommen und nutzlos» seien durchaus «nicht alle Steuern auf ausländische Waren», sondern nur solche, die auf Argwohn gegenüber dem Rivalen beruhen. Förderten sie aber die eigene Bevölkerung und «heimische Manufakturen», stützten sie zudem «unsere südlichen Kolonien», dann seien sie durchaus vernünftig.[7] Bei Hume findet sich also keineswegs ein ideologisches Plädoyer für den Freihandel, sondern ein Eintreten für eine vernunftgeleitete, pragmatische Zoll- und Handelspolitik. Erst später – und bezeichnenderweise nicht in England – wurden diese Überzeugungen zu theoretischen Aussagen verdichtet: Das elaborierteste frühliberale Konzept staatlicher Wirtschaftspolitik, die Physiokratie, war ein französisches Eigengewächs, das dann wiederum weit in die englische Nationalökonomie, namentlich bis in das Werk von Adam Smith, ausstrahlte.[8] Lange Zeit standen diese Debatten und Forderungen jedoch im Schatten der mehr oder weniger kriegerischen Auseinandersetzungen zwischen Frankreich und Großbritannien, in denen die Wirtschaft eben nicht im Sinne der Effizienz, sondern der politischen Strategie gestaltet wurde.

Die Vorstellung, wonach die eigene Position durch Verzicht auf eine undifferenziert restriktive Außenhandelspolitik gestärkt wird, war zunächst für viele noch starker Tobak; den endgültigen Durchbruch des freihändlerischen Denkens brachten aber erst die Erfahrungen mit der Kontinentalsperre mit sich, deren Folgen die merkantilistischen Überlegungen nachgerade zur Karikatur machten. Die kontinentaleuropäischen Wirtschaften zwangen nämlich nicht etwa Großbritannien in die Knie, sondern verschwanden vom Weltmarkt, der mehr oder weniger konkurrenzlos dem britischen Gewerbe überlassen wurde, während gleichzeitig das vermeintlich autarke Europa nur punktuell profitierte und insgesamt weit hinter den Stand der englischen Technik und Produktivität zurückfiel. Aber auch sonst war die Kontinentalsperre eine schwere ökonomische Belastung, die im Übrigen nicht nur die unmittelbar beteiligten Volkswirtschaften traf, sondern vor allem auch die jungen Vereinigten Staaten von Amerika, die gleichzeitig eine Sperre gegen britische Importe verhängt hatten. Schätzungen gehen von jährlichen Wohlstandsverlusten in Höhe von circa vier bis fünf Prozent in den USA, zwei bis drei Prozent in Frankreich und ein bis zwei Prozent in Großbritannien aus, Verluste, die die Zeitgenossen direkt spürten.[9]

Nach dem Ende des Krieges setzte daher zwangsläufig eine komplexe Debatte zwischen Protektionisten, Freihändlern und Theoretikern ein, und das je nach regionaler Ausgangslage in unterschiedlicher Konfiguration. In Großbritannien wurden frühzeitig die Vorteile gesehen, die ein liberales Handelsregime dem Wohlstand der Nation brachte, wenn es gelingen sollte, Produkte, die man kostengünstig herstellte, zu exportieren, und mit den Erträgen Produkte zu importieren, die anderswo günstiger hergestellt wurden. Die von Adam Smith favorisierte Auffassung, Nationen sollten jene Güter untereinander tauschen, die sie jeweils kostengünstiger als die andere herstellen konnten, brachte es schon zu einiger Prominenz (Theorie der absoluten Kostenvorteile), wurde jedoch von dem englischen Ökonomen David Ricardo weitergeführt und in gewisser Weise radikalisiert. Nach Ricardo kam es nicht auf die absoluten Kosten an, sondern jedes Land sollte sich auf jene Produktion spezialisieren, die es zu den geringsten Kosten herstellen konnte, und durch deren Export den Import von Gütern finanzieren, die anderswo günstiger hergestellt werden konnten. Mehr noch: Jedes Land sollte es sogar darauf anlegen, selbst diejenigen Güter, die anderswo teurer als im eigenen Land hergestellt wurden, zu importieren, wenn man so die eigene Produktivität ganz auf die Bereiche konzentrieren konnte, in denen man die größten Vorteile hatte (Theorie der relativen Kostenvorteile). Das war für viele schwer zu begreifen und in der Praxis auch nicht so leicht zu realisieren.[10] Aber es klärte den konzeptionellen Horizont, in dem Außenhandelspolitik begründbar erschien.

Aus britischer Sicht musste es nun darauf ankommen, die Absatzchancen der eigenen Gewerbezweige, die über die höchste Produktivität verfügten, möglichst zu erweitern. Großbritannien dominierte lange Jahre die Stahlproduktion, den Maschinenbau und die Metallverarbeitung allgemein, deren Produkte in Lateinamerika, in den USA, aber auch auf dem europäischen Kontinent stark nachgefragt waren. Fast alle europäischen und die ersten amerikanischen Eisenbahnen nutzten englische Produkte, von der Schiene über die Weiche bis hin zu Wagen und Lokomotiven.[11] Doch eine Produktgruppe stellte alles in den Schatten: In der ersten Hälfte des 19. Jahrhunderts war Großbritannien in erster Linie Lieferant von Baumwollgarn und Baumwollprodukten. Bemerkenswert waren nicht nur Volumen und Wert dieses Handelszweiges, sondern auch die Einfuhrstatistik. Rohbaumwolle war seit den 1820er Jahren der größte Einzelfaktor, überragte jedoch andere Güter wie Tee, Holz, Eisen und Getreide erst seit dieser Zeit deutlich.[12] Das Land bezog Rohstoffe, Nahrungsmittel und Vorprodukte und exportierte gewerbliche Waren. Dass angesichts einer derartigen Konstellation Freihandel die sinnvolle Strategie war, leuchtet unmittelbar ein. Und die Lage verstetigte sich: Um 1850 wurde etwa die Hälfte aller gewerblichen Güter weltweit in Großbritannien hergestellt. Das Land saß wie die Spinne im Netz der Lieferketten, ganz wie einst die Niederländer, nur beschränkte es sich nicht auf die Spediteursrolle, sondern war vor allem Produzent, der Rohstoffe und Hilfsmittel importierte, veredelte und als fertige Industriegüter wieder auf den Weltmarkt brachte.

SELBSTBEHAUPTUNG DURCH ERZIEHUNGSZÖLLE

Für andere Staaten war der Freihandel indes nicht so attraktiv wie für das industriell führende Großbritannien, wenngleich viele von ihnen in den Genuss der vergleichsweise preiswerten britischen Industriegüter kamen, die sie zu derart niedrigen Preisen selbst gar nicht hätten erzeugen können. Es stellte sich eher die Frage, wie die umfangreichen Importe finanziert werden sollten. Auch dabei bot sich Großbritannien als großzügiger Geldgeber an. Das Gewerbezentrum Großbritannien und der Finanzplatz London standen nicht in Konkurrenz zueinander, sondern bedingten und begünstigten sich gegenseitig. Aber dort, wo es Gewerbe oder die Voraussetzungen dafür gab, wie etwa in Indien, kam die Frage auf, die sich heute viele Länder angesichts der Exportmacht Chinas stellen: Erzeugt die Dominanz der Importprodukte, auch wenn sie preiswert und funktional sind, unter Umständen erhebliche gesamtwirtschaftliche Nachteile, ja gefährliche Abhängigkeiten? Und wie ließen sich diese vermeiden?

Im Fall Indiens, das keine handelspolitische Souveränität besaß, war die Sache schnell geklärt: Das preiswerte Angebot englischer Baumwollprodukte verdrängte sukzessive das dortige Baumwollgewerbe. Für den indischen Verbraucher, der auf englische Produkte umstellte, war das nicht unbedingt ein Nachteil, im Gegenteil. Aber die Produzenten verloren ihre Märkte und mussten nach und nach aufgeben, wenn die Möglichkeiten der Kostensenkung durch Selbstausbeutung erschöpft waren. Für das indische Baumwollgewerbe, das seinen Zenit schon vorher überschritten hatte, war das 19. Jahrhundert ein Desaster. Es verblasste nach und nach, und das Land, einst das Textilzentrum der Welt, wurde zum Exporteur von Rohbaumwolle.[13]

Dort, wo handelspolitische Souveränität gegeben war, wie etwa im chinesischen Kaiserreich, in Japan oder in den USA, sah die Lage anders aus. Diese Märkte auch gegen Widerstand zu öffnen, wurde ein Hauptanliegen dessen, was man seit den 1950er Jahren Freihandelsimperialismus genannt hat – eine Strategie des Wirtschaftskrieges, die sukzessive an die Stelle des Merkantilismus trat (dazu im nächsten Kapitel mehr). Einen besonderen Fall stellten die Vereinigten Staaten dar, die trotz des Unabhängigkeitskrieges wirtschaftlich in hohem Maße vom alten Mutterland abhängig geblieben waren.[14] Diese Abhängigkeit hatte sich auch durch das Jefferson-Embargo, mit dem die USA 1807 ihrerseits in den Handelskrieg eingetreten waren, keineswegs vermindert. Die Folgen des Embargos gegen Großbritannien hatten die USA, in denen das Pro-Kopf-Einkommen zeitweilig sank, vielmehr selbst zu spüren bekommen, da die Importpreise stiegen, während gleichzeitig die Preise für Exportgüter deutlich zurückgingen.[15]

Allerdings waren die Auswirkungen überaus komplex, denn die zeitweilige Verdrängung der englischen Güter vom amerikanischen Markt wirkte wie eine Art Industrialisierungsprogramm. In dieser Zeit explodierte etwa die Zahl der in amerikanischen Garnfabriken genutzten Spindeln, nicht zuletzt als Folge der Verbilligung von Rohbaumwolle aufgrund des faktischen Exportstopps nach Europa.[16] Für die politischen Führer des Landes stellte sich nun unweigerlich die Frage, ob man die Abhängigkeit hinnehmen und die Vorteile preiswerter Importe erneut nutzen oder eine eindeutig Erfolg versprechende Strategie der ökonomischen Autonomie verfolgen sollte, was zwangsläufig auf einen Handelskonflikt mit Großbritannien hinauslaufen musste. In der Tat war das Jefferson-Embargo nur das Vorspiel des Zweiten Unabhängigkeitskrieges der USA 1812 bis 1814/15, der die ökonomischen Alternativen noch klarer markierte: Sollte man Schutzzoll, Autarkie und eigene Industrialisierung verfolgen oder zum Rohstoffexportland werden, das seine Importe mit den Erträgen vor allem der Baumwollexporte finanzierte und dabei von den niedrigen britischen Preisen für Gewebeerzeugnisse profitierte?

Das Problem war bekannt und polarisierte seit Längerem die innenpolitische Debatte, weil sich an die Frage der wirtschaftlichen Organisation der jungen Republik zahlreiche Probleme ihres zukünftigen politischen Charakters anschlossen. Denn letztlich ging es auch darum, ob ein starker Zentralstaat die Lösung war oder vielmehr lose miteinander verbundene Bundesstaaten den Großteil ihrer Angelegenheiten allein regeln sollten.[17] Insbesondere das ökonomische und finanzielle Modernisierungsprogramm des Finanzministers Alexander Hamilton favorisierte um die Wende zum 19. Jahrhundert einen innovativen Ansatz, um das heimische Gewerbe gegen die auf dem eigenen Markt dominierende britische Exportindustrie zu schützen.[18] Das Ziel, die USA selbst zu einem Industrieland zu machen und hierfür die Zollpolitik zu nutzen, stieß jedoch auch auf heftige Ablehnung, da die Kritiker Hamiltons keine Verhältnisse wie in Großbritannien wünschten und ihr Ideal eines ländlichen, von kleinen Agrar- und Gewerbebetrieben bestimmten demokratischen Lebens durch die Großindustrie und Finanzwelt gefährdet sahen.[19]

Indes sprachen die tatsächlichen Entwicklungen für das «isolationistische» Konzept von Hamilton:[20] Infolge der Kontinentalsperre und des Jefferson-Embargos verschwand die britische Industrie zeitweilig weitgehend vom amerikanischen Markt, während gleichzeitig die Baumwollpreise überaus niedrig waren, was die Industrialisierung vor allem bestimmter Gebiete in den Nordstaaten begünstigte. Hier entstanden die ersten modernen industriellen Cluster, und zwar gerade im Bereich der Textilindustrie. Damit bildete sich zugleich auch der starke Kern eines protektionistischen Lagers, das vor allem die nordostamerikanischen Gewerbezweige umfasste; diese standen von da an in scharfem Gegensatz zu den Freihandelsinteressen der Baumwolle exportierenden südlichen Sklavenstaaten. Denn die entstehende amerikanische Industrie war nicht, wie Großbritannien, zur Auslastung ihrer Anlagen auf Export angewiesen. Der rasch wachsende eigene Markt reichte, ja er gestattete eine gleichzeitige protektionistische Außenhandelspolitik und industriefreundliche Wirtschaftspolitik nach innen. Dabei machte man die Erfahrung, dass Erstere vorteilhaft war, da die auswärtigen Staaten kaum Möglichkeiten zur Retorsion besaßen. Für die Baumwollexporteure der Südstaaten, die vom Freihandel profitierten, war das keine gute Nachricht.

Die Produktion von Baumwolle war lange mühselig, da die Rohbaumwolle in Handarbeit entkörnt werden musste, was die Produktionsmenge beschränkte und ihren Preis nach oben trieb. Ein wirklicher Aufschwung der Baumwollproduktion setzte erst mit Eli Whitneys Erfindung der Entkörnungsmaschine (1793) ein, die den raschen Ausbau der Baumwollherstellung ermöglichte. Betrug die Jahresproduktion 1810 noch etwa 178 000 Ballen, so lag sie 1860 bei über vier Millionen, womit allein der Anteil der Südstaaten am Weltexport von Rohbaumwolle bei achtzig Prozent lag.[21] Die rasche Ausdehnung der Baumwollproduktion war nur durch eine massive Ausweitung der Sklavenarbeit möglich. 1860 lebten in den Baumwollgebieten etwa vier Millionen schwarze Sklaven bei elf Millionen Einwohnern insgesamt; sie machten also etwa ein Drittel der Bevölkerung der Baumwollstaaten aus. Im Vergleich dazu gab es im sklavenfreien Norden nur etwa 340 000 freie Afroamerikaner bei einer Gesamtbevölkerung von knapp 20 Millionen Menschen.[22]

Aufgrund der hohen Nachfrage nach Rohbaumwolle stiegen die Preise für Sklaven entsprechend stark, auch wegen des Sklaventransportverbots, das die Royal Navy seit 1808 konsequent durchsetzte. Der Nachschub an Sklaven aus Afrika wurde daher zumindest in den USA immer schwieriger, sodass sich hier eine Art Sekundärmarkt herausbildete, der es profitabel machte, die schwarzen Sklaven besser zu behandeln, um ihre natürliche Reproduktion zu sichern. Worum es ging, zeigt die Preisentwicklung: Bezahlte man um das Jahr 1800 für einen gesunden Fünfundzwanzigjährigen circa 500 Dollar, so schwankte der Preis um 1860 zwischen 1500 und 1800 Dollar.[23] Freihandel, Plantagenwirtschaft und Sklaverei bildeten somit den einen Pol der Auseinandersetzung, während der andere von den nordostamerikanischen Gewerbegebieten, die auf freier Arbeit fußten, bestimmt wurde.

Die Frage, wie die Abhängigkeit von der britischen Industrie zu bewerten war und welche Schlüsse aus ihr zu ziehen waren, stellte sich mithin alles andere als einfach dar, und vor der Niederlage der Südstaaten im Bürgerkrieg konnte sie nicht wirklich entschieden werden. Die innenpolitischen Konflikte der folgenden Jahrzehnte (Sklaverei, Ausbau und Erweiterung der Union, Immigration etc.) sind jeweils nur vor diesem Hintergrund der laufenden Auseinandersetzungen um Freihandel und Schutzzoll wirklich zu begreifen. Die Zoll- und Handelspolitik des Landes schwankte entsprechend, wenngleich sich zunächst Hamiltons Standpunkt durchsetzte, dass die Unabhängigkeit von der Kolonialmacht auch die wirtschaftliche Unabhängigkeit erfordere,[24] und 1825 die Wahl von John Quincy Adams zum Präsidenten einen baldigen Sieg des protektionistischen Lagers mit sich brachte. Letztlich war dieses Lager stärker, da der Norden die höhere Bevölkerungszahl und die mit Abstand stärkere ökonomische Basis besaß.

Die Südstaaten, die sich vor allem auf Rohstoffproduktion und -export konzentrierten (neben Baumwolle vor allem Tabak, Erdnüsse, Zuckerrohr, schließlich mehr und mehr Getreide), waren wirtschaftlich insbesondere wegen der gigantischen Nachfrage nach Rohbaumwolle dennoch nicht erfolglos. Schließlich entfielen auf den Süden etwa zwei Drittel aller amerikanischen Exporte, jedoch war er selbst angesichts des geringen Industrialisierungsgrades auf Lieferungen aus dem Ausland, vor allem aber aus den industrialisierten Nordstaaten angewiesen. Der freihändlerische Süden war ökonomisch durchaus bedeutend, politisch aber eher in der Defensive, zumal sein Geschäftsmodell letztlich auf der Nutzung von Sklavenarbeit beruhte.[25]

Seit dem Frieden von Gent, durch den der Zweite Unabhängigkeitskrieg im Jahr 1814/15 endete, kam es daher zur Förderung der sogenannten «Infant Industries» durch eine gezielte Schutzzollpolitik, wodurch allerdings die Abhängigkeit der USA von britischen Lieferungen in vielen Gebieten nicht wirklich verringert wurde.[26] Immerhin stiegen die durchschnittlichen Zölle für britische Textilimporte deutlich an, und zwar von zwanzig Prozent im

Jahr 1816 auf über sechzig Prozent in den frühen 1840er Jahren.[27] Die Erfolge waren eindrucksvoll, da es im Schutze der protektionistischen Maßnahmen seit den 1820er Jahren zu einer stürmischen Industrialisierung des amerikanischen Nordostens kam, der für eine eigene Industrialisierung auch über sehr günstige naturräumliche Bedingungen verfügte. Kaum ein Beobachter sah das so genau wie der deutsche Wirtschaftspublizist Friedrich List, der aus politischen Gründen seit 1825 eine Zeit lang in den USA lebte und dort zum Umfeld des späteren Präsidenten Andrew Jackson gehörte, den er wortmächtig unterstützte.[28] List wurde zum eigentlichen Theoretiker der «Erziehungszölle», einer Idee, die für deutliche Schutzzölle in der Zeit plädierte, in der die heimische Industrie noch nicht konkurrenzfähig sei. Danach sprach er sich durchaus für liberale Handelsstrukturen aus, für die aber eine gute Entfaltung der «produktiven Kräfte» des eigenen Landes die Voraussetzung sei. Hierzu gehörten für ihn zwingend Schutzmaßnahmen nach außen und Strukturentwicklung nach innen.[29]

Lists Schriften waren einflussreich, und entsprechend lockerten die Vereinigten Staaten nach den ersten Industrialisierungserfolgen auch den Schutzzoll. Der liberale Walker-Tarif von 1846, mit dem die USA auf die Beseitigung der britischen Kornzölle reagierten, wovon sowohl die exportorientierte Landwirtschaft als auch die baumwollexportierenden Südstaaten profitierten, brachte eine deutliche Reduktion der Zölle auf Baumwollprodukte.[30] Für den Export von Rohbaumwolle war das alles überaus günstig, während die Textilproduzenten des Nordostens dieser langsamen Hinwendung zu einer liberalen Handelspolitik klar ablehnend gegenüberstanden. Nach der Weltwirtschaftskrise von 1857 bis 1859 drehte sich der Wind erneut.[31] 1860 wurde der Protektionist Abraham Lincoln zum Präsidenten gewählt, unter dem es wiederum zu einer handelspolitischen Wende kam, durch die die Sezession der Südstaaten und der sich anschließende Bürgerkrieg erst vollends verständlich werden.

Zusätzlich zur Frage der Sklaverei waren es Konflikte in der Handels- und Zollpolitik, die wesentlich zum Ausbruch des Krieges beitrugen. Die Regierung unter Lincoln beschloss 1861 nicht nur die Rückkehr zum älteren Zolltarif, sie setzte auch gegen den Willen der Südstaaten 1862 den Homestead Act durch, der jedem Siedler im neu erschlossenen Westen der USA Landbesitz zusicherte, was die Frage der Sklaverei in den neuen Territorien maßgeblich verschärfte: Sollte dort die Sklaverei zugelassen werden oder blieb sie auf die Südstaaten beschränkt, in denen sie schon immer existiert hatte? Zugleich wurde 1863 der Bau der transkontinentalen Eisenbahn forciert, der für den Süden kaum von Bedeutung war. Dies stieß dort vor allem deshalb auf Widerstand, weil Washington für dessen Finanzierung auf höhere Zolleinnahmen angewiesen war. Und schließlich wurde im selben Jahr die allgemeine Befreiung der Sklaven verkündet, wodurch der Plantagenwirtschaft in den Südstaaten zumindest ein Teil ihrer bisherigen Grundlage entzogen wurde.[32]

Mit dem Sieg des Nordens im Bürgerkrieg setzte sich endgültig eine zollpolitische Linie durch, die auf den Aufbau einer eigenen industriellen Basis abzielte und fremde Güter, die dieses Ziel bedrohen konnten, aus dem Land heraushalten wollte. Nach dem Krieg brach die Plantagenwirtschaft der Südstaaten zusammen, jedoch kam es keineswegs zu einer breiten bäuerlichen Basis im Baumwollgewerbe, an dem jetzt auch afroamerikanische Landwirte beteiligt gewesen wären. Ansätze hierzu scheiterten rasch, da viele mit Land ausgestattete Neulandwirte dieses wieder verkauften und stattdessen als Arbeitskräfte in den sich nach und nach durchsetzenden Großbetrieben anheuerten, die nun nicht mehr von Großgrundbesitzern, sondern vom nördlichen Textilgewerbe kontrolliert wurden.[33]

Die USA wurden zwischen Bürgerkrieg und Erstem Weltkrieg geradezu zum Musterstaat eines strategisch genutzten Protektionismus, ja zum «Mutterland des modernen Protektionismus», wie

Cornelius Torp schreibt.[34] Während in Europa der Handelsliberalismus nach britischem Vorbild auf dem Vormarsch war, der Ende der fünfziger und Anfang der sechziger Jahre des 19. Jahrhunderts das Bild bestimmte, wurden in den USA bereits 1868 erneut die Zölle erhöht. 1890 kam es mit dem McKinley-Tarif, der einen durchschnittlichen Eingangszollsatz von vierzig bis fünfzig Prozent fixierte, zum höchsten Satz, den die amerikanische Wirtschaftsgeschichte bis dahin je verzeichnet hatte. Er stellte, obwohl auch in Europa seit den 1880er Jahren die Zölle wieder angehoben worden waren, die Eingangszollsätze etwa des Deutschen Reiches oder Frankreichs mit Abstand in den Schatten. Der Durchschnittszollsatz, für gewerbliche Güter 1913 bei 43 Prozent angekommen, ging mit dem Underwood-Tarif im gleichen Jahr dann zwar auf 25 Prozent herunter, doch machte der Kriegsausbruch die Zollsenkung rasch bedeutungslos.[35]

Ob diese Zollpolitik wirklich die junge Industrie geschützt und insofern wirtschaftliche Vorteile gebracht hat, ob dadurch insgesamt die Einnahmen des amerikanischen Staates gestiegen oder unter Umständen sogar wegen eines geringeren Handelsvolumens gesunken sind – diese Fragen sind in der Literatur relativ unstrittig. Die Einnahmen hätten bei niedrigeren Zollsätzen unter Umständen höher sein können; für die sich hinter Zollschutzmauern entfaltende Industrie war der Schutz zweifellos nützlich.[36] Der Aufstieg Amerikas zur ersten Wirtschaftsnation der Welt wurde hierdurch mit Sicherheit begünstigt, da das Land so groß und dynamisch war, dass sich ausländische Investoren und Unternehmen von den Zöllen nicht an entsprechenden Engagements hindern ließen. Nicht nur nahmen die Kapitalflüsse in die USA drastisch zu,[37] auch gründeten viele europäische Unternehmen Niederlassungen in den USA, um die dortigen tarifären Hürden umgehen zu können, etwa die großen deutschen Farben- und Chemiehersteller.

Die Hochschutzzollpolitik schadete dem Land nicht – eine Erfahrung, auf die alle amerikanischen Regierungen im 20. Jahrhundert in Zeiten von Krisen und Entwicklungsstörungen wieder zurückgriffen, zumal allein die Größe des Landes und das Potenzial der eigenen Wirtschaft vor dem Problem schützte, das alle europäischen Nationen hatten, nämlich zum Opfer von Retorsionsmaßnahmen zu werden. Solche Maßnahmen beschränkten die zollpolitische Handelsfreiheit gewaltig, da jeder Vorteil mit zum Teil schweren Nachteilen erkauft werden musste, etwa wenn ein Land fremden Agrarzöllen mit eigenen Gewerbezöllen begegnete oder die Anerkennung von Patenten an ihre Nutzung im eigenen Land knüpfte. Die in den USA entwickelte Vorstellung vom «optimalen Zoll» zeigte hingegen, dass derartige Retorsionsschritte gegen die USA für fremde Staaten eher nachteilig waren, da hierdurch sowohl der Zugang zum amerikanischen Markt erschwert als auch die Wirtschaft der Vereinigten Staaten mit ihrer geringen Exportneigung kaum getroffen werden konnte. Zölle, so die verbreitete Auffassung, zwangen die ausländischen Hersteller dazu, ihre Preise herabzusetzen; den Zoll zahlte mithin nicht der amerikanische Verbraucher, sondern im Normalfall der europäische Lieferant. Was sprach also in einer solchen Situation noch gegen den Hochschutzzoll?[38] Die europäischen Kapitalströme nach Nordamerika jedenfalls waren ein sicheres Zeichen, dass man sich durch die dortige Zollpolitik nicht abschrecken ließ.

EIN AMERIKANISCHER SONDERWEG

Ganz ähnlich wie zuvor Großbritannien, das bis zum Triumph über Napoleon und zur unbestrittenen Vormachtstellung des Landes zur See strikt an protektionistischen Maßnahmen festgehalten hatte, die einem Wirtschaftskrieg schon sehr ähnlich waren, verfolgten auch die USA eine konsequent an nationalen Interessen orientierte protektionistische Politik, die sie im Grunde erst mit dem Sieg im Zweiten Weltkrieg aufgaben. Noch nach dem ebenfalls siegreichen Ausgang des Ersten Weltkrieges behielt man, nicht zuletzt um den konkurrierenden Finanzplatz London nicht zu stark werden zu lassen, die Maßnahmen bei und stützte die europäischen Finanzstrukturen keineswegs, als diese auf Hilfe angewiesen waren. Im Gegenteil, das Land zog sich in der Weltwirtschaftskrise der zwanziger Jahre aus Europa, ja aus der globalen Wirtschaft zurück. Franklin D. Roosevelts «New Deal» folgte dem Motto «America First» avant la lettre und nahm dafür auch schwere weltwirtschaftliche Verwerfungen in Kauf, um das eigene Land nach 1933 mit einer Vielzahl binnenkonjunktureller Maßnahmen aus der Krise herausbringen zu können, was unter Rücksichtnahme auf weltwirtschaftliche Verflechtungen, so dachte man zumindest, nicht ohne Weiteres möglich gewesen wäre.[39]

Der Streit zwischen exportorientierter Landwirtschaft und auf Protektion setzender Industrie war auch nach dem Bürgerkrieg und dem Untergang des «Pflanzerfeudalismus» nicht vorbei. Noch bevor die USA den Goldstandard als System übernahmen, gab es starke Stimmen, die aufgrund der stabilen Wechselkurse und relativ restriktiven Geldmengenentwicklung im Goldstandard dagegen votierten. Man ahnte, dass sobald man die eigene Währung an ein Edelmetall bindet, das es vorrätig zu halten und zu erwirtschaften galt, der Spielraum für geldpolitische Manöver wie jene im Bürgerkrieg erheblich kleiner würde. Stattdessen plädierten auch nach der Einführung einige Lobbyisten – primär Agrarier, Silberminenbesitzer und -arbeiter – für einen Bimetallismus, bei dem eben nicht nur Gold, sondern auch Silber den Dollar decken sollte. Das versprach bei schwankenden Wechselkursen neben Exporterleichterungen zusätzlich eine großzügigere Geldmengenentwicklung und vor allem niedrigere Kreditzinsen.[40]

Nun wehrten die Vereinigten Staaten die britische Übermacht keineswegs nur durch Schutzzollmaßnahmen ab. Sie strebten generell danach, den amerikanischen Kontinent gegen europäische Übergriffe abzuschirmen, was sie frühzeitig mit antikolonialen

Argumenten begründeten. Daraus ergab sich eine regelrecht isolationistische Grundhaltung, die vorrangig an der Entwicklung des eigenen Landes interessiert war, zugleich aber jeden europäischen Versuch, in Mittel- und Lateinamerika an kolonialen Projekten festzuhalten, zurückwies. Die spanischen Kolonien hatten im Kontext der Napoleonischen Kriege und in den Jahren danach zumeist ihre Unabhängigkeit erreicht, waren jedoch weiterhin Objekte europäischer Interessen, denen die USA 1823 mit der Monroe-Doktrin, an der sie, allerdings in modifizierter Form, auch später festhielten, entschieden entgegentraten.[41] Der Abwehr europäischer Einflussversuche stand die eigene konsequente Expansion Richtung Westen gegenüber. Zugleich wurde der mexikanische Einfluss im Südwesten zurückgedrängt und schließlich militärisch ausgeschaltet: Nach dem Krieg gegen Mexiko (1846–1848) verschoben sich die südwestlichen Grenzen der USA etwa auf den heutigen Stand. Später schreckten die USA auch nicht vor eigenen kolonialen Experimenten zurück. Vor allem durch den Sieg im Spanisch-Amerikanischen Krieg im Jahr 1898 übernahm das Land eine maßgebliche Rolle in Kuba und auf den Philippinen und wurde faktisch selbst zur Kolonialmacht. Dass der Isolationismus der USA nicht aus Prinzipienreiterei, sondern aus pragmatischem Eigeninteresse betrieben wurde, zeigte schließlich das militärische Engagement in Ostasien, sowohl bei der Öffnung Japans als auch bei der Teilnahme an militärischen Operationen in China (dazu ebenfalls im nächsten Kapitel mehr). Die Verbindung von Isolationismus und Freihandelsimperialismus war daher trotz aller antikolonialer Attitüden gegen europäische Mächte keineswegs ausgeschlossen. Die Vereinigten Staaten erwiesen sich vielmehr als gelehrige Schüler im Wirtschaftskrieg, die ihre britischen Lehrer bald auch deshalb übertrafen, weil ihre Mittel viel umfangreicher waren.

Die amerikanische Außenwirtschaftspolitik, die sich in der ersten Hälfte des 19. Jahrhunderts herausbildete, war die erste moderne, nachmerkantilistische Variante einer gezielten staatlichen Außenhandelssteuerung, die nicht von programmatischen Konzepten, sondern von pragmatischer Interessenwahrnehmung geprägt war. Sie war auch zu harten Maßnahmen bereit, die das Land aufgrund der beinahe unbegrenzten Möglichkeiten des Wirtschaftsraumes relativ problemlos treffen konnte. Aber auch in Europa kehrten nach dem Ende der Napoleonischen Kriege die alten merkantilistischen Strukturen nicht zurück. Monopolgesellschaften wie die East India Company oder die Niederländische Ostindien-Kompanie, die vor allem Gegenstand der Kritik (namentlich von Adam Smith) geworden waren, gingen in dieser Zeit unter, gewaltsam in den Niederlanden, politisch gewollt in England, wo der Einfluss der EIC sukzessive schwand, bis sie schließlich in den 1850er Jahren ganz aufgelöst wurde.

Damit endete auch die Zeit der Außenhandels- und Regionalmonopole, die zumeist stärker am Freihandel orientierten Regulierungen Platz machen mussten. Der Freihandel dominierte allerdings vor allem da, wo er nützlich war – an protektionistischen Maßnahmen wurde dort festgehalten, wo sie notwendig erschienen, ganz im Sinne von David Hume und nun auch John Stuart Mill. Zu einem doktrinären Freihandel, wie ihn David Ricardo favorisiert hatte, kam es folgerichtig nicht. Jedoch schreckten die großen Wirtschaftsmächte vor rabiaten Maßnahmen, den freien Handel auch gegen widerstrebende lokale und regionale Interessen durchzusetzen, nicht zurück. Es begann die große Zeit des Freihandelsimperialismus.

KAPITEL 6

POLITIK DER OFFENEN TÜR: DER FREIHANDELSIMPERIALISMUS

DIE GANZE WELT EIN GROSSER MARKT?

Das 19. Jahrhundert war das klassische Zeitalter des europäischen Imperialismus, der die älteren Kolonialtraditionen allmählich überlagerte und schließlich ersetzte. Er gestaltete sich, je nachdem, welche Regionen er betraf, überaus unterschiedlich. Heute wird der Imperialismus vor allem mit der Kolonisierung Afrikas und des damit zusammenhängenden Wettlaufs der europäischen Mächte einerseits sowie der amerikanischen und russischen Expansion in den pazifischen Raum andererseits verbunden. Dieser klassische Imperialismus folgte zweifellos auch ökonomischen Motiven, doch letztlich ging es stets um die Vorteilssuche in der internationalen Mächtekonkurrenz. Noch die erkennbarsten finanziellen und ökonomischen Motive hatte Großbritannien, da die Zahlungsfähigkeit des Landes maßgeblich von seiner kolonialen Position abhing, mit der die sukzessive entstehenden europäischen Handelsbilanzdefizite ausgeglichen werden konnten.[1] Für die anderen imperialistischen Staaten waren die «afrikanischen Abenteuer» aber insgesamt wohl weniger ein wirtschaftlicher Erfolg; vielmehr ging es hier vorrangig um Machtausweitung.

Insofern ist es sinnvoll, den Freihandelsimperialismus, der sich seit den 1820er Jahren entfaltete, hiervon getrennt zu betrachten.[2] Er entwickelte sich bis in das zweite Drittel des Jahrhunderts, da es nach dem Ende der Territorialmonopole einzelner Staaten beziehungsweise Handelsgesellschaften ein zentrales Anliegen der mittlerweile überlegenen britischen Wirtschaft war, überall möglichst freien Marktzugang zu bekommen. Die handelspolitischen Initiativen des Landes zielten demnach darauf ab, die industriellen Vorteile, die man mittlerweile besaß, ungehindert ausspielen zu können. Entsprechende Widerstände zu brechen, wurde daher zum offenkundigen Ziel der britischen Handelspolitik, die in den kommenden Jahrzehnten zu einer Art Bannerträger des Freihandelsimperialismus wurde. Dessen Ausbreitung gestaltete sich zunächst allerdings schwierig, da er regional auf völlig unterschiedliche Bedingungen stieß.

Noch relativ einfach schien die Durchsetzung in den bereits stark kolonial geprägten Gebieten. Hier kam es im 19. Jahrhundert langsam zum Übergang von der kolonialen Beherrschung der Handelsstrukturen zur faktischen Machtübernahme in nunmehr vollständig kontrollierten Territorien. Indien, Niederländisch-Indien (das heutige Indonesien) oder die Philippinen wurden so von Handelspunkten zu Territorialkolonien, die zugleich sozusagen kapitalistisch modernisiert werden sollten, um einen möglichst großen Ertrag für das jeweilige Mutterland abzuwerfen.[3] In den früheren spanischen Kolonien war eine derartige Landnahme nach der Verkündung der Monroe-Doktrin 1823 jedoch ausgeschlossen. Angesichts der Bereitschaft der jungen mittel- und südamerikanischen Staaten, sich englischen Gewerbeexporten (und englischen Krediten) zu öffnen, war deren politische Kontrolle allerdings auch nicht zwingend notwendig, was im Fall der USA ohnehin völlig aussichtslos gewesen wäre.

Der Freihandelsimperialismus hatte sich hier zu arrangieren. Da ihn die USA im Laufe der Zeit aber selbst zu unterstützen begannen, zumindest solange sie ihm ihren eigenen Handelsraum nicht unterwerfen mussten, waren die Reibungspunkte tendenziell gering. Anders sah es in großen Teilen Ostasiens aus. Zwar gab es die traditionellen Einflusszonen und Territorialmonopole nach 1815 nicht mehr: Spanien, Frankreich und Portugal spielten keine große Rolle mehr, und Indien und Indonesien wurden unter britischer und niederländischer Führung, wie gesagt, nach und nach neu organisiert. Doch China und Japan entzogen sich dem direkten Zugriff der mittlerweile überlegenen britischen Wirtschaft, obwohl sie als Lieferanten bestimmter Güter (Tee, Seide, Porzellan etc.) ebenso interessant waren wie als vermeintlich große Absatzmärkte. Die dortigen Märkte waren europäischen Händlern weitgehend verschlossen.[4]

CHINA UND DIE OPIUMKRIEGE

Problematisch wurde diese Verschlossenheit nicht zuletzt deshalb, weil die großen imperialen Projekte in Indien und Indonesien eine stärkere Einbeziehung zumindest Chinas in die wirtschaftliche Arbeitsteilung verlangten. Denn seit der Umwandlung dieser Länder in förmliche Kolonien ging es nicht mehr ausschließlich um einen möglichst ertragreichen Handel; die Kolonialgebiete selbst sollten modernisiert und in ihrer wirtschaftlichen Leistungsfähigkeit gestärkt werden, damit sie nicht nur als Lieferanten bestimmter Rohstoffe und Güter, sondern auch als Absatzmärkte sowie als Steuerquelle genutzt werden konnten.[5] Die politischen Strukturen in Süd- und Südostasien waren rasch geklärt: Niederländisch-Indien, das während der napoleonischen Annexion der Niederlande zeitweilig unter britischer Verwaltung stand, wurde später an die Niederlande zurückgegeben, die sich in Südostasien mit den Briten über Einflusszonen verständigten (Malaysia, Singapur und Brunei kamen unter britische Kontrolle, das heutige Indonesien wurde vorwiegend niederländisch dominiert).

Europäische Rechtsvorstellungen und Wirtschaftsformen wurden nach und nach mit unterschiedlichem Erfolg exportiert und kamen vor Ort entsprechend den örtlichen Bedingungen modifiziert zum Tragen. Der Export von Kapitalismus oder Marktwirtschaft gelang durchweg nicht; auch eine vollständige Modernisierung der Eigentumsverhältnisse, Bodennutzungsformen, Bildungs- und Infrastruktursysteme kam nicht zustande, nicht nur wegen des Widerstands der Bevölkerung, sondern auch deshalb, weil alle Initiativen strikt an europäischen (Handels- und Steuer-) Interessen orientiert blieben. Die sich in Indonesien entwickelnde Plantagenwirtschaft, insbesondere bei Kautschuk und Kaffee, war rein auf die Erwartungen der europäischen Konsortien ausgerichtet, während Indonesien hierfür das Land und China die häufig wenig freiwilligen Arbeiter bereitstellte. Wenn auch keine durchgreifende Modernisierung erreicht werden konnte, waren die Erträge dieser Art des Wirtschaftens dennoch hoch. Niederländisch-Indien trug durch Steuereinnahmen und Handelsgewinne zeitweilig zwischen zwanzig und dreißig Prozent der niederländischen Staatseinnahmen bei, punktuell sogar mehr.[6] Die Besteuerung und Kontrolle des Plantagensystems erforderte nur eine kleine, nicht sehr kostspielige niederländische Bürokratie, dafür allerdings den Einsatz von Hilfstruppen vor Ort, was alles in allem instabil war und häufige Gewaltanwendung mit sich brachte, sodass die Modernisierungsprogramme schließlich weitgehend aufgegeben wurden.[7] Die Gewinne sprachen jedoch für sich.

Großbritannien finanzierte nicht nur Armee und Kolonialbürokratie aus örtlichen Erträgen, es erhielt auch erhebliche Bareinnahmen und konnte vor allem seine defizitäre Handelsbilanz dank dieser in Indien erhaltenen Einnahmen einigermaßen ausgleichen.[8] Das Problem des nur schwer zugänglichen und an europäischen Gütern wenig interessierten chinesischen Marktes wurde aber gerade dadurch immer schwerwiegender, dass Indien zur Sicherung seiner Zahlungsfähigkeit auf Bilanzüberschüsse im Asienhandel angewiesen war. Da chinesische Importeure an den meisten indischen Gütern kein Interesse zeigten, ließen sich entsprechende Einnahmen faktisch nur durch den Export von zentralasiatischem Opium nach China erzielen, das dort auf große Nachfrage stieß. Legal war das nicht, sodass die relativ schwache chinesische Regierung wiederholt versuchte, den Opiumimport zu unterbinden. Eine weitere Öffnung des chinesischen Marktes war daher außerordentlich wünschenswert, um Indien zu stabilisieren, entsprach aber auch den Exportinteressen der britischen Baumwollindustrie, die sich in China gewaltige Absatzmöglichkeiten versprach.[9]

Dies war der Beginn von Konflikten, die sich zu einer ganzen Serie militärischer Auseinandersetzungen und wirtschaftlicher Zwangsmaßnahmen ausweiteten und in Europa unter dem Namen Opiumkriege bekannt wurden. Inwiefern sie auf die Bemühungen zurückgehen, die indische Handels- und Leistungsbilanz im innerasiatischen Handelsverkehr zu verbessern, da nur dort erzielte Überschüsse die Kapitalbilanzdefizite des Landes gegenüber Großbritannien ausgleichen konnten, zeigt ein Blick auf die Zahlen: Großbritannien importierte in den 1830er Jahren jährlich Güter im Wert von etwa 9,6 Millionen Pfund aus Indien und China, namentlich Tee. Finanziert wurden diese Importe durch eigene Exporte nach Indien in Höhe von 2,5 Millionen Pfund sowie Lieferungen nach China in Höhe von 0,6 Millionen Pfund. Hinzu kamen Gewinntransfers aus Indien in Höhe von 0,6 Millionen. Indien exportierte indes Opium nach China in Höhe von 3,4 Millionen Pfund. China nahm im Gegenzug Rohbaumwolle aus Indien in Höhe von etwa einer Million Pfund auf, sodass im Ergebnis Indien die britischen Importe aus China im Tausch gegen Opium erhielt. Zusätzlich konnte Großbritannien seine Bürokratie in Indien unterhalten, dafür zahlte Indien die sogenannten «Home Charges» in Höhe von drei Millionen Pfund.[10]

Dass sich Großbritannien, genauer die East India Company, auch nach dem Verlust ihres Chinahandelsmonopols 1833 über das chinesische Opiumimportverbot hinwegsetzen würde, war zu erwarten. Doch da man den legalen Teehandel über Kanton, den einzigen offenen Hafen, nicht gefährden wollte, wichen die EIC und andere Handelsfirmen auf Schmuggler aus, um hochwertiges bengalisches Opium in großem Umfang nach China bringen zu können. Und das mit Erfolg: Lagen die Opiumlieferungen nach China im 18. Jahrhundert noch relativ niedrig, verzehnfachten sie sich zwischen 1800 und 1840 auf über 36 000 Kisten zu je 140 Pfund im Jahr.[11] Das hatte wie gewünscht erhebliche Silberabflüsse aus China zur Folge, mit denen der Opiumimport finanziert werden konnte, trug aber über die weitere Verknappung der raren Zahlungsmittel zusätzlich zu einer Verschärfung der in den 1830er Jahren ohnehin grassierenden wirtschaftlichen Krise in China bei. Das Land reagierte mit dem Versuch, den Opiumimport zu unterbinden: Händler wurden festgesetzt sowie große Opiumvorräte beschlagnahmt und öffentlich zerstört, zum Schaden nicht zuletzt der EIC, die daraufhin den britischen Staat veranlasste, China militärisch zu drohen, was allerdings scheiterte.[12]

Im März 1839 verhängte die chinesische Regierung ein Embargo über den sogenannten Faktoreibezirk in Kanton, zu dem ausländische Händler Zugang hatten, und begann, gewaltsam gegen die dort tätigen Opiumhändler vorzugehen und die Droge zu beschlagnahmen. Die englischen Händler wollten anfangs den offenen Konflikt vermeiden und waren sogar bereit, ihre Opiumvorräte auszuliefern, was allerdings nur gegen Entschädigung geschehen sollte – keine geringe Sache, denn es ging um 20 000 Kisten Opium mit einem Marktwert, der in etwa den Jahreseinnahmen der britischen Krone entsprach.[13] Angesichts der harten Haltung der kaiserlichen Regierung wandte sich der größte englische Opiumkaufmann mit der Forderung an die britische Öffentlichkeit, den Schaden für den britischen Handel zu beenden, was in Großbritannien auf gemischte Reaktionen traf:[14] Die Konservativen votierten größtenteils gegen einen Krieg, die liberale Partei als aggressive Vertreterin des Freihandels eher dafür.

Erste Kriegspläne wurden indes bereits seit 1836 entwickelt. Die Vertreter der Opiumhändler drängten verstärkt auf die Entsendung der Flotte, was jedoch Zeit in Anspruch nahm. Derweil spitzte sich der Konflikt in Kanton zu, da die chinesische Seite auf der entschädigungslosen Konfiszierung und Vernichtung der Schmuggelware bestand. Die englischen Händler zogen sich daraufhin zunächst nach Macau, später nach Hongkong zurück; es kam zu ersten Seegefechten. Eine friedliche Einigung hätte bedeutet, dass etwa zwei Millionen Pfund Entschädigung an die Händler gezahlt würden, eine Summe, die der britischen Regierung, die mögliche Zahlungen von der East India Company beziehungsweise bei militärischem Erfolg von der chinesischen Regierung zurückforderte, zu hoch war.[15] Folgerichtig wurde der militärische Druck auf China erhöht. Im Juli 1840 versammelten sich auf der Reede von Hongkong entsprechend zweiundzwanzig Kriegsschiffe, darunter sechzehn große Linienschiffe, denen die chinesische Seite wenig entgegenzusetzen hatte. Die britische Flotte blockierte die Mündung des Perlflusses sowie die Jangtse-Mündung und bombardierte in den ersten Gefechten die heillos unterlegenen chinesischen Dschunken mit ihrer weitreichenden Schiffsartillerie, ohne selbst überhaupt gefährdet zu sein. Die chinesische Gegenwehr war im Wesentlichen bedeutungslos.[16] Der 1842 mit dem Vertrag von Nanking geschlossene Frieden fiel folgerichtig überaus einseitig aus. China wurde gezwungen, insgesamt fünf Häfen für den Handel der Vertragsparteien zu öffnen, zunächst also vor allem für britische Händler, und den freien Handel der Ausländer zu respektieren. Zugleich musste China den Hafen Hongkong an Großbritannien abtreten und wurde zur Zahlung erheblicher Reparationen verpflichtet. Fällig wurden insgesamt 21 Millionen Silberdollar, mit denen nicht nur der britische Militäraufwand finanziert, sondern auch die Verluste der Opiumhändler entschädigt wurden.[17]

Diesem ersten der bis heute so genannten «Ungleichen Verträge», die China in den folgenden Jahrzehnten aufgezwungen wurden, folgte im Jahr darauf der Vertrag von Humen, in dem die chinesische Regierung den ausländischen Händlern Exterritorialität garantierte sowie britischen Kriegsschiffen ein Landerecht in den Vertragshäfen einräumte, die damit de facto ihrer militärischen Kontrolle entzogen wurden. Hiervon ausgehend entstanden zunehmend bestimmte Zonen und Stadtbezirke, die ausschließlich Ausländern offen standen und für Chinesen tabu waren – das bekannteste Beispiel ist das Ausländerviertel von Shanghai –, da 1844 ähnliche ungleiche Verträge auch mit Frankreich und den USA abgeschlossen werden mussten.[18] Doch die großen Freihandelsprotagonisten beließen es nicht bei diesen Regelungen. Um sicherzustellen, dass China den auferlegten Zahlungsverpflichtungen nachkam, wurde das Land dazu gezwungen, eigene Außenhandelskontrollen aufzugeben und die Souveränität über die Zölle an ein internationales Konsortium unter britischer Führung abzutreten, das die Zolleinnahmen verwaltete und erst nach Abzug aller Verpflichtungen der chinesischen Regierung überließ. Diese Art der Kontrolle, die später auch gegenüber dem überschuldeten Osmanischen Reich durchgesetzt wurde und die Länder so in eine Art halbkolonialen Status versetzte, bestand nebenher bis in die 1920er Jahre. Erst dann erlangte die chinesische Republik ihre handelspolitische Souveränität zurück.

Der Opiumhandel wurde bemerkenswerterweise nicht explizit zum Thema der Verträge, da die britische Regierung angesichts der Bekämpfung der Droge im eigenen Land für deren Legalisierung nicht offen eintreten wollte. Der Handel blieb offiziell weiterhin verboten, wurde aber unter der Hand stillschweigend toleriert. In den folgenden Jahren explodierte er förmlich: Schon 1858 umfasste er bereits circa 62 000 Kisten – eine Verdoppelung zum Vorkriegsniveau.[19] Der gewaltige Anstieg der Opiumlieferungen brachte unter anderem der East India Company und der Regierung von Britisch-Indien zunächst ebenso gewaltige Gewinne, doch erodierten sie nach und nach wegen der starken Stellung der Zwischenhändler, sodass das Interesse am Opiumhandel geringer wurde. Mengenmäßig nahm der Opiumhandel bis in die 1880er Jahre weiter zu, verlor aber letztlich deutlich an finanzieller Attraktivität.[20]

Der insgesamt nur unzureichend wachsende Handel mit China

war es dann auch, der nur wenige Jahre später den Zweiten Opiumkrieg auslöste. Die schleppende Entwicklung führte man in Europa auf die feindselige Haltung der chinesischen Regierung zurück, die durch den überaus blutigen südchinesischen Taiping-Aufstand (1851–1864) so geschwächt war, dass eine größere Landnahme der europäischen Freihandelsimperialisten, denen sich Russland und die USA anschlossen, leicht möglich schien.[21] Der Anlass der militärischen Intervention 1856 war letztlich banal. Die Kontrolle eines englischen Schiffes sowie die Tötung eines französischen Missionars mussten als Grund dafür herhalten, dass englische und französische Einheiten China angriffen und sehr rasch große militärische Erfolge erzielten. Erneut kam es in der Folge zu einem «Ungleichen Vertrag», dem Friedensvertrag von Tianjin 1858, in dem China gegenüber Großbritannien, Frankreich, Russland und den USA gezwungen wurde, nicht nur weitere Häfen zu öffnen und den Kaufleuten dieser Staaten in einem Umkreis von fünfzig Kilometern um die offenen Häfen unbeschränkte Freizügigkeit zu gewähren. Das Land musste auch ein britisches Interventionsrecht gegenüber der verbreiteten Piraterie in allen Häfen akzeptieren.[22] Erstmals wurde jetzt auch der Opiumhandel legalisiert und christlichen Missionaren ein umfassendes Missionsrecht eingeräumt, Bestimmungen, denen die chinesische Regierung allerdings nicht nachkam. Großbritannien und Frankreich nahmen daher den Krieg wieder auf und trugen ihn – unter großen eigenen Verlusten – schließlich bis nach Peking, wo die alliierten Truppen 1860 den Sommerpalast niederbrannten. Die chinesische Seite musste sich zur Pekinger Konvention verpflichten, die die Bestimmungen des Vertrages von Tianjin sogar noch ausweitete. Zu umfangreichen Reparationszahlungen an Großbritannien und Frankreich kamen weitere Hafenöffnungen, Gebietsabtretungen an Russland und die USA sowie die Garantie der Missionstätigkeit der christlichen Kirchen hinzu, die jetzt sogar Land erwerben konnten.[23]

Die Demütigung Chinas war mit diesen Maßnahmen, die später «Politik der offenen Tür» genannt wurden, keineswegs beendet, galt doch der Markt im Grunde als unbeschränkt und versprach gewaltige Absatzmöglichkeiten. Überdies wurde das Land zunehmend als Rohstoffquelle interessant, vor allem in den Augen seines langsam aufstrebenden östlichen Nachbarn Japan, dem gerade für seine Industrialisierung wichtige Rohstoffe fehlten. Im Japanisch-Chinesischen Krieg von 1894/95 unterlag das chinesische Militär auf ganzer Linie, musste Taiwan an Japan abtreten und die japanische Kontrolle der koreanischen Halbinsel hinnehmen. Überdies begann Japan, sich in der kohlereichen Mandschurei auszubreiten, geriet dort aber schnell mit den ebenfalls ausgreifenden russischen Interessen in Konflikt. Im Friedensvertrag von Shimonoseki musste sich China überdies zur Zahlung einer gewaltigen Kontribution verpflichten, die das Land nur durch Kreditaufnahme in Europa aufbringen konnte. Die Zahlungsverpflichtung wurde so zu einem guten Geschäft europäischer, vor allem britischer Banken. Dass im Schatten dieser Krise auch das Deutsche Reich in Chinas Nordosten Fuß fasste, geriet fast zu einer Randnotiz.[24]

JAPAN LERNT, PREUSSEN PROFITIERT

Die erzwungene Einbeziehung Chinas in die Weltwirtschaft war für das Land somit alles andere als vorteilhaft, denn als Markt war es interessant, doch es blieb im Bereich der Exporte auf seine traditionellen Güter beschränkt. Die weltwirtschaftliche Bedeutung Chinas ging in dieser Zeit dramatisch zurück. Hatte das Land noch im 17. und frühen 18. Jahrhundert Schätzungen zufolge etwa die Hälfte der gewerblichen Produktion der Welt erbracht, war es zum Ende des 19. Jahrhunderts faktisch bedeutungslos. Dieser beispiellose Niedergang war freilich nicht allein eine Folge der Ausbeutung durch den Freihandelsimperialismus der großen Mächte, sondern auch Ergebnis innerer Blockaden gegenüber der wirtschaftlichen Modernisierung des Landes, das insofern dem gleichzeitigen Aufschwung der europäischen und nordamerikanischen Wirtschaften wenig entgegenzusetzen hatte.[25]

Die durch diese Schwäche ermöglichte Demütigung Chinas wurde in Japan genau beobachtet, und man war bemüht, Ähnliches um jeden Preis zu vermeiden. Die Bereitschaft Japans, sich dem Druck der Amerikaner schließlich zu beugen und das Land zu öffnen, also nicht mit Widerstand, sondern ganz im Gegenteil mit einer durchgreifenden Modernisierung des eigenen Landes zu reagieren, ist ohne die Lehre aus den Opiumkriegen nicht zu begreifen. Noch 1846 wurde amerikanischen Schiffen die Bitte um Hafenöffnung abgeschlagen, doch bereits wenige Jahre später gab die Regierung nach heftigen Auseinandersetzungen mit einer kleinen Kanonenbootflotte unter amerikanischem Kommando den Forderungen nach, was 1854 im Vertrag von Kanagawa auch schriftlich fixiert wurde. Japan gestattete demnach amerikanischen Schiffen, in zwei Häfen anzulegen und sich dort zu versorgen; der eigentliche Handel blieb weiterhin auf Nagasaki beschränkt. Das war jedoch nur der Anfang, denn wenig später kam es zu entsprechenden Abkommen mit Großbritannien und Russland. Der 1858 geschlossene Harris-Vertrag ähnelte den «Ungleichen Verträgen» mit China: Fünf Häfen wurden für amerikanische Kaufleute geöffnet, die dort nicht nur Niederlassungs- und Handelsrechte, sondern auch Exterritorialität und geringe Zollbelastung genossen, was zudem international überwacht wurde.[26] Das war alles durchaus nicht freiwillig; die Anwesenheit amerikanischer Kanonenboote und der Druck, das Land zu öffnen und die eigenen Handelsmöglichkeiten zu erweitern, waren überaus ausgeprägt.

Die japanische Seite reagierte nach heftigen inneren Konflikten schließlich mit einem als Meiji-Restauration bekannten Versuch der Selbstmodernisierung. Er zielte darauf ab, von den weiter fortgeschrittenen Volkswirtschaften, ihren Techniken und Institutionen zu lernen, und strebte eine umfassende Mobilisierung der japanischen Gesellschaft an, um sie nicht schutzlos ausländischen Einflüssen ausliefern zu müssen.[27] Dies gelang in ganz erstaunlichem Ausmaß: Japan erreichte, wenn auch von noch geringem Niveau ausgehend, schon in der Zeit vor dem Ersten Weltkrieg ein überaus hohes wirtschaftliches Wachstumstempo.[28] Dem Land gelang auf diese Weise ein sehr rascher Seitenwechsel, vom Opfer des Freihandelsimperialismus hin zu einem entschiedenen Akteur, der sich, um den Rohstoffzugriff für die eigene Wirtschaft zu sichern, in Ostasien überaus expansiv verhielt.

Der Freihandelsimperialismus ist dementsprechend differenziert zu betrachten – und weil es diese Abgrenzungen trefflich markiert, ist das japanische Beispiel für die Beurteilung dieser Form des Wirtschaftskrieges von großer Bedeutung.[29] Keineswegs sollte man den Freihandelsimperialismus, der sich nach dem Ende der englisch-französischen Rivalität unter britischer Hegemonie durchsetzte, mit dem Imperialismus gleichsetzen, unter dessen Auspizien in der zweiten Hälfte des 19. Jahrhunderts Afrika aufgeteilt wurde. Der Freihandelsimperialismus bestand im Kern in einer asymmetrischen Integration bis dahin verschlossener Territorien in eine wettbewerblich organisierte, globale ökonomische Arbeitsteilung, in der bestimmte Staaten von Anfang an Vorteile hatten, die sie auch nutzten und verteidigten. Dabei spielte Fairness nur bedingt eine Rolle, praktizierten doch die USA etwa eine Zollpolitik, die sie in China oder Japan niemals toleriert hätten. Allerdings war der Freihandelsimperialismus nicht erdrückend: Das Beispiel Japan zeigt, dass er für die Selbstmodernisierung von Volkswirtschaften durchaus förderlich sein konnte, wenn diese ihre eigenen Handlungsmöglichkeiten gezielt erweiterten. Nichts anderes hatte ja Friedrich List vor der Jahrhundertmitte programmatisch vertreten und für die USA auch praktisch empfohlen (siehe Kapitel 5): Entwickele Deine eigenen produktiven Kräfte bis zu einem Niveau, auf dem Du im internationalen Wettbewerb mithalten kannst! Dann ist Freihandel keineswegs ein Nachteil.

In Europa folgten zumindest die weiter entwickelten Volkswirtschaften durchaus freiwillig dem Vorbild des britischen Freihandels, der spätestens mit dem Cobden-Chevalier-Vertrag von 1860 geradezu zum Maßstab der internationalen Handelsbeziehungen wurde, gegen den streng genommen nur schwache Regionen und Branchen protestierten.[30] Preußen nutzte den Übergang zum Freihandel schließlich, um das durch Schutzzölle abgeschirmte Österreich aus dem Deutschen Bund zu verdrängen, während es sich selbst und damit auch den seit 1834 bestehenden deutschen Zollverein der britisch-französischen Freihandelspolitik anschloss. Bei der Durchsetzung der Hegemonie im Deutschen Bund waren es insgesamt weniger die militärischen Siege über die Truppen des Bundes, die 1866 den Ausschlag für die sogenannte kleindeutsche Lösung gaben, also unter Trennung von Österreich, sondern vielmehr die ökonomische Sogkraft des industriell höher entwickelten Preußen, durch die es einen Wirtschaftsraum schaffen konnte, dem sich die anderen deutschen Staaten, obwohl keineswegs preußisch gesinnt, nicht entziehen konnten. Schon die Gründung des Zollvereins, dem das wirtschaftlich schwächere Österreich nicht beitreten konnte, brachte das zum Ausdruck. Der Schwenk Preußens zum Handelsliberalismus, der mit dem preußisch-französischen Handelsvertrag von 1862 endgültig vollzogen wurde, markierte dann den finalen Ausschluss Österreichs aus dem deutschen Zollgebiet, den alle süddeutschen Zollvereinsmitglieder letztlich mittrugen.

Die Erfolgsstory Japans oder das Kalkül Preußens fanden sich keineswegs überall, wo der Freihandelsimperialismus dominierte. Wenn es erfolgversprechend war, setzte Großbritannien weiterhin auf militärische Macht, um handelspolitisches Wohlwollen zu erzwingen, etwa in der Schwefelkrise 1840 mit Sizilien. Die dortigen Schwefelminen[31] hatten traditionell der Versorgung der europäischen Armeen gedient. Mit der Industrialisierung wurde der Schwefel zu einem wichtigen Rohstoff zahlreicher Gewerbezweige, sodass der Exklusivvertrag, den Sizilien 1838 mit französischen Kaufleuten schloss, auf erhebliche englische Kritik stieß.[32] Die Folge war, dass Großbritannien dem Königreich mit Krieg drohte, Schiffe ins Mittelmeer entsandte und die sizilianischen Ausfuhrhäfen blockierte. Die Angelegenheit wurde schiedlich beigelegt, nachdem Sizilien den Vertrag suspendierte und in Verhandlungen einwilligte, in denen die englische Seite ihre Interessen wahren konnte.[33] De facto kam es zu einer Bestätigung der Lieferverträge, die mit englischen Firmen nach dem Ende der Napoleonischen Kriege abgeschlossen worden waren. Ganz wie England das über Jahrhunderte mit seinen Navigationsakten getan hatte und in den 1840er Jahren fortführte, hatte das Königreich Sizilien diese Verträge nicht verlängert, sondern stattdessen eine Art Monopol der französischen Kaufleute konstituiert, wohl auch in der Hoffnung, so den schwankenden Schwefelpreis stabilisieren zu können.[34] Die ganze Sache war im Königreich Sizilien selbst umstritten; gleichwohl zeigte der Fall, dass Großbritannien bereit war, erheblichen Druck auszuüben, um seine ökonomischen Interessen durchzusetzen, zumal wenn der Gegner erkennbar schwächer war. Rückblickend erscheint der Kern des Konflikts zeitlos: Ein militärisch und wirtschaftlich unterlegenes Drittland besitzt eine neuralgische Ressource und probt damit den Aufstand im Ringen zweier Großmächte. Die Parallele eines «Navigation Acts mit umgekehrtem Vorzeichen» lag hier so nahe, wie sie auch den Zeitgenossen auffiel.[35]

Nicht unbedingt ähnlich, aber doch vergleichbar lagen die Verhältnisse im Osmanischen Reich, das in den späten 1830er Jahren ein Freihandelsabkommen mit Großbritannien geschlossen hatte, mit dem sich große Teile der Gewerbe auf dem Gebiet der heutigen Türkei schlicht nicht messen konnten. Das Osmanische Reich nahm zur Finanzierung des Staates daher laufend neue Anleihen insbesondere in Frankreich und Großbritannien auf, musste in den 1870er Jahren allerdings den Staatsbankrott erklären. Die

Folge war, dass die Zolleinnahmen des Osmanischen Reiches einer gesonderten Verwaltung unter der Kontrolle vor allem Frankreichs und Großbritannien unterworfen wurden, der berühmten «Administration de la Dette Publique Ottomane». Das Land verlor dadurch seine finanzielle Souveränität und wurde von den Zahlungen der Administration abhängig, die diese nach Abzug von Schuld und Tilgung an den osmanischen Staat weiterleitete.[36]

Schließlich waren es keinesfalls nur die Freihandelsimperialisten, die zu Boykott, Blockade oder offener Gewalt griffen, wenn das zu ihrem Vorteil war. Als Beleg dafür, dass Wirtschaftskriege nicht allein eine Vorliebe dominierender europäischer Staaten waren, kann der sogenannte Salpeterkrieg von 1879 bis 1884 zwischen Chile auf der einen und Bolivien und Peru auf der anderen Seite gelten. Anlass des Streits waren Exportzölle, die die bolivianische Regierung von chilenischen Salpeterunternehmen einforderte, die im Westen des Landes tätig waren. Das verstieß gegen die Vertragslage, sodass die chilenischen Unternehmen sich weigerten, den Zoll zu erbringen. Als Reaktion enteignete die Regierung Boliviens die Unternehmen und vertrieb die chilenische Bevölkerung, was Chile wiederum mit Krieg beantwortete. Peru, insgeheim im Einvernehmen mit Bolivien, bot Vermittlungsdienste an, wurde aber schließlich auch in den Krieg hineingezogen, den Chile militärisch gewann. Es annektierte die betreffenden Gebiete Boliviens und angrenzende Territorien Perus und stellte danach den älteren Zustand wieder her.[37] Die europäischen Staaten, namentlich Großbritannien, hatten erhebliche wirtschaftliche Interessen an der Region, intervenierten aber nicht, zumal die USA einer Einmischung europäischer Mächte feindselig gegenüberstanden. Die Beispiele zeigen, dass der Freihandelsimperialismus durchaus robust zu Werke ging; wirtschaftliche Interessen wurden im Zweifel mit Gewalt durchgesetzt, nicht zuletzt, weil die fortschreitende Industrialisierung die Versorgung mit strategischen Rohstoffen voraussetzte. Es ging nicht mehr nur ums Geld.

KAPITEL 7

VOM PROTEKTIONISMUS ZUR ERSTEN GLOBALISIERUNG: DIE PAX BRITANNICA VOR 1914

DER WELTMARKT UND DIE WIRTSCHAFTSKRISE DER 1870ER JAHRE

Der Freihandel hatte seine große Zeit vor allem im zweiten Drittel des 19. Jahrhunderts, als er, von den USA abgesehen, die politischen Vorstellungen in allen modernen Volkswirtschaften dominierte. Ablehnende Stimmen gab es zwar: In Großbritannien etwa leistete die rasant an Bedeutung verlierende Landwirtschaft der Abschaffung der Kornzölle erheblichen Widerstand, in Deutschland plädierten vor allem während der Krisen der 1840er Jahre die Eisen- und Stahlindustrie und Teile der Textilwirtschaft für Zollschutz gegen die überlegene englische Konkurrenz.[1] Durchsetzen konnten sich diese Stimmen jedoch nur bedingt. Im Zollverein von 1834 kam es trotz anfänglicher Forderungen zu keiner signifikanten Zollerhöhung auf Baumwollgarn und Eisenwaren; die preußischen Bedenken gerade vor englischen und holländischen Retorsionsmaßnahmen überwogen.[2] In England fielen die Kornzölle.[3] In Preußen schwenkte die öffentliche Meinung und die politische Atmosphäre der 1850er Jahre immer mehr zum Freihandel.[4]

Das lag nicht allein an der Dominanz der freihändlerischen Positionen in Wissenschaft und Politik. Der Kongreß deutscher Volkswirte, ein loser Zusammenschluss von liberalen Politikern und Volkswirten, der sich erstmals 1858 in Gotha traf und danach bis 1885 in wechselnden Städten seine Tagungen abhielt, entwickelte eine weitreichende öffentliche Kampagne für eine Ausweitung der Gewerbefreiheit und den Freihandel. Dadurch übte er wesentlichen Einfluss auf die wirtschaftspolitische Willensbildung in Deutschland in den Jahren vor der Reichsgründung aus, die entschieden liberal votierte.[5] Ausschlaggebend war sicher auch, dass sich die großen wirtschaftlichen Interessengruppen, sei es die Industrie in England, sei es die Landwirtschaft in Preußen, klar für den Freihandel aussprachen. Ob und inwieweit eine Regierung sich dem Freihandel verschrieb, war insofern eine Folge von programmatischen Überlegungen sowie pragmatischer Interessendurchsetzung. Wenn Staaten nicht oder nur sehr eingeschränkt, wie in Österreich-Ungarn oder Russland, am Freihandel teilnahmen, dann bedeutete das nicht, dass hier liberale Stimmen weniger Gewicht hatten, sondern dass die alltäglichen ökonomischen Interessen eine Öffnung des eigenen Wirtschaftsraums verhinderten.[6]

Der Wandel zum Neomerkantilismus in den 1870er Jahren war daher auch nicht unbedingt eine Folge der grundsätzlichen Aufgabe liberaler Positionen.[7] Er folgte vielmehr Strömungen, die durch den intensiven wirtschaftlichen und globalen Strukturwandel der Zeit hervorgerufen wurden. Waren die 1850er und 1860er Jahre nicht nur von der sogenannten europäischen Gründerzeit und fast durchweg hohen wirtschaftlichen Zuwächsen bestimmt, sondern auch von der Intensivierung des grenzüberschreitenden Handels, so legten diese Erfolge zugleich den Keim für die spätere Verschärfung der Handelskonflikte. In den 1860er Jahren war die Lage im Handel auch deshalb entspannt, weil die USA wegen des Bürgerkrieges aus dem Welthandel ausgeschieden waren, in den sie erst gegen Ende des Jahrzehnts, dann aber unter völlig neuen Bedingungen, zurückkehrten.

Denn der Aufschwung der nationalen Wirtschaften und des Welthandels hatte die Handelsströme stark verändert. Der rasante Ausbau des Schienennetzes im westlichen und mittleren Europa sowie in den USA war ein glänzendes Geschäft für die Eisenbahnunternehmen und die dahinterstehenden Industriezweige wie Kohlebergbau, Eisen- und Stahlindustrie und Maschinenbau; noch dazu führte dies zu einer regelrechten Revolution im Bereich der Transportzeiten und -preise. Beide gingen dramatisch zurück, und erstmals wurde es jetzt möglich, auch schwere und unhandliche Massengüter über weite Strecken kostengünstig zu transportieren. Hatten die hohen Kosten zuvor den Landtransport etwa von Getreide oder Kohle wenig lukrativ gemacht, änderte sich das jetzt drastisch. Auch auf den Seewegen wuchsen mit dem Aufkommen leistungsstärkerer Dampfschiffe und der Einführung von Kühlschiffen die Möglichkeiten und fielen die Preise.[8] Zugleich wandelten sich die Informationsströme. Durch die Verlegung der Seekabel wurden sie viel schneller, und seit den 1860er Jahren war der Informationsfluss kontinentübergreifend mehr oder weniger in Echtzeit gesichert. Zwar war die Nutzung des Telegrafensystems vor dem Ersten Weltkrieg noch vergleichsweise teuer, aber die großen Unternehmen hatten jetzt die Möglichkeit, sich über Preisveränderungen, Verschiebungen der Angebots- und Nachfrageverhältnisse und die damit zusammenhängenden Geschäftsmöglichkeiten rasch zu informieren. Erstmals zeichnete sich so etwas wie ein Weltmarkt ab, auf dem die Konkurrenz deutlich schärfer wurde.[9]

WETTBEWERBSDRUCK UND ABSCHOTTUNG

Es waren allerdings nicht allein diese Kräfte, die sich in einer spürbaren Vereinheitlichung der weltweiten Preise, namentlich der Agrarpreise, bemerkbar machten und zugleich signalisierten, dass die globale Konkurrenz in Zukunft viel härter werden würde, die schließlich das Ende des Freihandelsregimes einläuteten.[10] Denn gleichzeitig brach im Jahr 1873 auch die internationale Konjunktur ein. Es kam zum sogenannten Gründerkrach und anschließend zur Großen Depression, die bis in die 1890er Jahre andauerte. Zwar war die Wirtschaftskrise selbst bereits 1879 überwunden, aber die konjunkturellen Bewegungen blieben sehr volatil, vor allem führte die Mischung aus Überkapazitäten und heftiger Konkurrenz zu einem Rückgang der Gewinnmargen, sodass viele Unternehmen zu den herrschenden Preisen kaum noch zurechtkamen.[11] Die Schwerindustrie und die Textilunternehmen, die boomenden Industrien der Gründerjahre, gerieten in schweres Fahrwasser und das keineswegs nur in Deutschland. Während das Wachstum und die industrielle Produktion teilweise deutlich zurückgingen und die Preise fielen, nahm der internationale Handel zugleich weiter zu, und zwar auch als eine Folge der Strategie vieler Unternehmen, die schwächelnden Heimatmärkte durch Export zu kompensieren.[12] Der Preisverfall wurde dadurch beschleunigt; insbesondere bei wichtigen Agrargütern wie Baumwolle, Weizen oder Wolle brachen die Preise ein und gingen bis in die 1890er Jahre weiter zurück, bevor sie sich im Aufschwung der Jahre vor 1914 erholten, das Niveau der Jahre vor dem Gründerkrach aber nicht überstiegen.[13] Ähnlich war die Entwicklung bei den Preisen für Kohle, Eisen und Stahl.[14]

Versuche, sich durch Exportdumping zu retten, setzten freilich voraus, dass die Inlandspreise entsprechend hoch gehalten werden konnten, wodurch es notwendig schien, dass der ausländischen Konkurrenz der Marktzugang erschwert, wenn nicht ganz verschlossen wurde. In vielen europäischen Ländern begann daher der Freihandelsgedanke zu erodieren. Gleichzeitig kamen Überlegungen auf, das Preisniveau auf den Binnenmärkten durch Kartelle und Konventionen so zu stabilisieren, dass die angeschlagenen Unternehmen ihre Margen behaupten und ihre Anlagen gewinnbringend betreiben konnten. Der lange dominierende Wirtschaftsliberalismus geriet dadurch von zwei Seiten unter Druck: Einerseits wurden Forderungen nach Zollschutz laut, andererseits wurde die freie Marktkonkurrenz infrage gestellt.[15] Zwar wäre es übertrieben, würde man den deutschen Fall als Beleg dafür heranziehen, dass es in den Jahren nach dem Gründerkrach generell einen Niedergang des Liberalismus in der Wirtschaftspolitik gab und ein Interventionsstaat im Entstehen begriffen war, wie es eine Zeit lang in der Forschung ernsthaft diskutiert wurde. Die Wirtschaftspolitik im engeren Sinne blieb durchaus liberal.[16] Aber Ende der 1870er Jahre setzte ein Umschwung der öffentlichen Meinung zugunsten des Zollschutzes wichtiger Wirtschaftsbereiche ein, den Bismarck durch seinen Schwenk von den liberalen Parteien hin zur katholischen Zentrumspartei auch politisch ermöglichte.[17] Der Übergang zu einer gemäßigten Schutzzollpolitik war keine deutsche Spezialität. Bis auf Großbritannien, das seine in Europa negative Handelsbilanz durch den Beitrag seiner Kolonien ausgleichen konnte, und die Niederlande, die als Handelsdrehscheibe an Einschränkungen der Handelsfreiheit kein Interesse haben konnten, wandten sich alle europäischen Staaten einem Schutz der heimischen Märkte zu, wobei das Deutsche Reich sogar noch vergleichsweise niedrige Protektionswerte ansetzte.

Das war nicht unbedingt die Folge einer gemäßigten Einstellung; es reflektierte vielmehr die Erfahrungen, dass Deutschland, das zur Finanzierung seiner umfangreichen Nahrungsmittel- und Rohstoffeinfuhren auf erhebliche Gewerbeexporte angewiesen war, sich ausufernde Handelskriege mit seinen wichtigsten Partnern schlicht nicht leisten konnte. Im Gegensatz zu den USA, die Retorsionsmaßnahmen gegen ihre hohen Zollsätze gelassen sehen konnten, war dies dem Deutschen Reich keineswegs möglich. Die Reichsleitung besaß überhaupt nicht die autonomen Spielräume hierzu, konnte entsprechenden Forderungen der Landwirtschaft und der Schwerindustrie daher auch gar nicht nachkommen, ohne die deutsche Handels- und Leistungsbilanz massiv zu gefährden.[18] Nebenher stieß die Zollpolitik im Reich keineswegs flächendeckend auf Unterstützung. Weder die Verbraucher noch der größere Teil von Industrie und Finanzwesen waren dem agrarisch-schwerindustriellen Protektionismus wohlgesonnen. Argumentativ verteidigt wurde dieser mit «vaterländischen Interessen», jedoch war er letztlich nur auf schnöden Eigennutz ausgelegt. Vielmehr sah man in den Zollsätzen die Ursache für überhöhte Nahrungsmittelpreise und damit einen unguten Lohndruck sowie für Schwierigkeiten beim Güterexport, wobei sich die Agrarlobby zusätzlich einer aggressiven modernefeindlichen Rhetorik bediente, die in der Industrie kaum jemand teilte.[19]

Die deutsche Zollpolitik fiel somit trotz aller Forderungen der Agrarlobby und trotz wiederholter Versuche, die Zollsätze nach der Jahrhundertwende weiter zu erhöhen, durchaus moderat aus. Kurz vor dem Ersten Weltkrieg betrug das Protektionsniveau in Großbritannien etwa fünf Prozent, in Deutschland und Frankreich acht bis neun Prozent, in den USA allerdings mehr als einundzwanzig Prozent.[20] So gesehen fiel die protektionistische Wende seit den 1870er Jahren alles in allem sehr gemäßigt aus. Auch die Exportindustrie, jedenfalls die, die im Goldstandard ihre Geschäfte machte, klagte schließlich nicht mehr, zumal immer wieder Handelsverträge als Basis sicherer Exporte zustande kamen. Die Zölle waren zudem nur ein Mittel im behaupteten Schutz nationaler Interessen in der Konkurrenz der Staaten. Hinzu kamen nichttarifäre Handelshemmnisse wie Tierseuchengesetze, denen seit den 1880er Jahren eine Art Katalysatorfunktion zukam, um die agrarischen Dauerproteste zu beruhigen, solange Zollerhöhungen vor Ablauf einer Zollvertragsperiode als Instrument ausfielen.[21] Die Vorschriften reichten bei Vieh von wochenlanger Quarantäne bis zu faktischen Importstopps und beschränkten seit 1900 auch Fleischimporte.[22]

Wie wenig tatsächlich der Seuchenschutz und wie sehr vielmehr klassische Protektionserwägungen die deutschen Maßnahmen motivierten, war der deutschen Seite durchaus klar und führte etwa im Fall Russlands seit 1896 zu erheblichen Spannungen.[23]

Umgekehrt waren auch potenzielle Abnehmer deutscher Produkte kreativ darin, die Exporteure zu schikanieren und sie etwa bis zum letzten Moment im Unklaren zu lassen, welcher Einfuhrzoll denn nun galt, wenn seine Bemessungsgrundlage nicht die Warenmenge, sondern der spielend übertreibbare Warenwert war.[24] Es ließen sich auch andere Wege finden, der vermeintlichen Konkurrenz zu schaden, etwa durch die Sperrung des Kapitalmarktes für bestimmte ausländische Projekte, wie im Fall der Deutschen Bank, die einen Teil der Anleihen zum Bau der Bagdadbahn in Paris und London platzieren wollte, woran sie gehindert wurde.[25] Aber auch Bismarck nutzte den Berliner Kapitalmarkt, um durch ein Lombardverbot russischer Papiere die Handlungsfähigkeit der russischen Regierung zu beschränken, indem mehrere Jahre lang russische Wertpapiere nicht mehr zur Absicherung von Krediten genutzt werden durften.[26]

AUFSTIEG UND ABHÄNGIGKEITEN IN DER ERSTEN GLOBALISIERUNG

Auch wenn die Zollsätze, mit Ausnahme der USA und Russlands, moderat blieben und die übrigen Maßnahmen vor allem Nadelstiche mit begrenzten Folgen waren, trugen die Abkehr von der Freihandelsprogrammatik und der Niedergang der entsprechenden liberalen Semantiken entscheidend dazu bei, dass die alte Vorstellung wieder Platz griff, der Außenhandel sei eine Art Nullsummenspiel, bei dem nur das zu gewinnen sei, was andere verloren. Produktionszahlen und die Gewichte im internationalen Handel wurden mehr und mehr zum Ausweis nationaler Handlungsfähigkeit, ja Überlegenheit. Die Vorstellung, sich in einer Art permanentem Wettstreit der großen Nationen zu befinden, war zwar ökonomisch völlig sinnlos, aber überaus populär.[27] Weder waren die nationalen Wirtschaften geschlossene, abgrenzbare Körper, auch wenn das im statistischen Aggregat so imaginiert werden konnte, noch war der jeweilige Platz in der Rangliste der Nationen für die einzelnen Menschen oder Unternehmen von Bedeutung, abgesehen von den Emotionen, die er auslöste. Insofern brachte auch der weltweite wirtschaftliche Aufschwung, der in den 1890er Jahren nach großen Goldfunden einsetze, keine Entspannung, zumindest nicht in semantischer Hinsicht. Während weltweit die Wachstumsraten stiegen und das Volumen des grenzüberschreitenden Handels zunahm, blieben die gegenseitigen Vorbehalte, ja das Misstrauen in den Freihandel bestehen, da die Erfolge anderer Staaten stets auch als eigenes Zurückbleiben gesehen, eigene Erfolge hingegen triumphal gefeiert wurden. Die Zeit des Neomerkantilismus, die eigentlich mit dem Auslaufen der Großen Depression vorbei sein sollte, blieb so in der Semantik erhalten, zumal der wirtschaftliche Aufschwung die Konkurrenz der einzelnen Staaten nicht minderte.

Das war beileibe keine deutsche Spezialität, aber geradezu exemplarisch findet sich dieses Denken in der Schrift des Wirtschaftswissenschaftlers, Bankiers und Politikers Karl Helfferich zum fünfundzwanzigjährigen Regierungsjubiläum Wilhelms II., in der er ein Resümee der wirtschaftlichen Entwicklung Deutschlands zog, das deren Wirklichkeit durchaus nahekam.[28] Im Grunde beschrieb er den Aufschwung im Wilhelminismus anhand repräsentativer statistischer Parameter und konnte dabei vor allem zeigen, dass sich Deutschlands relative Position im internationalen Wettbewerb, gemessen an den von ihm referierten Zahlen, drastisch verbessert hatte. Die wirtschaftliche Entwicklung wurde implizit mit einer Art Wettlauf gleichgesetzt, und da lag Deutschland zumindest in Europa fast durchweg auf dem ersten Platz, den es im globalen Vergleich freilich den USA (und von sehr viel geringerem Niveau ausgehend Japan) überlassen musste.

Die neuere Forschung hat das durchweg bestätigt. Die Zeit unter dem Banner des Neomerkantilismus war in Europa vor allem eine deutsche Erfolgsgeschichte. Lange Zeit als Krähwinkel nicht recht ernst genommen, war Deutschland der wirtschaftliche Musterknabe Europas geworden und hatte zu Großbritannien, das vermeintlich einen uneinholbar wirkenden Vorsprung hatte, kurz vor Ausbruch des Ersten Weltkrieges aufgeschlossen und es vor allem in den seinerzeit neuen Industrien, etwa der Elektrotechnik, der chemischen und der feinmechanischen Industrie, längst überholt. Insofern waren auch die Marktvereinheitlichung, die Krise und der Margendruck, die die 1870er und 1880er Jahre bestimmten, keineswegs die einzigen Ursachen der Rivalitäten. Man kann den Neomerkantilismus jener Jahre, der sich vor allem in Schutzzöllen, nichttarifären Marktbarrieren, Kartellbildung und künstlicher Preisstützung ausdrückte, vorrangig als ein defensives Problem jener Branchen ansehen, die an Dynamik verloren hatten.

Im Rahmen der Pax Britannica, die spätestens seit der Jahrhundertmitte die weltwirtschaftliche Arbeitsteilung prägte und deren liberale Grundstrukturen von Großbritannien im Zweifel mit robusten Mitteln durchgesetzt und garantiert wurden, entfaltete sich eine ganz neue Dynamik, die als zweite Industrielle Revolution bezeichnet worden ist. Der alte Glanz der Textilindustrie verblasste, die Schwerindustrie wuchs zwar noch, verlor aber relativ an Bedeutung, während die genannten neuen Industrien sowie der Maschinenbau boomten. Gerade in diesen neuen Technologien aber war Großbritannien, dessen Stärke in den älteren Branchen lag, zumindest punktuell relativ schwach, während Länder wie das Deutsche Reich hier gewaltige Zuwächse produzierten, denen gegenüber die englische oder die französische Industrie plötzlich geradezu rückständig wirkten. In den angesprochenen Vergleichen schnitt die deutsche Wirtschaft nun durchweg sehr günstig ab, während die europäische Konkurrenz zurückfiel.[29]

Einige Zahlen sollen diese Verschiebung der relativen Gewichte verdeutlichen. Auch weil sie statistisch leicht zu erfassen waren, spielten seinerzeit die Produktionsziffern des Kohlebergbaus und der Eisen- und Stahlindustrie eine ausschlaggebende Rolle. Während Großbritannien zur Jahrhundertmitte die Kohleindustrie Europas nach Belieben dominierte und an die sechzig Millionen Tonnen Kohle förderte, waren es in den deutschen Gebieten keine zehn Millionen Tonnen, in Belgien und Frankreich noch weniger. Kurz vor Ausbruch des Ersten Weltkrieges hatte sich das Bild grundlegend gewandelt: In Großbritannien wurde mit fast dreihundert Millionen Tonnen weiterhin die meiste Kohle gefördert, aber Deutschland hatte mit einer Förderleistung von etwa 277 Millionen Tonnen faktisch aufgeschlossen, während Russland und Österreich-Ungarn deutlich dahinterlagen, aber starke Wachstumsraten aufwiesen. Im deutsch-britischen Vergleich stach vor allem das unterschiedliche Wachstumstempo ins Auge. Während Großbritanniens Kohleförderung vor 1914 im Schnitt um 2,6 Prozent zunahm, erreichte die Wachstumsrate in Deutschland 5,7 Prozent und war damit mehr als doppelt so hoch.[30]

Bei den seinerzeit besonders aufmerksam verfolgten Zahlen für Roheisen und Stahl war der deutsche Aufstieg noch dramatischer: Produzierten die deutschen Staaten 1850 weniger als ein Zehntel der britischen Roheisenmenge und nur etwa die Hälfte des Stahls, so war die Lage kurz vor Kriegsausbruch völlig anders. Deutschland führte jetzt mit jeweils um die 15 Millionen Tonnen Roheisen und Stahl die europäische Tabelle an, während Großbritannien und Frankreich nur gemeinsam die deutschen Mengen erreichten, beim Stahl sogar dahinter zurückblieben. Beim Stahl lag die deutsche Wachstumsrate im Zeitraum 1850 bis 1913 mit knapp zehn Prozent doppelt so hoch wie die britische.[31]

Selbst beim Baumwollverbrauch lag Großbritannien zwar weiterhin deutlich vor Deutschland, jedoch wuchs dessen Textilindustrie doppelt so schnell. Nimmt man vor allem die Energiegewinnung und die Produktion von Werkstoffen als Indikatoren, zeigt sich die Gewichtsverschiebung deutlich. Im Großen und Ganzen hatte die deutsche Wirtschaft vor 1914 zu Großbritannien aufgeschlossen. Das betraf vor allem die industrielle Gesamtleistung,[32] die in Großbritannien aber sehr viel stärker an den Schwergewichten Bergbau, Montanindustrie, Schiffbau und Textilwirtschaft hing. In den neuen Industrien war Großbritannien hingegen mittlerweile auf vielen Feldern, vom Maschinenbau und der Rüstungsindustrie abgesehen, im Hintertreffen. Die deutsche chemische und pharmazeutische Industrie beherrschte vor allem bei Farben und Medikamenten den Weltmarkt nach Belieben,[33] und auch in der Elektrotechnik und Feinmechanik oder im Maschinen- und Anlagenbau war die Position, die etwa Siemens, die AEG, Carl Linde oder Carl Zeiss vor 1914 erreicht hatten, unangefochten. Es waren nicht allein bestimmte Branchen, so prominent sie auch waren. Die globalen Zahlen sind ebenfalls eindeutig. Der deutsche Anteil an der Weltproduktion stieg zwischen 1870 und 1913 von 6,5 auf 8,7 Prozent, während der britische von 9 auf 8,2 Prozent zurückging.[34] Das Pro-Kopf-Einkommen verdoppelte sich zwischen 1870 und 1913 von 1839 auf 3648 Dollar, lag aber immer noch deutlich hinter dem britischen zurück, das von 3190 auf 4921 Dollar anstieg.[35] Der Lebensstandard in Deutschland war also immer noch deutlich niedriger als in Großbritannien, doch da die Wirtschaftsleistung in etwa gleich hoch war, deuten diese Zahlen auf den entscheidenden Punkt hin, dass in Deutschland die gleiche wirtschaftliche Leistung offenkundig zu geringeren Kosten möglich war. Die Verschiebungen in der Weltwirtschaft hatten hierin einen nicht unwesentlichen Grund.

Neben den nationalen Produktionsziffern waren es vor allem die relativen Verschiebungen im internationalen Handel, die die Konstellation, die zur Mitte des Jahrhunderts die Etablierung der Pax Britannica ermöglicht hatte, schließlich in den Jahren vor dem Ersten Weltkrieg ins Wanken brachten. Dabei war es keineswegs so, dass Großbritannien seine führende Stellung durchweg verlor. Der deutsche Außenhandel wuchs zwar insgesamt etwas schneller als der Welthandel, aber die Position Großbritanniens als erster

Handelsnation wurde hierdurch noch nicht erschüttert. Während Deutschlands Anteil am Weltexport von 1874 bis 1913 von 9,5 auf 12,2 Prozent anstieg, ging der britische Anteil von 17,3 auf 13,5 Prozent zurück. Noch stärker fielen die Anteile Frankreichs, wohingegen die USA sich von zehn auf 12,7 Prozent verbesserten.[36] Da die amerikanische Exportquote, also der Anteil der Exporte an der Gesamtleistung, 1913 nur gut vier Prozent betrug, war die Exportabhängigkeit des Landes gering. Anders sah es im britischen und deutschen Fall aus, wo allein die Exportquoten 14,7 beziehungsweise 12,2 Prozent der Gesamtleistung ausmachten.[37] Nimmt man die Importquoten hinzu, so erkennt man die insbesondere seit der Jahrhundertwende stark wachsende Abhängigkeit vom Weltmarkt – den Preis, den die Länder für ihren wirtschaftlichen Aufstieg entrichteten.

Dabei gelang es Deutschland nicht nur, in wichtigen neuen Industriezweigen Großbritannien abzuhängen; auch im Bereich des Maschinenbaus, den Großbritannien lange dominiert hatte, waren die deutschen Exporteure kurz vor dem Krieg auf Augenhöhe.[38] Die Regionalstruktur des Handels zeigte dabei die Anfälligkeit des deutschen Außenhandels für Sanktionsmaßnahmen, die mit dem Erfolg der Wirtschaft nicht sank, sondern stark zunahm. Die deutschen Importe stammten in den Jahren vor dem Krieg zu gut 54 Prozent aus Europa, zu fast 27 Prozent aus Amerika und zu knapp zehn Prozent aus Asien, um nur die größten Lieferregionen zu nennen. Die deutschen Exporte gingen hingegen zu 76 Prozent nach Europa und zu gut 15 Prozent nach Amerika, während Asien und Afrika eine nur untergeordnete Rolle spielten.[39] Hier ließen sich im Konfliktfall leicht Lieferketten unterbrechen, zumal Großbritannien im Bereich des Schiffbaus und angesichts der Größe seiner Handels- und Kriegsmarine weiterhin einen unerreichbaren Vorsprung besaß. Allein für die Handelsmarine liefen in Großbritannien 1913 knapp zwei Millionen Bruttoregistertonnen vom Stapel, wohingegen es im deutschen Fall lediglich eine halbe

Million waren.[40] Die britische Handelsflotte war kurz vor dem Ersten Weltkrieg fast dreimal so groß wie die deutsche Konkurrenz, und auch bei den größten Häfen der Welt besetzte Großbritannien die drei ersten Plätze, während Hamburg und Bremen mit deutlichem Abstand auf den weiteren Plätzen landeten.[41] Diese Entwicklungsdynamik, die davon ausgehen ließ, dass in absehbarer Zeit die deutsche Wirtschaft zumindest in Europa der englischen deutlich überlegen sein würde, sorgte für Diskussionsstoff. Der deutsche Aufstieg führte nicht nur in London, sondern auch in anderen Hauptstädten zu Unruhe.[42] In Großbritannien hatte man Deutschland lange nicht für eine ernsthafte Herausforderung gehalten, da die deutsche Industrie anfangs nur wenige Qualitätsprodukte lieferte und eher durch preiswerten Ramsch auffiel. Das vermehrte Auftreten deutscher Waren auf dem britischen Markt suchte man durch Kennzeichnungspflicht («Made in Germany») zu begrenzen. Die explizite Herkunftsbezeichnung sollte die britischen Verbraucher davon abhalten, deutsche Produkte zu kaufen. Dieser markenschutzrechtliche Vorstoß (Merchandise Marks Act) von 1887 ging bekanntlich nach hinten los, da deutsche Waren wegen der Qualitätssteigerungen bei der Kundschaft immer besser abschnitten und schließlich das Herkunftssiegel wie eine Art Güteabzeichen wirkte.[43]

Der Zustrom deutscher Produkte war für Großbritannien wirtschaftlich aber nicht nachteilig, denn das Land konnte auf diese Weise notwendige Güter in guter Qualität recht preiswert erwerben, was insbesondere dem Textilgewerbe, das große Mengen deutscher Farbstoffe bezog, zugutekam. Dass die britische Regierung gezielt Maßnahmen zur Schikanierung der deutschen Wirtschaft angestrebt hätte, lässt sich nicht sagen. Selbst verbreitete und international übliche Patentregeln, die deren Akzeptanz an die produktive Nutzung im Land banden, wurden in Großbritannien im Gegensatz zu Frankreich oder Russland eher nachlässig gehandhabt.[44] Dagegen wurde der Aufstieg des Deutschen Reiches zur kraftstrotzenden Großmacht, die sich auch international Geltung zu verschaffen suchte, nun umso misstrauischer betrachtet. Für den sich hier abzeichnenden deutsch-britischen Gegensatz spielte die Wirtschaftskonkurrenz nicht die ausschlaggebende Rolle.[45] Zwar nahm die Zahl der Konflikte zwischen einzelnen Unternehmen aus beiden Ländern laufend zu, doch es gehörte im internationalen Kapitalismus jener Zeit sozusagen zum Alltag, dass die Firmen sich gegenseitig Kundschaft und Geschäft streitig machten.

Zu politischen Streitereien führte dies aber vor allem, wenn geostrategische Fragen ins Spiel kamen, wie bei den Burenkriegen Ende des 19. Jahrhunderts oder der Frage der Kontrolle Marokkos, die vor 1914 zweimal zu heftigen Krisen führte, in denen Großbritannien gegen Deutschland Partei bezog. Aber die Tatsache, dass etwa der Streit um die Bagdadbahn, in dem sich deutsche Firmen durchsetzten und den Bau und Betrieb der Bahn kontrollierten, noch kurz vor Kriegsausbruch 1914 schiedlich beigelegt werden konnte, zeigt, dass derartige Konflikte nicht zwingend ein größeres Eskalationspotenzial aufwiesen. Waren es zunächst britischer Argwohn und Zweifel, ob das Osmanische Reich seine Beteiligung an den Baukosten würde tragen können, ging es später um die Erschließung von Ölfeldern nahe der Bahnlinie bei Mossul.[46] Großbritannien sah die wirtschaftliche Blüte Deutschlands vor 1914 in geostrategischer Perspektive skeptisch – sie aufhalten oder gar unterdrücken wollte man jedoch nicht, zumal Großbritannien selbst vom Aufstieg der deutschen Industrie, der Qualität und den Preisen der dort hergestellten Güter profitierte.

Zwar überwogen die deutschen Exporte nach Großbritannien die Importe von dort, aber das war für Großbritannien, das Leistungsbilanzdefizite durch den Beitrag der Kolonien und die Erträge der britischen Auslandsinvestitionen, die vor 1914 die größten der Welt waren, leicht ausgleichen konnte, kein Grund, mit der Tradition des Freihandels zu brechen.[47] Auch die Tatsache, dass technologische Innovationen der deutschen Chemieindustrie wichtige Stützpfeiler der englischen Überseewirtschaft angriffen, stieß nicht unmittelbar auf protektionistische Gegenmaßnahmen. Die Einführung synthetischen Indigos um die Jahrhundertwende durch die Konzerne BASF und Hoechst zerstörte schlagartig die britische Indigoherstellung auf riesigen Flächen in Indien und raubte den dort tätigen Unternehmen ihr Geschäftsfeld. Ganz ähnlich sorgte die Einführung synthetischen Kautschuks durch Bayer 1911 für Unruhe in der Kautschukplantagenwirtschaft etwa in Indonesien und Malaysia, und auch die Einführung des Haber-Bosch-Verfahrens, also der Synthese des Stickstoffs aus der Luft durch die BASF 1913, stellte eine massive Herausforderung für die Gewinnung von Guano in Lateinamerika dar. Dorther hatte man jahrzehntelang aus tierischen Exkrementen den Stickstoff für Pflanzendünger gewonnen, den man nun in großem Maßstab industriell synthetisieren konnte und übrigens bald auch für Sprengstoff zu nutzen wusste.[48]

Das alles verstärkte den ohnehin schwelenden Konflikt, den zu entschärfen politisch nicht gelang. Einen Wirtschaftskrieg löste die Verschiebung der relativen Gewichte in der Weltwirtschaft zunächst allerdings nicht aus, auch wenn Großbritannien jetzt die fatale Erfahrung machte, dass diejenige Macht, die eine stabile internationale Ordnung und eine entsprechende ökonomische Arbeitsteilung garantiert und die Kosten dieser Garantie trägt, keineswegs auch am meisten von dieser Ordnung profitiert.[49] Zu einem Versuch, den Aufstieg der deutschen Konkurrenz mehr oder minder gewaltsam zu behindern, führte das, wie gesagt, nicht, denn die Erträge der Kooperation waren für alle beteiligten Mächte zu vorteilhaft. Und im Licht dieser Vorteile verblasste auch die Bedeutung einer Vielzahl von alltäglichen Eingriffen und Restriktionen in den grenzüberschreitenden Handel oder in die Arbeitsmigration. Dass sich etwa Deutschland und Russland nahezu ununterbrochen mit nichttarifären Handelshemmnissen gegenseitig malträtierten, war zweifellos im Einzelnen ärgerlich. Von einem Wirtschaftskrieg konnte man aber weder hier noch in der Beziehung zu anderen Staaten sprechen, wo derartige Eingriffe in den Handel ebenfalls häufig vorkamen.[50] So vermochten es deutsche Fleischproduzenten durchaus erfolgreich, den Heimatmarkt gegen bestimmte Fleischimporte abzuschirmen, doch die Zahlen zeigen, dass Nahrungsmittelimporte zusammen mit Rohstoffen die Masse der deutschen Importe ausmachten; eine zu restriktive Behandlung dieser Importe hätte also die deutschen Verbraucher benachteiligt und das Preisniveau angehoben.[51] Derartige Nadelstiche waren daher nicht wirklich geeignet, die internationale Kooperation zu beschädigen, wenn sie auch lästig waren.

Ebenso wenig schadeten die teilweise heftigen Konkurrenzkämpfe zwischen Unternehmen um Marktanteile der Weltwirtschaft, im Gegenteil. War die Zeit bis zum Beginn der 1890er Jahre von defensivem Protektionismus gekennzeichnet, so blühte der internationale Handel in den Jahren vor dem Ersten Weltkrieg auf und erreichte schließlich ungeahnte Höhen. Davon profitierten nicht alle Marktteilnehmer gleich. Misstrauen und Rivalitäten nahmen zu, aber das war zugleich Ausdruck der Verstärkung der internationalen Kooperation, nicht ihres Niedergangs. Die Restrukturierung der globalen Arbeitsteilung ließ indes wenig Zweifel daran, dass jeder größere zukünftige Konflikt vor allem auch ein Wirtschaftskrieg sein würde, denn die internationale Kooperation machte die Volkswirtschaften umso anfälliger für Sanktionen und Boykotte.

Es war eine paradoxe Konsequenz aus ihrer starken Abhängigkeit vom Weltmarkt, dass die deutsche Industrie zu eigenständigen Formen des Wirtschaftskrieges nicht in der Lage war, von Maßnahmen anderer Staaten aber unmittelbar schwer getroffen werden musste. Das war den Spitzen der großen Unternehmen, die eine starke Stellung im Export hatten, durchaus bewusst. Wirksame Sanktionsmaßnahmen anderer Staaten konnten zu Marktverlusten führen, die für die Unternehmen, die ihre Kapazitäten ja hinreichend auslasten mussten, existenziell waren. Die Pax Britannica als Voraussetzung und Bedingung des eigenen Aufstiegs infrage zu stellen, wäre daher auch niemandem ernsthaft in den Sinn gekommen.[52] Die großen deutschen Chemieunternehmen hatten, durch die entsprechenden Patentgesetze veranlasst, in Frankreich und Russland eigene große Produktionsstätten aufgebaut; in England waren die Produktionskapazitäten geringer, aber das Land war nach den USA, Russland und China als Auslandsmarkt von erheblicher Bedeutung.[53] Ganz ähnlich war die Lage in der Elektrotechnik, die längst die Stromversorgung und Verkehrsinfrastruktur vieler Länder, von Italien über Spanien bis zu den meisten Staaten Lateinamerikas, für sich entdeckt hatte und über eigene Tochtergesellschaften dort Anlagen baute und Verkehrsprojekte betrieb. Dies tat man in Konkurrenz zu, aber auch in Kooperation mit britischen Unternehmen und Banken, vor allem bei der Finanzierung der Projekte. Die wirtschaftliche Konkurrenz war hart, aber das war man gewohnt.[54] Nicht nur die großen Industriebetriebe waren längst in den wichtigsten Staaten der Welt etwa durch eigene Produktionsstätten vertreten. Die bedeutendste Filiale der Deutschen Bank befand sich keineswegs zufällig seit den 1870er Jahren in London, das zur Finanzierung des deutschen Außenhandels wenigstens so wichtig war wie Berlin.[55] Die deutsche Wirtschaft, vor allem ihre großen Unternehmen, waren so gesehen längst Teile eines internationalen Zusammenhangs, den sie ohne Selbstgefährdung gar nicht mehr aufgeben konnten.

Doch nicht allein die Frage des Marktzugangs war wesentlich – Deutschland war vor 1914 alles andere als ein Exportweltmeister. Vielmehr war die Handelsbilanz jener Jahre fast durchgängig negativ, da große Mengen an Rohstoffen und Nahrungsmitteln importiert werden mussten, um die rasch wachsende Bevölkerung zu ernähren und den Materialhunger der Industrie zu befriedigen.[56] Die Exportanstrengungen im Bereich der verarbeitenden Industrie hatten auch insofern etwas Zwingendes, denn nur so war das

Land in der Lage, Importe zu finanzieren, ohne die eigene Stellung im Goldstandard zu schädigen, was eine dauerhaft unausgeglichene Kapitalbilanz nach sich gezogen hätte. Tatsächlich war eine Folge seiner Stärke in der internationalen Arbeitsteilung gerade die relative Handlungsunfähigkeit Deutschlands in Wirtschaftskonflikten, die sich das Land ohne schwere Selbstschädigung nicht leisten konnte. Denn anders als im Fall der USA, Russlands oder heute Chinas machte der beschränkte Binnenmarkt eine Abkopplung von der Weltwirtschaft geradezu aussichtslos.

Den Versuch, vom Weltmarkt und von den Lieferungen wichtiger Rohstoffe unabhängiger zu werden, könnte man insofern zumindest als indirektes Mittel ansehen, um mehr eigenständige Handlungsspielräume zu gewinnen, doch waren die Versuche etwa der Chemieindustrie, wichtige Rohstoffe synthetisch zu gewinnen, keinem wie auch immer gearteten Autarkiekonzept verpflichtet. Ein solches verfolgte erst sehr viel später das nationalsozialistische Deutschland, und das auch weniger, um Handlungsfähigkeit in Wirtschaftskonflikten zu gewinnen, als aus Devisennot.[57] Somit war Deutschland aufgrund seiner geografischen Lage und des nur begrenzten eigenen Marktes zu Wirtschaftskriegshandlungen kaum in der Lage, und das umso weniger, je weiter das Land entwickelt war. Die großspurigen Forderungen nach einem «Platz an der Sonne» oder nach dem Aufbau einer eigenen Seemacht, von der nebenher klar war, dass sie die Royal Navy nie ernsthaft würde bedrohen können, waren Ausdruck dieser relativen Schwäche und der Hoffnung, wenigstens die eigene Rohstoffversorgung durch militärische Präsenz auf den Weltmeeren sichern zu können.

Das war im Fall der USA, aber auch Großbritanniens, deutlich anders. Allein die Größe des eigenen Marktes sowie die geografische Lage eröffneten Handlungschancen, deren Nutzung eine lange Tradition hatte. Großbritannien hatte Frankreich und später den von Napoleon kontrollierten kontinentaleuropäischen Block effektiv vom Welthandel abschneiden können, ohne dadurch die

Grundlage der eigenen Wirtschaft ernsthaft gefährden zu müssen.[58] Während der Kontinentalsperre hatte das zwar zu massiven Auseinandersetzungen mit den USA geführt, doch wo die USA entsprechende britische Maßnahmen tolerierten, war deren Reichweite groß und die Selbstgefährdung gering. Auch diese konnten sich angesichts niedriger Exportquoten stets auf die Tragfähigkeit und Dynamik des Heimatmarktes verlassen und waren insofern, was die Zollpolitik und Abschottung des eigenen Marktes betraf, autonom handlungsfähig, was sie im gesamten 19. Jahrhundert mehr oder weniger konsequent verfolgt hatten.

Die Abhängigkeit der aufstrebenden ökonomischen Weltmacht Deutschland von der internationalen Arbeitsteilung war im Übrigen bekannt, ebenso dass Großbritannien im Kriegsfall mit einer effektiven Seeblockade des Landes reagieren würde. Doch zuvor versuchte Großbritannien keineswegs, dem wirtschaftlichen Aufstieg Deutschlands Einhalt zu gebieten, obwohl es durchaus die Möglichkeit dazu gehabt hätte. Großbritannien trat bei allem Schutz nationaler Interessen in den Jahren vor dem Weltkrieg eher als eine Art «ehrlicher Makler» auf, als Garant einer einigermaßen funktionalen internationalen Ordnung, deren kolonialer und imperialistischer Charakter offenkundig war, die aber zwischen den seinerzeit hoch entwickelten Staaten trotz des unterschiedlichen Entwicklungstempos doch eine gewisse Balance ermöglichte.

KAPITEL 8

IM PERMANENTEN WIRTSCHAFTSKRIEG: DER ZERFALL DER WELTWIRTSCHAFT 1914 BIS 1945

ORDNUNGSVERLUST

Das Ausmaß, das die Wirtschaftskriege im gelegentlich als Zweiter Dreißigjähriger Krieg bezeichneten Zeitraum zwischen 1914 und 1945 erreichten, war in den Jahren vor dem Ersten Weltkrieg völlig unvorstellbar.[1] Im Gegenteil waren viele Beobachter der festen Überzeugung, dass das, was oben als paradoxale Entwicklung bezeichnet wurde – die Steigerung der wirtschaftlichen Leistungsfähigkeit einer Volkswirtschaft als Folge ihrer zunehmenden globalen Integration –, jeden größeren oder zeitlich ausgedehnten Konflikt sehr unwahrscheinlich machen würde. Dabei unterschätzten diese Beobachter die politische Dynamik der Konflikte, die schließlich in die beiden Weltkriege mündeten, für die wiederum das wirtschaftliche Moment eine entscheidende Rolle spielte. Denn einmal ausgebrochen, entfalteten die Kriege vor dem Hintergrund der industriellen Entwicklung eine Zerstörungskraft, die eine dauerhafte wirtschaftliche Schwächung oder zumindest Kontrolle des Gegners zum Ziel hatte, um ihn daran zu hindern, erneut Krieg führen zu können.

Die Paradoxie am Vorabend des Ersten Weltkrieges bestand also darin, dass ein Krieg aufgrund der internationalen Arbeitsteilung einerseits sofort höchst selbstschädigend war, er also nur aus politischen Gründen begonnen werden konnte und wurde, er andererseits aber genauso unmittelbar in einen Wirtschaftskrieg umschlagen musste, weil gerade hier ein enormes Schädigungspotenzial lag. Derart politisch kontaminiert, mutierten die weltweiten Handels- und Finanzströme vom Garanten zum Verhinderer einer stabilen Ordnung. Dies führte fast zwangsläufig zu einer skeptischen Haltung gegenüber der Wiederherstellung einer reibungslos funktionierenden Weltwirtschaft nach Beendigung der kriegerischen Auseinandersetzungen, denn gerade diese Reibungslosigkeit hätte ja auch den unterlegenen Staaten die Chance eingeräumt, schnell wieder an wirtschaftlicher Stärke zu gewinnen. Eine funktionierende Ordnung nach dem Ende des Weltkrieges hätte nicht nur den wirtschaftlichen Austausch regulieren müssen, sondern zugleich ein gewisses Maß an gegenseitiger Kontrolle etablieren müssen, um die Ängste vor dem unter günstigen Bedingungen möglichen Wiederaufstieg oder gar einer Dominanz der ehemaligen Kriegsgegner wirkungsvoll entkräften zu können. Doch an dieser Aufgabe war bereits vor 1914 letztlich die Pax Britannica gescheitert; es war kaum vorstellbar, dass nach den Verheerungen des Ersten Weltkrieges eine auch nur annähernd vergleichbare Ordnung neu geschaffen werden konnte. Großbritannien war hierfür zu schwach, die USA waren nicht willens, und so blieb eine freiwillige, multilaterale Ordnung, wie sie der Völkerbund verkörpern sollte, in den Anfängen stecken und musste endgültig scheitern, als 1929 die Weltwirtschaftskrise ausbrach.[2]

Ob der Rückgang der weltwirtschaftlichen Arbeitsteilung, der im Ersten Weltkrieg, in der Weltwirtschaftskrise und dann im Zweiten Weltkrieg jeweils zu scharfen Einbrüchen im Welthandel führte, als Zerfall der Weltwirtschaft oder Niedergang der Globalisierung bezeichnet werden sollte, ist durchaus umstritten.[3] Den Rückgängen im Handel standen immer auch Erholungsphasen gegenüber; besonders in den 1920er Jahren konnte nahezu an die Weltexportquoten der Vorkriegszeit angeknüpft werden.[4] Doch selbst in den Goldenen Zwanzigern war die Weltwirtschaft von schweren Problemen gekennzeichnet, die den Keim für das katastrophale Ausmaß der Weltwirtschaftskrise in sich trugen.[5] Vor allem gelang es nicht, eine tragfähige Ordnung zu etablieren.[6] Stattdessen herrschte in den internationalen Wirtschaftsbeziehungen Misstrauen, ja regelrechte Angst vor dem Erstarken potenzieller Rivalen, was immer wieder Maßnahmen provozierte, die durchaus kriegerische Züge hatten. So waren es nicht nur die Blockaden im Krieg selbst, die diskriminierenden Regeln des Versailler Vertrages oder die Entwicklung der Geldmärkte in der Zwischenkriegszeit, die von Kämpfen und Sanktionen bestimmt waren. Auch während der Weltwirtschaftskrise herrschte schnöder nationaler Egoismus, dem bedenkenlos jene – freilich brüchigen – Ordnungsversuche wie der Goldstandard geopfert wurden, die in den 1920er Jahren unter großen Mühen rekonstruiert worden waren.[7]

Schließlich kamen ganz neue Unwägbarkeiten hinzu. Völlig unklar war etwa, welche Rolle die Sowjetunion in der neuen internationalen Arbeitsteilung einnehmen würde. Der Vertrag von Rapallo von 1922, in dem Deutschland und Sowjetrussland wirtschaftliche Kooperation vereinbarten, schlug bei den Siegermächten des Krieges wie eine Bombe ein, die Russland isolieren wollten und in einer Allianz der Verlierer eine unmittelbare Bedrohung sahen.[8] Dabei sah es im pazifischen Raum wenig geordneter aus. Zwar hatten sich die USA, Großbritannien, Frankreich, Italien und Japan im Washingtoner Abkommen, das schließlich 1923 ratifiziert wurde, über Flottenstärken und eine Begrenzung des Wettrüstens im Pazifik verständigt, doch es war absehbar, dass der wirtschaftliche Aufschwung des rohstoffarmen Japans das dortige Gleichgewicht erheblich in Mitleidenschaft ziehen würde.

DER ERSTE WELTKRIEG

Lange Zeit als Absicht der deutschen Regierung dargestellt, die sich zur Weltmacht aufschwingen wollte, war der Erste Weltkrieg wohl eher die Folge eines klassischen Politik- und Diplomatieversagens nach dem Attentat von Sarajevo.[9] Dass die deutsche Regierung den Krieg schließlich nicht nur in Kauf nahm, sondern begann, obwohl es für sie streng genommen gar keinen Kriegsgrund gab, löste in den Kreisen der führenden international tätigen Unternehmen Unverständnis, Angst, ja Empörung aus. Nachdem klar war, auf welcher Seite Großbritannien in den Krieg zog, erkannten die meisten Unternehmen, dass der Zugang zu den für sie wesentlichen Märkten in Europa und Übersee auf absehbare Zeit versperrt sein würde. Überdies ging man davon aus, nach dem Krieg nicht an die alte globale Arbeitsteilung anknüpfen zu können, jedenfalls nicht, wenn Deutschland den Krieg verlor und die Siegermächte ihre Vorstellungen durchsetzen konnten.[10] Neben dem Verlust der wichtigsten Exportmärkte, der durch Rüstungsproduktion kompensiert werden sollte, war diese Angst der wesentliche Grund dafür, dass die großen Unternehmen, etwa Bayer, Hoechst, die BASF, Siemens und die AEG, sich vergleichsweise kritiklos auf die deutsche Seite stellten und auf ihren Sieg hofften. Auch hier zeigt sich der fatale Zusammenhang von Krieg und Sanktionen, die im Ergebnis Unternehmen zu einem Verhalten zwingen, das sie unter regulären Bedingungen niemals erwogen hätten.[11]

Nun aber war es zu spät, da mit dem Kriegseintritt Großbritanniens die bereits vorgesehene Fernblockade der deutschen Häfen in Kraft trat, mit denen diese effektiv vom Weltverkehr abgeschnitten wurden.[12] Ganz ähnlich wie zur Zeit der Kontinentalsperre fasste Großbritannien den Begriff der Blockade sehr weit und hinderte auch Schiffe aus neutralen Staaten daran, deutsche Häfen anzulaufen. Die Blockaden blieben nicht auf die Nordsee und den Kanal beschränkt. In der Ostsee, in der die deutsche Flotte die Vormacht hatte, wurde Russland der Seeweg versperrt. Ebenso wurden das Seegebiet um Italien und die osmanische Küste gesperrt. Schließlich unterband die Royal Navy auch den gesamten Seeverkehr mit den deutschen Kolonien. Eine Gegenblockade mit U-Booten wurde versucht, doch gab es hiervon bei Kriegsausbruch nur wenige, und die Prisenordnung, an die sich die kaiserliche Marine zunächst hielt, machte einen U-Boot-Krieg überaus riskant, da als Handelsschiffe getarnte Kriegsschiffe den U-Booten, die zur Kontrolle der Schiffe auftauchen mussten, schlicht überlegen waren.[13] Erst als die Rüstung der U-Boote weiter fortgeschritten war und sich die Reichsleitung trotz Warnungen vor der amerikanischen Reaktion Anfang 1917 für den uneingeschränkten U-Boot-Krieg aussprach, wodurch das gesamte Seegebiet um die Britischen Inseln zur Sperrzone erklärt wurde, bekam diese Art der Gegenblockade relativ große Bedeutung. Den deutschen U-Booten gelang es allein im April 1917 immerhin, fast 870 000 Bruttoregistertonnen zu versenken.[14] Der Kriegseintritt der Vereinigten Staaten und die Leistungsfähigkeit der dortigen Werften kompensierten diese Verluste aber weitgehend.[15] Neben der Gegenblockade verhängte die deutsche Regierung auch recht umfassende Exportverbote in feindliche Staaten, doch die Erwartung, etwa der Farbstoffmangel würde in England oder Russland den Kriegswillen brechen, war bestenfalls eitel.

Der Rückzug oder eher die Verdrängung der deutschen Unternehmen hinterließ Lücken, die die jeweiligen Regierungen gezielt zu schließen trachteten, indem sie deutsches Eigentum beschlagnahmten und weiter nutzten oder indem Maßnahmen ergriffen wurden, um die Einfuhren durch eigene Leistung zu ersetzen. Dies schmälerte die Chancen deutscher Unternehmen, auf ihre alten Märkte zurückzukehren, immer weiter, zumal diese Substitutionsprozesse oft unter Nutzung deutscher Technologien und Patente erfolgten.[16] Besonders radikal gingen dabei die Behörden der Vereinigten Staaten vor. Mit dem Kriegseintritt der USA 1917 wurden faktisch alle deutschen Vermögenswerte eingezogen und nach und nach an die amerikanische Konkurrenz verkauft (Fabriken, Liegenschaften, Wertpapiere, Bargeld, Patente und Warenzeichen).

Hierfür wurde eigens eine neue Behörde geschaffen, das Office of Alien Property, dessen Verwaltung 1917 der Anwalt und Politiker Alexander Mitchell Palmer übernahm. Palmer verfolgte eine willkürliche Vorgehensweise, die allein durch das nationale Interesse der amerikanischen Wirtschaft bestimmt war, den deutschen Einfluss zu beenden, und sah sich später schweren Korruptionsvorwürfen unter anderem wegen Bereicherung ausgesetzt.[17] Vergebens versuchte etwa Bayer, das seit einigen Jahren höchst erfolgreich Aspirin entwickelt und vertrieben hatte, seine amerikanische Tochterfirma zu retten, wobei nicht nur die Produktion, sondern auch Patente sowie Firmen- und Markennamen auf dem Spiel standen.[18] An der Enteignung selbst änderten die Unregelmäßigkeiten bei ihrer Durchführung indes nichts. Im Gegenteil, das Vorbild machte Schule. Noch gegen Ende des Krieges traten viele Staaten in den Krieg gegen Deutschland ein, um sich das feindliche Eigentum aneignen zu können, so etwa die chinesische Republik.[19] All das bildete sozusagen den Schlussstein bei der Verdrängung der deutschen Wirtschaft vom Weltmarkt, die 1918 fast gänzlich vollzogen war. Die Import- und Exportziffern des Deutschen Reiches machten nur noch einen Bruchteil der Vorkriegswerte aus, das Auslandsvermögen war fast vollständig verloren.[20] Auch eine nennenswerte handelspolitische Souveränität war nicht mehr vorhanden.

Bei den Siegermächten – von den USA und Japan vielleicht abgesehen – sah es freilich nur bedingt besser aus. Auch Frankreich hatte sein beträchtliches Auslandsvermögen zum großen Teil für die Finanzierung des Krieges verwenden müssen. 1917 brachen zudem die substanziellen Forderungen gegenüber Russland weg, da die bolschewistische Regierung es ablehnte, den Verpflichtungen nachzukommen, die unter dem Regime des Zaren eingegangen worden waren.[21] Die Menschenverluste und die Kriegszerstörungen insbesondere im Norden und Osten Frankreichs waren gewaltig. Hinzu kam die drückende Schuldenlast gegenüber den USA,[22] die auf Rückzahlung bestanden und sich weigerten, die Schulden als Ausdruck der gemeinsamen Kriegsführung zu erlassen. Großbritannien kannte derartige Zerstörungen nicht, hatte aber ebenfalls große Teile seines Auslandsvermögens für die eigene Kriegsführung und die Unterstützung der Alliierten mobilisieren müssen. Auch war die Verschuldung in den USA, für die die gleiche Rückzahlungsverpflichtung wie für Frankreich bestand, beträchtlich, doch war sie immer noch geringer als die Forderungen, die Großbritannien selbst an seine europäischen Schuldner stellte.

Die Kräfteverhältnisse der Vorkriegszeit aber hatten sich damit radikal gewandelt. Waren die USA vor 1914 der größte Schuldner gewesen und hatten ihre eigene wirtschaftliche Modernisierung vor allem mit europäischem Kapital finanziert, war das Land nun weit vor Großbritannien der größte Gläubiger, wohingegen Großbritannien entscheidend geschwächt und alle anderen Siegerstaaten zu Schuldnern geworden waren – von dem um sein Auslandsvermögen gebrachten Deutschen Reich, das zudem nach dem Krieg erhebliche Reparationsforderungen zu erwarten hatte, ganz zu schweigen. Wie in einer derartigen Konstellation eine einigermaßen funktionsfähige globale Ordnung geschaffen werden konnte, war völlig unklar.[23]

KRIEGSENDE UND VERSAILLER VERTRAG

Der Versailler Vertrag, um den die wirtschaftshistorische Debatte nie verstummt ist, stellte die internationalen Beziehungen letztlich unter das Vorzeichen einer Fortsetzung des Krieges mit wirtschaftlichen Mitteln.[24] Niemand hat das klarer gesehen als der britische Ökonom und Politiker John Maynard Keynes in seiner 1919 veröffentlichten Schrift «Die wirtschaftlichen Folgen des Friedensvertrages». Dabei tat Keynes nichts anderes, als die simple Lehre der Vorkriegszeit zu betonen, dass nur eine einigermaßen reibungslose grenzüberschreitende Wirtschaftskooperation die

Staaten in die Lage versetzen würde, jene Überschüsse zu erwirtschaften, die zur Bewältigung der Kriegsfolgen nötig waren.[25] Zunächst bestand die Hoffnung, das Vierzehn-Punkte-Programm des amerikanischen Präsidenten Woodrow Wilson, das auf dem Selbstbestimmungsrecht der Völker beruhte und eine gleichberechtigte internationale Zusammenarbeit ermöglichen sollte, würde bei den Friedensverhandlungen, die seit dem Frühjahr 1919 stattfanden, maßgeblich sein. Das Deutsche Reich hatte bei seinem Waffenstillstandsersuchen darauf gehofft, doch stellte sich nur kurze Zeit später heraus, dass das mit der machtpolitischen Realität wenig zu tun hatte.

Wilson wurde rasch enttäuscht, was er wohl auch seiner Predigernatur zu verdanken hatte, die den harten Positionen etwa der französischen oder der italienischen Delegation nun gar nicht entsprach.[26] Das amerikanische Vorhaben, Europa eine Art gleichberechtigten Frieden vorzuschreiben, den die USA aber weder garantierten noch wirtschaftlich unterstützten, war völlig illusorisch, da auf diese Art die französische Sorge, von einer zügig wiedererstarkenden deutschen Wirtschaft über kurz oder lang dominiert und mit Revanchegelüsten konfrontiert zu werden, keineswegs bekämpft werden konnte.[27] Auch die italienische Delegation hatte ein massives Interesse, einen großen Anteil am Kuchen zu bekommen. Vor allem der Wunsch, große Gebiete an der östlichen Adriaküste zu annektieren, scheiterte an dem Interesse der großen Mächte, mit einem möglichst starken Jugoslawien ein wirksames Gegengewicht gegen den deutschen und österreichischen Einfluss in Südosteuropa zu schaffen. Daher sah sich Italien um den Sieg betrogen und zog sich auf die strikte Vertretung eigener Interessen zurück – ganz nach der Devise «vittoria mutilata, sacro egoismo» («verstümmelter Sieg, heiliger Egoismus»).[28]

Der Repräsentant Großbritanniens auf der Pariser Friedenskonferenz, David Lloyd George, hatte zwar ein Interesse an einer tragfähigen Regelung der zukünftigen europäischen Wirtschaftsbeziehungen, sah sich aber erheblichem innenpolitischen Druck ausgesetzt, gegenüber Deutschland nicht zu nachgiebig zu sein. Da zudem die USA trotz aller wohlwollenden Rhetorik daran festhielten, dass die europäischen Staaten ihre Kriegsschulden zurückzahlen mussten, waren die Chancen, zu einer vernünftigen Lösung zu kommen, denkbar gering. In dieser Konstellation war ein harter Frieden, in dem Deutschland faktisch die gesamten Kriegsfolgekosten aufgebürdet wurden, der kleinste gemeinsame Nenner. Und so wurde Deutschland, das bereits mit dem Waffenstillstandsvertrag zu erheblichen materiellen Leistungen verpflichtet worden war, im Versailler Vertrag nicht nur durch die Kriegsschuldklausel gedemütigt, sondern überdies zu umfangreichen Reparationsleistungen verpflichtet. Zu den Gebietsverlusten gegenüber Frankreich, Belgien, Dänemark und Polen kam 1921 noch die Teilung Oberschlesiens hinzu, dessen industriell wertvoller Teil trotz einer Volksabstimmung zugunsten des Verbleibs bei Deutschland an Polen übergeben wurde. Die gesamte Handelsflotte ging ebenso verloren. Des Weiteren kam es zu Zwangsexporten, unter anderem von Kohle und Farbstoffen, die auf das Reparationskonto verrechnet wurden.[29] Die Gesamtsumme der geforderten und schließlich mit dem Londoner Ultimatum zumindest auf dem Papier auch durchgesetzten Zahlungen entsprach mit 132 Milliarden Goldmark etwa dem zweieinhalbfachen Wert des Vorkriegssozialprodukts und lag in der Nachkriegszeit angesichts der Schwäche der deutschen Wirtschaft sogar noch höher.

Bei den Reparationszahlungen handelte es sich um Forderungen von Direktzahlung in Gold oder Devisen. Überdies war über ein Fünftel der Exporterträge abzugeben.[30] Über die Höhe der Reparationsforderungen konnte man sich angesichts der gewaltigen Kriegszerstörungen füglich streiten; dies war jedoch gar nicht das Problem, auch wenn die deutsche Seite hierin einen moralisch unhaltbaren Diktatfrieden sah und die Forderungen allein deshalb zurückwies. Schließlich wurde beim Ende der Reparationszahlungen auch nur eine sehr viel geringere Summe wirklich geleisteter Zahlungen ermittelt, und die Tatsache, dass dem Verlierer eines Krieges die Kosten aufgebürdet wurden, war durchaus üblich.[31] Deutschland hatte Frankreich 1871 ebenfalls erhebliche Kriegskontributionen zahlen lassen. Die Frage war vielmehr, wie das verarmte und um sein Auslandsvermögen gebrachte Deutschland die großen Mengen an Gold und Devisen aufbringen sollte, wo doch das Land gleichzeitig im internationalen Handel diskriminiert und von wichtigen Exportmärkten ferngehalten wurde. Zudem fixierte der Versailler Vertrag eben nicht nur die zunächst nicht einmal bezifferte Reparationssumme; er legte zugleich bis 1925 den Verlust der handelspolitischen Souveränität des Deutschen Reiches fest, das bis dahin über seine Westgrenze de facto keine Zollkontrolle ausüben konnte.

Obwohl im Kontext der Inflation zunächst noch erhebliche Exportleistungen – faktisch zu Dumpingpreisen – erzielt wurden, die rasch auf Abwehrmaßnahmen vieler Länder stießen, verlor Deutschland in den 1920er Jahren im internationalen Handel erheblich an Marktanteilen. 1913 hatte Deutschland mit gut 13 Prozent noch einen fast so hohen Anteil am Weltexport wie Großbritannien (14 Prozent) und lag deutlich vor Frankreich (7,3 Prozent). 1925 war das Land mit 7,1 Prozent nicht nur weit hinter Großbritannien (12,1 Prozent) zurückgefallen, sondern selbst hinter Frankreich (7,2 Prozent).[32] Da zugleich nach dem Ende der Inflation die deutsche Handelsbilanz ins Negative drehte und bis 1929 ein Defizit von knapp acht Milliarden Reichsmark entstand, trat genau das ein, was Keynes bereits 1919 beklagt hatte: Deutschland sollte zahlen, obwohl es die hierfür nötigen Devisen gar nicht erwirtschaften konnte.[33] Letzteres war jedoch eines der Ziele des Versailler Vertrages: das Land zur Zahlung zu verpflichten, ohne ihm einen wirtschaftlichen Aufschwung durch gleichberechtigte Teilnahme an der Weltwirtschaft zuzugestehen. Es sollte die Kriegsschuld letztlich aus der Substanz begleichen, mithin an Wirtschaftskraft und Leistungsfähigkeit verlieren. Frankreich sollte dadurch die Möglichkeit bekommen, nicht nur die eigenen Kriegsschäden zu begleichen und den Haushalt zu sanieren, sondern auch die als schmerzhaft empfundene Produktivitätslücke gegenüber Deutschland zumindest zu verringern.[34]

DAS SCHEITERN DER ORDNUNGSVERSUCHE

Diese Konstellation, die das Ergebnis der bewussten Entscheidung für den Wirtschaftskrieg war, wie sie 1919 in Versailles fiel, hatte in vielerlei Hinsicht fatale Folgen.[35] Das betraf nicht nur den zunehmend kompetitiven Charakter des internationalen Handels, denn deutsche Unternehmen suchten ihre Verdrängung von wichtigen westlichen Märkten durch eine verstärkte Expansion etwa in Lateinamerika, Südasien oder China, schließlich auch in der Sowjetunion auszugleichen, wo der Wettbewerb schärfer wurde und Unternehmen aus alliierten Staaten an Marktanteilen verloren. Deutsche Exporte, die 1924 einen Tiefpunkt erreicht hatten, stiegen in den kommenden Jahren auch deutlich an, ohne freilich das Handelsbilanzdefizit vor der Weltwirtschaftskrise wirklich senken zu können.[36]

Mit dem Dawes-Plan von 1924, mit dem die deutschen Reparationszahlungen von jährlich einer Milliarde Goldmark mit bald steigender Tendenz vorläufig geregelt wurden, kehrte Deutschland wie zahlreiche andere Staaten auch in den Goldstandard der Vorkriegszeit zurück, der unter anderem im Interesse Großbritanniens rekonstruiert worden war, das nur so glaubte, den Londoner Finanzplatz behaupten zu können.[37] Dafür sprach sicher manches – schwierig war jedoch, dass die Rückkehr nur zur Vorkriegsparität möglich war, um eine ansonsten fällige Aufwertung der Reparationsschulden zu vermeiden. Eine verschlechterte Parität, also eine Abwertung der Mark und damit eine Erleichterung der Exporte, hätte vielleicht Vorteile bei der Erwirtschaftung von Devisen gebracht, doch wäre dieser Effekt durch die Aufwertung der Auslandsschuld mehr als kompensiert worden. Man hätte schlicht eine sehr viel höhere Wirtschaftsleistung aufbringen müssen, um im Gegenzug Gold, Dollar oder Pfund zu erhalten.

Das zwang die Reichsbank im Interesse der Stellung der Reichsmark im Goldstandard, das deutsche Zinsniveau hochzuhalten, ganz ähnlich wie das gleichzeitig in Großbritannien der Fall war.[38] Denn so konnte man zumindest wieder Devisen, also Kapital in ausländischer Währung, nach Deutschland ziehen, das man angesichts des Handelsbilanzdefizits verlor. In der Tat gelang das auch: Einem kumulierten Leistungsbilanzdefizit zwischen 1924 und 1929 in Höhe von 6,2 Milliarden Reichsmark standen Kapitalzuflüsse im gleichen Zeitraum von 16,88 Milliarden Reichsmark gegenüber, mit denen das Defizit ausgeglichen und zusätzlich Reparationsleistungen von etwa 8,4 Milliarden Reichsmark geleistet werden konnten.[39] Die von Versailles geschaffene und im Dawes-Plan fixierte Konstellation bewirkte, dass Deutschland seinen Zahlungsverpflichtungen allein durch Verschuldung nachkommen konnte, und um diese Kapitalströme zu ermöglichen, sein Zinsniveau hochhalten musste, damit es insbesondere für amerikanische Geldgeber ein lukratives Ziel war und blieb. Solange die Gelder flossen, schien das alles sinnvoll, doch die Höhe der Verschuldung war eine Art Menetekel für die Weltwirtschaft, denn sollten die amerikanischen Geldströme nach Europa abreißen, musste es zu einer gefährlichen Unwucht im globalen Finanz- und Währungssystem kommen. Erst recht ließ die Struktur dieser Verschuldung nichts Gutes erwarten, da die Kapitalzuflüsse nicht nur schlagartig aufhören, sondern auch die bereits gegebenen Kredite, die überwiegend aus kurzfristigen Geldmarktkrediten bestanden, kurzfristig zurückgezogen werden konnten, was der Schweizer Bankier Felix Somary in der zweiten Hälfte der 1920er Jahre wieder und wieder betonte.[40]

Das gegenseitige Misstrauen, die verbreiteten Handelsbeschränkungen, vor allem aber der Rückzug der USA hinter weiter erhöhte Zollmauern zu Beginn der 1920er Jahre ließen zahlreiche Länder mit Leistungsbilanzdefiziten kämpfen, die sie nur durch Kapitalimport ausgleichen konnten.[41] Auch das Problem der internationalen Kriegsschulden war zutiefst mit dieser Konstellation verschränkt, da ein regelrechtes Schuldenkarussell entstand, das von der Zinsdifferenz zwischen den USA und einzelnen Ländern Europas lebte: Amerikanische Geldgeber gaben Dollarkredite an Deutschland, das mit diesen seine Reparationsraten etwa gegenüber Frankreich und Großbritannien beglich, die so wiederum, ganz oder zum Teil, ihre Kriegsschulden in den USA bezahlten, woraufhin das Geld wiederum für potenzielle Kredite in Europa zur Verfügung stand.[42] Der Dawes-Plan, der dem Deutschen Reich, das seine Reparationsverpflichtungen akzeptierte, wieder Zugang zu den internationalen Kapitalmärkten verschaffte, konstituierte diesen Schuldenkreislauf, der im Übrigen nicht von der amerikanischen Regierung, sondern von dortigen Privatbanken getragen wurde. Im Dawes-Plan war immerhin ein Währungsschutz vorgesehen, das heißt, der alliierte Reparationsagent hatte vor der Zahlung der Reparationen deren Auswirkung auf die Stabilität der deutschen Währung zu prüfen. Damit war eine gewisse Sicherheit gegen eine Eskalation des Schuldenproblems gegeben, die mit dem Young-Plan von 1929, mit dem die Reparationsschuld endgültig fixiert wurde, allerdings wegfiel.[43] Im Grunde etablierte der Young-Plan so einen letztlich privatwirtschaftlich getragenen Schuldenmechanismus, der damit notwendigerweise auch fragiler wurde.

Sollte dieses Karussell zusammenbrechen, was sich schon 1929 abzeichnete, als zunächst die amerikanische Regierung aus Angst vor Goldabflüssen die Kreditvergabe nach Europa begrenzte, war der Weg in den Abgrund offen. Denn es blieb nicht bei der Begrenzung der Kreditlinie: Mit dem Ausbruch der großen Bankenkrise in Deutschland 1931 zogen amerikanische Anleger schlagartig große Teile der Kredite zurück und brachten im Sommer desselben Jahres das Deutsche Reich nach erheblichen Devisenverlusten an den Rand der Zahlungsunfähigkeit, die die Reichsregierung wiederum nur durch Einführung der Devisenzwangswirtschaft vermeiden konnte.[44] Die Weigerung Deutschlands, weitere Devisenabflüsse zuzulassen, setzte eine Eskalation in Gang, denn die Gläubiger, die nun ihr Kapital aus Deutschland nicht mehr herausbekommen konnten, wandten sich nach Großbritannien, das nach massiven Devisenabflüssen im September 1931 geradezu panisch den Goldstandard aufgab, das Pfund drastisch abwertete und sich 1932 hinter hohe Schutzzölle, den sogenannten «Imperial Preferences» zurückzog, die das Empire und Commonwealth aus der Weltwirtschaft herauslösten.[45]

Der Goldstandard als noch verbindendes Moment der Weltwirtschaft war damit infrage gestellt. Als ihn auch die USA unter ihrem neuen Präsidenten Franklin D. Roosevelt, der Ende 1932 gewählt worden war, suspendierten, war die Weltwirtschaft und das bis dahin dominante Währungssystem, an dem von den großen Staaten allein Frankreich noch bis 1936 festhielt, faktisch am Ende. Dies war keine zwangsläufige Folge der durch den Versailler Vertrag konstituierten Wirtschaftskriegskonstellation, doch hatte diese allen Versuchen erheblich geschadet, in den 1920er Jahren eine wie auch immer geartete Ordnung zu schaffen, die als stabiler Rahmen der weltweiten Arbeitsteilung hätte dienen können. Diese Ordnungsversuche – Rekonstruktion des Goldstandards, Weltwirtschaftskonferenz,[46] Regeln des Völkerbundes – waren einerseits zu schwach, um im Rahmen von Krisen wirklich verbindlich zu sein, andererseits aber auch nicht umfassend und vollständig genug, um den Wirtschaftsaustausch zu bestimmen. Vor allem der Goldstandard begrenzte zwar das Handeln auf eigene Faust, doch waren es gerade diese Restriktionen der Handlungsmöglichkeiten, die den Goldstandard schließlich zu Fall brachten. Keynes hatte in seiner Polemik «The Economic Consequences of Mr. Churchill»[47] aus dem Jahr 1925 darauf hingewiesen. Die Aufrechterhaltung der Paritäten im Goldstandard zwang devisenschwache Länder, zumal solche mit Leistungsbilanzdefiziten, dazu, ihre wirtschaftspolitischen Aktivitäten zu begrenzen, da entweder keine Spielräume für Geldmengenausweitungen existierten, oder diese nur durch Kapitalimport möglich waren, was wiederum hohe, letztlich restriktive Zinssätze bedeutete. Den Ländern im Goldstandard waren damit besonders in Krisensituationen die Hände gebunden; nicht ohne Grund ist zuweilen von «goldenen Fesseln» die Rede.[48] Die Frage, ob die Aufgabe des Goldstandards oder eine Liberalisierung des Welthandels im Rahmen des Goldstandards der Ausweg waren, war damit nicht geklärt, doch wurde sie durch das geradezu auf Dauer gestellte Misstrauen infolge von Versailles im Prinzip frühzeitig beantwortet.[49]

Dass niemand einen liberalen Welthandel wollte, von dem möglicherweise die Falschen profitierten, führte dazu, dass in der Weltwirtschaftskrise mit dem Goldstandard auch der Welthandel unter die Räder kam. Hatte dieser zumindest zeitweilig noch die Kriseneskalation gebremst, so war es spätestens 1931 damit vorbei. Der zusammenbrechende Welthandel wurde zum fulminanten Krisenfaktor, zusätzlich verstärkt durch die erneute Zollerhöhung, die die USA bereits 1930 mit dem Smoot-Hawley Tariff Act vorgenommen hatten.[50] Aus einer von Misstrauen und nur schlecht verborgenen Feindseligkeiten beherrschten Kooperation wurde in der Weltwirtschaftskrise ein völlig unkoordinierter Wettlauf nach dem Motto «Rette sich, wer kann» – mit allen Mitteln, vor allem solchen, die bereits die Zeitgenossen als Politik des «Beggar-thy-Neighbour» (wörtlich: «Mach deinen Nachbarn zum Bettler») bezeichnet hatten.[51]

Die Weltwirtschaft zerfiel nicht nur vom Volumen her, sie zersplitterte jetzt auch zusehends in beherrschbare und berechenbare Einflusszonen. Durch die Kooperation Großbritanniens mit Partnern im sogenannten Sterlingblock – darunter etwa die Kolonien,

Neuseeland, Ägypten, Schweden oder Norwegen – stiegen seit 1929 die Importe aus diesem Block von 32 auf knapp 45 Prozent, die Exporte von etwa 52 auf 62 Prozent. Einen derartigen Rückzug auf sich selbst fand man, wenn auch auf unterschiedlichem Niveau, ebenso in Frankreich, Italien oder Japan; allein im deutschen Fall war dieses Muster wenig ausgeprägt, da sich hier die Import- und Exportquoten, bezogen auf die Präferenzgebiete in Südosteuropa und Lateinamerika, zwar deutlich erhöhten, aber immer unter 25 Prozent blieben.[52]

DER ABSTURZ

Durch die Fortsetzung der Kriegshandlungen mit wirtschaftlichen Mitteln gelang es nach dem Ende des Ersten Weltkrieges nicht, eine Weltwirtschaftsordnung aufzubauen, die es auch nur annähernd mit der Pax Britannica aus der Zeit vor dem Krieg hätte aufnehmen können. Die Gründe des Scheiterns sind vielfältig – nicht zuletzt die Weigerung der USA, eine konstruktive Rolle zu übernehmen, weil sie weder den Versailler Vertrag ratifizierten noch dem Völkerbund beitraten, sondern sich trotz enormer Kriegsgewinne rasch wieder hinter hohe Zollmauern zurückzogen, trug erheblich dazu bei, dass es vor allem im europäischen Raum zu keiner tragfähigen Ordnung kam. Stattdessen fand man sich in einer Art Misstrauensorganisation wieder, die es über erzwungenes Wohlverhalten, wie im Fall Deutschlands, und über mehr schlecht als recht funktionierende Ordnungselemente wie den Goldstandard, die an echten Krisenherausforderungen scheiterten, nicht hinausbrachte. Russland, vor 1914 wesentlicher Teil der europäischen Weltwirtschaft, schied 1917 zunächst ganz aus der Arbeitsteilung aus und kam erst zu Beginn der 1920er Jahre in einer Außenseiterrolle zurück, da sich die Westmächte weigerten, mit einer Regierung zu kooperieren, die die russischen Vorkriegsschulden, die vor allem in Frankreich erheblich waren, nicht anerkannte.[53] Als Deutschland mit dem Vertrag von Rapallo 1922 diesen ökonomischen Cordon sanitaire durchbrach, wurde dies, wie erwähnt, wiederum von den Westmächten als feindseliger Akt interpretiert, der das Misstrauen nur erhöhte.[54] Die zukünftige Rolle der Sowjetunion in der internationalen Ordnung war aber nur eines der ungelösten Probleme, die über kurz oder lang zu spürbaren politischen und ökonomischen Rivalitäten führen mussten.

Viel folgenreicher noch waren die Gewichtsverschiebungen im Pazifik, namentlich durch den Aufstieg Japans, das weit vor den USA die stärkste industrielle Entwicklung seit dem Krieg durchgemacht hatte.[55] 1922 waren zwar sowohl die Flottenrivalitäten im Washingtoner Abkommen pazifiziert als auch im sogenannten Neun-Mächte-Vertrag die handelspolitische Gleichbehandlung Chinas und die Achtung seiner Integrität festgelegt worden. Doch die wirtschaftliche Expansion des rohstoffarmen Inselstaats Japan, vor allem seine negative Handelsbilanz und die starke Abhängigkeit von Lieferungen aus den USA und China, ließ einen baldigen Versuch erwarten, diese Abhängigkeiten zu mindern oder mindestens zu kontrollieren. Lange Zeit verfolgte die japanische Regierung eine Politik, die Verträge achtete und auf Kooperation setzte. Als jedoch in der Weltwirtschaftskrise die ökonomischen Probleme Japans eskalierten – besonders die Exporte halbierten sich praktisch zwischen 1929 und 1931[56] – und die Militärs die politische Macht übernahmen, kam es schlagartig zu einer aggressiven Wende in der Außenpolitik.

1931 besetzte Japan unter einem konstruierten Vorwand Teile der Mandschurei und errichtete dort den Satellitenstaat Mandschukuo. Zu einer militärischen Reaktion nicht in der Lage, verhängte die chinesische Regierung einen Handelsboykott, der die japanischen Exporte nach China einbrechen ließ. Die daraufhin verschärfte Aggression gegenüber China, eine erste Bombardierung Shanghais sowie die Ausdehnung des japanischen Einflussbereichs in Nordostchina, war so heftig, dass die chinesische Regierung den Handelsboykott beendete, was das japanische Vorgehen aber kaum milderte.[57] Die Besetzung und damit der offene Bruch mit den Verträgen aus den 1920er Jahren stieß auf die heftige Kritik des Völkerbundes, aus dem Japan kurzerhand austrat. Effektive Mittel, um die militärische Operation Japans in China zu sanktionieren, besaß er allerdings nicht. Erst nach dem offiziellen Ausbruch des Japanisch-Chinesischen Krieges 1937 und dem brutalen Vorgehen Japans vor allem bei der Eroberung von Nanking reagierten die USA, Großbritannien und die britischen und niederländischen Kolonialregierungen in Malaysia und Indonesien, indem sie ein Handelsverbot mit Japan verhängten und die Öllieferungen beendeten. Japan verlor dadurch etwa drei Viertel seines Exportvolumens; seine Öleinfuhren kamen weitgehend zum Stillstand.[58]

Der Krieg Japans gegen China hatte eine Art Sanktionsmechanismus ausgelöst, der auf eine wirtschaftliche Strafe für den Verstoß gegen Regeln und Verträge hinauslief, moralisch zusätzlich gerechtfertigt durch die Gräuel, die die japanische Armee in Nanking verübt hatte und deren Bilder bald in den Wochenschauen weltweit verbreitet wurden. Diese Art der Sanktionierung erfolgte hier zwar nicht zum ersten Mal, jedoch zeichnete sich eine Tendenz ab, die von da an immer öfter eine Rolle spielte: die Sanktion nicht als Werkzeug der wirtschaftlichen Konkurrenz zu einem anderen Staat, sondern als Strafe für Vergehen und als Mittel, regelkonformes Verhalten zu erzwingen. Der erste, jedenfalls der maßgebliche Fall war der in Versailles beschlossene Wirtschaftskrieg gegen Deutschland, der mit Deutschlands unterstellter Kriegsschuld moralisch gerechtfertigt und von den Siegermächten vermeintlich legitim sanktioniert werden konnte.

Die Frage der Regelkonformität setzt akzeptierte Regeln hingegen ebenso voraus, wie sie einen Akteur verlangt, der als legitimer Vollstrecker von Sanktionen zur Durchsetzung dieser Regeln auftreten kann – dass dies gegeben war, hatte die deutsche Seite nach 1919 freilich eher hilflos bestritten. Mit dem Schuldparagrafen des Versailler Vertrages war nun dem Wirtschaftskrieg ein weites Feld eröffnet, gerade wenn es Regeln wie die des Völkerbundes und des Kriegsvölkerrechtes gab, deren Akzeptanz zumeist zugesagt worden war. Die Ursachen der Sanktionen, dieser Maßnahmen des Wirtschaftskrieges, waren nunmehr zumindest nach außen hin juristisch, politisch und moralisch definiert, auch wenn es angesichts der Schwäche des Völkerbundes weiterhin dabei blieb, dass die Legitimität solcher Maßnahmen bestritten wurde, diese gar als Schritt zum offenen Krieg angesehen werden konnten. So war es jedenfalls im Pazifik, wo die Sanktionen keine Deeskalation herbeiführten. In Europa hatte man bereits früher ähnliche Sanktionen vollstreckt, nachdem Italien 1935 das Völkerbundsmitglied Abessinien angegriffen und mit einem brutalen Krieg überzogen hatte. Die gegen Italien verhängten Sanktionen, unter anderem im Bereich Erdöl, Stahl und Kohle, hätten das rohstoffarme Land schwer treffen können, bewirkten aber wenig, da sie im Völkerbund umstritten waren und nur halbherzig durchgeführt wurden.[59]

Indes war die Zeit der Wirtschaftskriege, die unterhalb der Schwelle des offenen Krieges blieben, ohnehin abgelaufen. Der Versuch, durch ihren Einsatz bei der Disziplinierung feindlicher Mächte eine neue Ordnung zu schaffen, war in der Zwischenkriegszeit gescheitert; zu sehr waren die Ordnungsentwürfe zumindest in den Augen der Verlierer Gewaltakte, die nach Möglichkeit so schnell wie möglich zu revidieren waren. Auf diese strukturlose Zeit folgte keine neue Ordnung, sondern das Zeitalter der totalen Kriege, in dem wirtschaftliche Kriegsmaßnahmen zwar eine große, aber kaum noch eine eigenständige Rolle spielten. Die Frage der Schaffung eines Rahmens für den internationalen Austausch war jetzt keine Frage von Nutzen oder Zwang mehr, sondern eine der militärischen Vernichtung jeden Widerstandes. Im Fall Deutschlands und Japans gelang dies durch den totalen Sieg der Alliierten, der diese beiden Störfaktoren weitgehend ausschaltete – freilich um den Preis, dass sich mit dem Aufstieg der Sowjetunion bereits neue Konflikte abzeichneten, als die alten gerade überwunden schienen.

KAPITEL 9

WIEDERAUFSTIEG: PAX AMERICANA – EINE ZEIT OHNE WIRTSCHAFTSKRIEGE?

PHÖNIX AUS DER ASCHE

Kaum ein Betrachter hätte es für möglich gehalten: Inmitten des weitgehenden Zerfalls der weltwirtschaftlichen Kooperation, der Zerstörung Europas und großer Teile Asiens sowie der Auflösung staatlicher Strukturen in vielen Ländern, die am Zweiten Weltkrieg beteiligt waren, schlug zugleich die Stunde einer neuen Ordnung. Für das nächste halbe Jahrhundert sollte sie die internationale Kooperation bei einer Minimierung klassischer Wirtschafts- und Handelskriege zu einer Ära der Blüte führen, die zu Recht mit dem Begriff der Globalisierung gefasst wurde. Dies war kein widerspruchsfreier Prozess und kannte keineswegs nur Gewinner oder Nutznießer; vor allem in der letzten Phase seit der Jahrtausendwende nahm die Kritik stark zu, da nicht nur der internationale Austausch zunahm, sondern auch die bekannten herkömmlichen Lebenswelten immer mehr bedroht erschienen oder ganz verschwanden. Doch an den offenkundigen ökonomischen, sozialen und ökologischen Kosten scheiterte der Prozess der Globalisierung nicht. Denn nicht allein deren Kritiker – Organisationen wie Attac oder die von der weltweiten Zunahme der Konkurrenz bedrohten Regionen – gaben den Ausschlag, dass mit dem Transatlantischen Freihandelsabkommen TTIP (Transatlantic Trade and Investment Partnership), das von 2013 bis 2016 zwischen Europa und den USA verhandelt wurde, bevor Donald Trump während seiner ersten Präsidentschaft die Verhandlungen abbrach, schließlich ein Schlussstein des Globalisierungsprozesses scheiterte.[1] Nein, die letztliche Rückkehr zu einer Zeit der Handels- und Wirtschaftskriege, die sich bereits in der Regierungszeit von Barack Obama abgezeichnet hatte und dann mit Donald Trumps Initiativen gegen China offenkundig wurde, war auch das Werk jener Macht, die zuvor über Jahrzehnte die internationale Ordnung, im Zweifelsfall auch mit robusten Mitteln, stabilisiert hatte: der USA.[2] Ähnlich wie Großbritannien in der Schlussphase der Pax Britannica machten nun die USA die Erfahrung, dass sie über Jahrzehnte zu teilweise horrenden Kosten eine Ordnung stabilisiert hatten, deren Nutznießer sie selbst nicht an erster Stelle waren.[3] Das war an sich keine neue Erscheinung: Schon in den 1950er Jahren hatte sich das Wirtschaftswachstum in anderen Staaten rascher entwickelt als in den USA, doch hatten in diesem Fall weder Japan noch die Bundesrepublik Deutschland das ökonomische Potenzial oder den politischen Willen gehabt, die Hegemonialmacht USA, die in gewisser Hinsicht auch der Garant ihres eigenen Aufstiegs waren, grundsätzlich infrage zu stellen.[4]

Als 1991 der einzige politisch – nicht wirtschaftlich – ernst zu nehmende Konkurrent, die Sowjetunion und ihr «Imperium», unterging, gab es laute Stimmen, in der Dominanz der USA so etwas wie einen Endpunkt der Geschichte zu erkennen[5] – doch das war gerade nicht der Fall. Denn die Globalisierung und die Liberalisierung, ja die Öffnung der internationalen Wirtschaftsbeziehungen, waren genau der Rahmen, den die chinesische Wirtschaft benötigte, um sich nach den Reformen Deng Xiaopings entfalten zu können, der seit den 1980er Jahren das chinesische Planwirtschaftssystem zunächst von unten her gelockert und dabei in erheblichem Maße auf private Initiative gesetzt hatte. Die rasante Ausweitung des chinesischen Angebots für die Weltwirtschaft, die mit der Zulassung kapitalistischer Momente der wirtschaftlichen Produktion verbunden war, erschien zunächst nicht bedrohlich, sondern wegen der Bereitschaft des Landes, die Welt an seinen niedrigen Arbeitskosten teilhaben zu lassen, sogar vorteilhaft. Erst relativ spät wurde klar, dass China keineswegs die verlängerte Werkbank des westlichen Kapitalismus werden würde, sondern eigene Ordnungsvorstellungen verfolgte, in denen die USA nicht mehr das Zentrum, sondern bestenfalls ein Zentrum unter mehreren sein würden.[6]

Die Konstellation schlug um von Kooperation zu Konfrontation. Zwar waren die Vorteile der Kooperation weiterhin offenkundig, und sie wurde auch nicht abrupt beendet, doch ihre Dynamik musste neu justiert werden. «Make America Great Again» – der Wahlkampfslogan von Donald Trump – bringt auf den Punkt, was auch frühere amerikanische Regierungen versucht hatten: die Dominanz der USA zu erhalten beziehungsweise wiederherzustellen, und sei es um den Preis, in eine Ära der Wirtschaftskriege zurückzukehren. Zur Zeit der Grundlegung der Pax Americana war dies noch völlig anders gewesen.

DIE GRUNDLEGUNG DER AMERIKANISCHEN ORDNUNG

Im Sommer 1944 kam es in Bretton Woods, einem kleinen Kurort in New Hampshire, zu einem Treffen von welthistorischer Bedeutung, zumindest was die Zukunft der Weltwirtschaft anging. Hier versammelten sich Vertreter von vierundvierzig Staaten der sogenannten Anti-Hitler-Koalition, um über die globale Struktur der Wirtschaft nach dem absehbaren Ende des Zweiten Weltkrieges zu sprechen. Es war zu erwarten, dass Japan und Deutschland den Krieg verlieren würden. Aus amerikanischer Sicht war es dringend nötig, sich Gedanken über die zukünftige Funktionsfähigkeit der internationalen Arbeitsteilung zu machen, denn der faktische Wirtschaftskrieg der Zwischenkriegszeit, insbesondere seine Eskalation in der Weltwirtschaftskrise, hatte trotz der großen Hoffnungen in die nationalen Strategien unter Franklin D. Roosevelt («New Deal») nicht zu den gewünschten Ergebnissen geführt. Wirklich überwunden wurde die Weltwirtschaftskrise in den USA erst mit dem Krieg. Er brachte nicht nur einen allgemeinen Anschub der Wirtschaft durch die Hochrüstung mit sich, er machte mehr noch die amerikanische Industrie zum Hauptlieferanten für Rüstungs- und andere Güter im Rahmen der Anti-Hitler-Koalition.[7]

Die amerikanische Wirtschaft wuchs nicht nur, sie war jetzt auch viel stärker international eingebunden als zuvor. Dass die Strategie des nationalen Alleingangs, ja der Abschottung, den erhofften Aufschwung nicht brachte, hatten schon die dreißiger Jahre gezeigt, als die Wirtschaft sich trotz umfassender Eingriffe der Regierung nur schleppend und unter Rückschlägen aus der Weltwirtschaftskrise herauskämpfte.[8] Nun bei Kriegsende waren die USA offenkundig auf eine funktionierende internationale Arbeitsteilung angewiesen. Auf das Land allein entfiel 1947 fast die Hälfte der globalen Industrieproduktion.[9] Sein Anteil am internationalen Handel war entsprechend gestiegen, und die USA trugen zu den globalen Exporten 1950 knapp ein Fünftel bei, was sicher eng mit dem weitgehenden Ausfall von Deutschland und Japan zusammenhing, aber die Bedeutung des amerikanischen Exports in diesen Jahren umso mehr hervorhebt.[10] Zwar hatten Exporte für die Wirtschaft weiterhin eine relativ geringe Bedeutung, doch die Scharnierfunktion der USA für die Weltwirtschaft war offensichtlich.[11] Dass das Land ein Interesse daran hatte, in Bretton Woods eine zukunftsfähige Weltwirtschaft wiederherzustellen, lag daher ebenso auf der Hand wie das Gewicht der USA bei der Festlegung der entsprechenden Regeln.

Das erklärte Ziel war, zukünftige Wirtschaftskriege, deren negative Folgen mittlerweile unbestreitbar waren, auszuschließen. Die sich in Bretton Woods abzeichnende Pax Americana war somit ein bewusstes Vorgehen gegen restriktives Verhalten im internationalen Handel. Die amerikanische Führungsrolle war dabei zunächst keineswegs gegen die Sowjetunion gerichtet: Der amerikanische Chefunterhändler Harry Dexter White, ein enger Mitarbeiter des Finanzministers Henry Morgenthau, dessen Pläne für das besiegte Deutschland er unterstützte und teilweise selbst entworfen hatte,[12] war vielmehr stark daran interessiert, die Sowjetunion einzubeziehen. Er sah weniger in ihr als in der von John Maynard Keynes vertretenen britischen Position, die sich ein multilaterales Währungssystem vorstellte, in dem der Dollar nicht dominierte, den eigentlichen Gegner, den es zurückzudrängen galt.[13]

Der Krieg gegen Deutschland und Japan - beide wollte man auch in Zukunft kleinhalten - sollte durchaus als Wirtschaftskrieg fortgesetzt werden, und so gestalteten sich die ersten Anweisungen für die amerikanische Besatzungspolitik in Deutschland als überaus restriktiv. Die Vorstellungen des amerikanischen Finanzministers Henry Morgenthau waren zwar nie unumstritten gewesen, nach dem Krieg aber noch eine Weile dominant. In der Direktive JCS 1067 der Vereinten Stabschefs für die Besatzungspolitik in Deutschland vom April 1945 wurde die zukünftige amerikanische Militärregierung strikt angewiesen, das Land als besiegten Feindstaat zu behandeln, seine politischen und ökonomischen Strukturen zu dezentralisieren und nichts zu unternehmen, um seine Wirtschaftskraft wiederherzustellen.[14] Aufs Ganze betrachtet war das allerdings die Ausnahme. Grundsätzlich schwebten den USA, wie von der amerikanischen Delegation in Bretton Woods deutlich gemacht, ein möglichst freier, multilateraler Welthandel sowie eine Währungsordnung mit festen Wechselkursen vor, um das Abgleiten in Abwertungskämpfe und Zollkriege, wie sie nach 1918 üblich gewesen waren, zu verhindern. Die offene Frage lautete allerdings, wie ein solches Wirtschaftssystem beschaffen sein musste, um dauerhaft eine sichere Basis für eine funktionierende internationale Arbeitsteilung abzugeben. Dass ein fester Wechselkurs eine solide Verankerung in einem wertbeständigen und knappen Gut haben musste, das sich zudem politischer Manipulation entzog, war unstrittig – was jedoch sollte dieses Gut sein? Während Keynes für einen Währungskorb und die Schaffung einer Kunstwährung namens Bancor plädierte, zu der die beteiligten Währungen in ein festes Verhältnis treten sollten, setzte sich die amerikanische Seite für einen modifizierten Goldstandard ein.

Da sich zum Zeitpunkt der Konferenz von Bretton Woods ohnehin vermutlich drei Viertel der weltweiten Goldbestände in den USA befanden,[15] erschien es den Amerikanern sinnvoll, den Dollar in einem bestimmten Verhältnis an das Gold zu binden und die übrigen Währungen wiederum in einem bestimmten Kurs zum Dollar zu fixieren, wobei sie garantierten, dass sie jederzeit die in Umlauf befindlichen Dollars zur gegebenen Goldparität zurückkaufen würden. Solange sich die Vereinigten Staaten an diese Regelung hielten und die Dollarmenge nur entsprechend der Goldvorräte ausweiteten, während alle anderen Länder den Wert ihrer Währungen durch Gold- und Devisenvorräte deckten, schien das ein überaus elegantes System, das die amerikanische Delegation schließlich auch durchsetzte. Schwierigkeiten der verschiedenen Staaten, die Dollarparitäten ihrer Währungen zu halten, sah man durchaus voraus, insbesondere dort, wo größere Handelsbilanzdefizite über längere Zeiträume existierten. Was normalerweise zuerst zu Gold- und Devisenabflüssen und dann zu unkontrollierbaren Abwertungen führte, sollte in Zukunft mithilfe eines Währungsfonds verhindert werden, in den alle beteiligten Staaten einzuzahlen hatten. Dieser neue Internationale Währungsfonds (IWF) sollte Staaten im Zweifelsfall mit Krediten dabei helfen, ihre Währungen in der vereinbarten Bandbreite zum Dollar zu stabilisieren. Veränderungen der Paritäten, also Ab- oder Aufwertungen, sollte es nur als Ultima Ratio geben. Dieses raffinierte Währungssystem versprach eine funktionsfähige Alternative zum herkömmlichen Goldstandard, ohne die im Gold liegenden Stabilitätsgarantien aufzugeben. Das Wechselkursrisiko als möglicher Gegenstand von Wirtschaftskriegen schien damit ausgeschaltet.[16]

Auch der Handel sollte in Bretton Woods liberalisiert werden, vor allem durch eine sukzessive Senkung des Protektionsniveaus, die Einführung der allgemeinen Meistbegünstigung, also der Verpflichtung, Begünstigungen im Handelsverkehr allgemein zu gewähren, und durch gezielte Maßnahmen, um die Leistungsfähigkeit einzelner Staaten in der weltwirtschaftlichen Konkurrenz gezielt zu fördern. 1947 wurde von zunächst dreiundzwanzig Staaten das Allgemeine Zoll- und Handelsabkommen (GATT) geschlossen[17], mit dem man sich explizit zu den genannten Grundsätzen verpflichtete. Die bereits 1945 in Washington konstituierte Weltbank sollte genau diese Aufgaben übernehmen und zunächst die Kriegsteilnehmer gezielt unterstützen, später dann als allgemeine Entwicklungsbank agieren.[18]

Durch die Tätigkeit von IWF und Weltbank wollte man neben den erratischen Währungsschwankungen auch die unkontrollierten Verschuldungsprozesse, die schließlich maßgeblich zum Desaster der Weltwirtschaftskrise beigetragen hatten, vermeiden. Gemeinsam mit dem neuen Wechselkurssystem ergab sich so für die Jahre 1944 bis 1947 ein gänzlich neuer institutioneller Rahmen für die Weltwirtschaft. Das hier konstituierte System zur Vermeidung von (auch zufälligen) Wirtschaftskriegen und zur Stabilisierung der weltwirtschaftlichen Arbeitsteilung war vergleichsweise funktional, das Protektionsniveau sank rasant. Lagen die Einfuhrzollsätze bei Gründung des GATT durchschnittlich bei circa 22 Prozent, gingen sie in den sich anschließenden Verhandlungen (sogenannten Runden, in denen jeweils über den internationalen Handel multilateral verhandelt wurde) kontinuierlich zurück, um bis zum Ende der 1990er Jahre auf gut drei Prozent zu fallen.[19] Zugleich waren die herkömmlichen Währungskrisen und die damit verbundenen Kämpfe zwar nicht völlig befriedet, verschiedene Währungen, unter anderem die D-Mark und das Pfund Sterling mussten nach Turbulenzen auf- beziehungsweise abgewertet werden. Doch die Tragweite der Krisen war deutlich eingehegt und stellte keine Bedrohung des Wechselkursmechanismus von Bretton Woods dar, freilich um den Preis, dass es keinen freien Kapitalverkehr gab, da unkontrollierte Kapitalströme die Funktionsfähigkeit des Mechanismus bedroht hätten.[20]

Gleichwohl hatte die Pax Americana keine globale Gültigkeit, was in gewisser Weise an den Bedingungen ihres Zustandekommens lag, vor allem an der entschiedenen wirtschaftlichen Dominanz der USA, die aus der Nutzung ihrer Vormachtstellung schließlich auch kein Hehl mehr machten. In Bretton Woods hatte man sich noch offen gezeigt, und eine Teilnahme der Sowjetunion war durchaus noch vorstellbar gewesen – aus Sicht des amerikanischen Unterhändlers White, der später für sowjetische Spionage angeklagt wurde, sogar wünschenswert. Dies änderte sich jedoch mit dem Konflikt zwischen den Westmächten und der UdSSR, der sich bereits 1945 abzeichnete und seit der Truman-Doktrin von 1947, die die Eindämmung des Kommunismus zum Ziel hatte, unverhohlen geführt wurde. Nun war klar, dass eine Integration in die neuen weltwirtschaftlichen Strukturen nur bei Akzeptanz freier (sprich: kapitalistischer) Marktwirtschaftsgrundsätze möglich sein würde und amerikanische Hilfen, namentlich die Vergabe von Mitteln des Marshallplans, hieran sogar explizit gebunden sein würden. Für die Sowjetunion bedeutete eine Akzeptanz dieser Kriterien faktisch eine Unterordnung gegenüber amerikanischen Vorgaben, denn die neuen Institutionen waren deren unmittelbarer Ausdruck.[21] Im IWF ebenso wie bei der Weltbank waren die Stimmrechte an Beteiligungsquoten gebunden, wobei die USA jeweils das größte Gewicht und gemeinsam mit den unmittelbar verbündeten Mächten die ausschlaggebende Stimme besaßen. Die Sowjetunion nahm daher an den Vereinbarungen gar nicht teil, und auch ihre Satellitenstaaten Polen und Tschechoslowakei, die bereits Interesse an Geldern des Marshallplans gezeigt hatten und bestimmten Institutionen beigetreten waren, mussten jeweils 1950 und 1954 darauf verzichten und schieden aus.[22] Etwa gleichzeitig zeigte auch das amerikanische Engagement in Frankreich, in Italien oder für die Monarchisten im Griechischen Bürgerkrieg, dass die Pax Americana ihren politischen Preis hatte, für den sich bald die negative Bezeichnung «Dollarimperialismus» einbürgerte.[23] Während Formen des Wirtschaftskrieges in der nun immer öfter so genannten westlichen Welt zwar nicht völlig ausgeschlossen waren, aber doch immer seltener wurden, brandeten sie an deren Grenzen beziehungsweise dort, wo um Einflusszonen gestritten wurde, zum Teil umso heftiger auf.

DIE PAZIFIZIERUNG WESTEUROPAS

Selbst innerhalb des sich nach und nach etablierenden westlichen Lagers war keineswegs der allgemeine Wirtschaftsfrieden ausgebrochen, im Gegenteil. Die Besetzung Deutschlands war für die US-Armee kein Kampf, um das Land zu befreien, sondern um es zu unterwerfen und sein Potenzial für weitere Kriege zu zerstören. Die besagte Besatzungsdirektive vom April 1945 war unmissverständlich: Die amerikanische Militärregierung durfte keinerlei Maßnahmen ergreifen, die die deutsche Wirtschaft erhalten oder gestärkt oder gar zum wirtschaftlichen Wiederaufbau des Landes geführt hätten.[24] Das war noch ein Nachhall des Morgenthau-Plans von 1944, der vorsah, das Land so weit zu deindustrialisieren, dass es keine wirtschaftliche Basis für eine erneute deutsche Kriegführung mehr gab. Zwar wurde der Plan 1947 ganz aufgegeben, doch wirkte sein Geist in der unmittelbaren Nachkriegszeit zunächst weiter. Die britische Besatzungsmacht verfolgte einen konstruktiveren Ansatz, verfügte aber schlicht nicht über die Mittel für eine andere Politik, und die französische Besatzungsmacht betrachtete die ihr schließlich zugestandene Besatzungszone eher als Beute.[25]

Die Folge war eindeutig: Während in den meisten der am Krieg beteiligten Staaten der Wiederaufbau rasch einsetzte, verharrte die deutsche Wirtschaft in einer Art Lähmungszustand, aus dem sie sich erst nach der Lockerung der Besatzungspolitik 1947 langsam zu lösen begann.[26] Das galt auch für die mit dem Westen Deutschlands eng verknüpfte niederländische Wirtschaft, die nicht aus dem kriegsbedingten Tief kam, da ihr schlicht das deutsche Hinterland fehlte.[27] Daher wurden auch in den Niederlanden die ersten kritischen Stimmen an der restriktiven Besatzungspolitik laut, insbesondere an der französischen Haltung, den westeuropäischen Wiederaufbau bei gleichzeitiger Kleinhaltung der deutschen Wirtschaft vorantreiben zu wollen. Die niederländische Kritik war dabei keineswegs von Wohlwollen gegenüber Deutschland getragen. Sie wollte vielmehr warnen, wozu ein Wirtschaftskrieg gegen Deutschland führen konnte und wozu er in den Jahren nach dem Ersten Weltkrieg schon erheblich beigetragen hatte: zu einer massiven Selbstschädigung Westeuropas.

Der Schaden zeigte sich bereits in den ersten Nachkriegsjahren. Im Rahmen ihrer Besatzungspolitik kontrollierten die Siegermächte den deutschen Außenhandel scharf, sofern sie ihn überhaupt zuließen. Doch nicht nur die geringe Gütermenge, die aus Deutschland exportiert werden durfte, war problematisch, sondern auch die Tatsache, dass die amerikanische Besatzungsmacht auf deren Bezahlung in Dollar bestand. Diejenigen Staaten wiederum, die für ihren Wiederaufbau auf deutsche Ausrüstungsgüter angewiesen waren, mussten diese Dollars selbst erst durch entsprechende Exporte in die USA verdienen oder dadurch, dass sie ihre europäischen Handelspartner zur Zahlung von Dollar für Importgüter verpflichteten. Angesichts der Schwäche der europäischen Wirtschaften war das kaum möglich; es gab einfach nicht genügend Güter aus Europa, die in den USA erfolgreich hätten abgesetzt werden können, und auch der übrige europäische Handel war nicht ergiebig genug. Stattdessen entstand eine gefährliche Dollarlücke, die auch eine Folge des Ausschlusses Deutschlands vom europäischen Warenaustausch war.[28]

Wie gesehen, hatte sich die deutsche Wirtschaft seit dem letzten Drittel des 19. Jahrhunderts neben dem Export von Industrieprodukten allgemein auf die Lieferung hochwertiger Ausrüstungs- und Investitionsgüter spezialisiert und war damit sehr erfolgreich gewesen. Auch wenn der europäische Austausch im 20. Jahrhundert, vor allem in der Zwischenkriegszeit, schwieriger geworden war, hatte sich das Muster kaum verändert. Selbst während des Zweiten Weltkrieges versuchten viele deutsche Hersteller von Kapital- und Investitionsgütern, ihre Kunden in Süd- und Westeuropa zu halten.[29] Ein wirtschaftlicher Wiederaufbau Westeuropas ohne einen entsprechenden deutschen Beitrag war also kaum vorstellbar; es konnte geradezu gefährlich sein, auf die dauerhafte Zurückdrängung der deutschen Wirtschaft zu spekulieren, wie Frankreich es tat. Denn bei nur schleichender oder gar scheiternder wirtschaftlicher Erholung Westeuropas war durchaus nicht auszuschließen, dass einzelne Länder politisch unberechenbar wurden. In Griechenland tobte seit 1946 ein Bürgerkrieg zwischen Monarchisten und Kommunisten, in Frankreich und Italien waren die kommunistischen Parteien in der unmittelbaren Nachkriegszeit von wesentlicher Bedeutung. Die Einbeziehung des westdeutschen Potenzials und damit die Aufhebung der restriktiven Maßnahmen war dringend geboten – die Frage war, wie dies erfolgen konnte, ohne die Sicherheitsbedürfnisse der Länder, die unter der Expansion des Nationalsozialismus gelitten hatten, zu verletzen.

Es waren schließlich zwei Schritte, die hierfür einen Weg ebneten und damit zugleich die traditionellen Wirtschaftskriege zumindest für West- und Mitteleuropa ad acta legten. Zum einen erklärten sich die USA bereit, den Frieden in Europa durch ihre dauernde Anwesenheit zu garantieren. Zum anderen versprachen sie Hilfe bei der Bewältigung der Dollarlücke, die mit Krediten (den Hilfen des Marshallplans) überbrückt werden sollte, in die, wenn auch nur mit geringer Quote, Westdeutschland einbezogen war.[30] Dieser Schritt war überaus entscheidend, bedeutete er doch, dass nur wenige Jahre nach dem von Deutschland ausgelösten Krieg das Land wieder in die internationale Arbeitsteilung integriert wurde, zunächst zwar nicht gleichberechtigt, doch das war nur eine Frage der Zeit.[31] Besonders eindrucksvoll ist dies im Vergleich zum Ersten Weltkrieg, denn nicht zuletzt das fehlende Engagement der USA hatte nach dem Ersten Weltkrieg die Situation in Europa überaus instabil werden lassen.

Die daraufhin rasch einsetzende Erholung der westdeutschen Wirtschaft wurde – hier ging das amerikanische Kalkül völlig auf – zu einem wichtigen Eckpfeiler des Wiederaufbaus Westeuropas, konnte das Land doch zügig seine traditionelle Rolle des Lieferanten von Kapital- und Investitionsgütern wieder aufnehmen. Dabei profitierte Westdeutschland selbst erheblich vom Marktzugang, seine Rohstoff- und Nahrungsmittelexporte explodierten regelrecht.[32] Das Land aber war in den 1950er Jahren noch lange kein Exportweltmeister.[33] Zunächst schlugen erhebliche Handelsbilanzdefizite zu Buche, die angesichts der Tatsache, dass 1945 das gesamte deutsche Auslandsvermögen verloren war, kaum zu finanzieren waren. Das Land rutschte Anfang der 1950er Jahre in eine Zahlungsbilanzkrise, die nur dank eines internationalen Kredits, der von der 1950 extra hierfür ins Leben gerufenen Europäischen Zahlungsunion (EZU) gewährt wurde, überstanden werden konnte.[34] Es war offensichtlich: Nur hohe Exporte waren geeignet, die Finanzierung des gewaltigen Importbedarfs zur Zeit des «Wirtschaftswunders» zu sichern. Die Wiedereinbindung Westdeutschlands in die Weltwirtschaft, sollte sie letztlich gelingen, führte in eine Win-win-Situation.

Und so trat das ein, was die Kriegsgegner Deutschlands so sehr befürchtet hatten: Die westdeutsche Wirtschaft wuchs derart schnell, dass die Kriegsschäden rasch beseitigt und die während der 1930er und 1940er Jahre entstandene Produktivitätslücke gegenüber den USA sukzessive geschlossen werden konnte, wodurch die westdeutsche Wirtschaft rasch auch in Europa ihre frühere Überlegenheit in der Produktivität zurückgewann.[35] Für Frankreich, das schon in der Zwischenkriegszeit und dann nach 1945 verstärkt versucht hatte, die Produktivitätslücke gegenüber der deutschen Wirtschaft zu schließen, wenigstens zu verringern, war das eine Herausforderung, auf die man durch einen Wechsel in der bisherigen Kontrollpolitik reagierte, nachdem alle Bemühungen, die deutsche Wirtschaft zu beschränken, am europäischen Widerstand und der Haltung der USA gescheitert waren.[36] War diese Politik zunächst einseitig auf die Kontrolle der deutschen Wirtschaft durch die Siegermächte beziehungsweise im Fall des Ruhrgebiets durch die beteiligten europäischen Staaten ausgerichtet, so begriff die französische Regierung um Robert Schuman relativ rasch, dass eine solche tendenziell diskriminierende Kontrolle nicht von Dauer sein konnte.[37] Der Ausweg war, die – hier infrage stehende – Schwerindustrie aller beteiligten europäischen Staaten einer gemeinsamen, multilateralen Kontrolle zu unterwerfen. Nach langwierigen und komplizierten Verhandlungen führte dies schließlich zur Gründung der Europäischen Gemeinschaft für Kohle und Stahl (EGKS), der Vorgängerinstitution der im Jahr 1957 geschaffenen Europäischen Wirtschaftsgemeinschaft (EWG).[38]

Die europäische Integration der 1950er Jahre ist also gar nicht zu begreifen, wenn man nicht erkennt, auf welches Problem, das historisch immer wieder zu regelrechten Wirtschaftskriegen geführt hatte, sie reagierte. Letztlich ging es um die Bewältigung einer ökonomischen Heterogenität, von der einerseits alle profitierten, die aber andererseits ständig Anlass zu Machtrivalitäten, politischen Kämpfen, ja Kriegen bot. Der Wunsch war, den jeweiligen ökonomischen Nutzen der durchaus unterschiedlichen wirtschaftlichen Leistungsfähigkeit zu behalten, ja weiter zu fördern, ohne zugleich das politische Risiko der unter Umständen wachsenden Rivalitäten tragen zu müssen. Folgerichtig war also zu klären, wie die stärkste Volkswirtschaft eingebunden werden konnte, ohne ihre Leistungsfähigkeit zu beschädigen.

Wirtschaftskriege durch ein System der multilateralen Selbstkontrolle zu ersetzen, das war der Ausweg, und er funktionierte unter den allerdings überaus günstigen Bedingungen der Rekonstruktion nach dem Zweiten Weltkrieg auch einigermaßen reibungslos, auch wenn es in deren Rahmen stets zu Auseinandersetzungen kam. Letztere wurden in der Anfangszeit der EWG vor allem zwischen «Gaullisten» und «Atlantikern» um die «Festung Europa» ausgetragen, also um die Frage, wie offen der europäische Wirtschaftsraum für den Welthandel sein sollte.[39] Das hier entstandene Modell wirkte in der europäischen Integration weiter und war noch bei der Begründung der gemeinsamen Währung in den 1990er Jahren das Mittel der Wahl, wenn es darum ging, die politische Verselbstständigung einer wirtschaftlichen Macht zu verhindern, wie vor allem die schwächeren Partner in Europa angesichts der deutschen wirtschaftlichen Übermacht stets befürchteten. Da es auf diese Weise gelang, in Europa größere Wirtschaftskriege zu vermeiden, wurde diese Art der multilateralen Selbstkontrolle ein wesentlicher Baustein der Pax Americana, die sie ebenso stützte, wie sie den Aufbau einer gemeinsamen westeuropäischen Front gegenüber dem Ostblock absicherte.

KALTER WIRTSCHAFTSKRIEG

Die andere Seite der Pax Americana war in gewisser Hinsicht der Kalte Krieg, also die Auseinandersetzung der westlichen Welt mit dem sowjetischen Block, die spätestens mit der besagten Truman-Doktrin 1947 ihren geradezu offiziellen Anfang nahm und sich danach rasch verstetigte. Die Mittel, mit denen der Kalte Krieg geführt wurde, trugen von Anfang an die Züge eines Wirtschaftskrieges, der im Laufe der Zeit immer stärker eskalierte.[40] Ausdruck und Symbol war die 1948 mit der westdeutschen Währungsreform einsetzende Berlin-Blockade, mit der die

Sowjetunion versuchte, die Westmächte zum Einlenken in der Deutschlandpolitik zu zwingen – was gründlich schiefging. Die amerikanische Besatzungsmacht reagierte mit der Luftbrücke, ließ also keinen Zweifel daran, dass man die Blockade der Stadt nicht nur nicht akzeptierte, sondern sich ihr mit allen Mitteln widersetzen würde.

Bereits hier zeigte sich, dass der Wirtschaftskrieg zum Ersatz für den offenen militärischen Konflikt werden würde, auch wenn nur wenig später mit dem Koreakrieg die Sprache der militärischen Gewalt zurückkehrte. Spätestens seit damit zu rechnen war, dass die Sowjetunion über Nuklearwaffen verfügte, was im Sommer 1949 mit der Detonation der ersten russischen Wasserstoffbombe offensichtlich wurde, rückte der offene Krieg in weite Ferne. Das atomare Wettrüsten der 1950er Jahre und die entsprechende Zunahme des Zerstörungspotenzials werteten dagegen den Wirtschaftskrieg als Waffe immer mehr auf. Dabei wurde schnell klar, dass der Ostblock nur über geringe Mittel verfügte, diesen Wirtschaftskrieg offensiv zu führen. Dazu war seine ökonomische Bedeutung für die Staaten des westlichen Bündnisses letztlich viel zu gering; der Anteil der Sowjetunion und der osteuropäischen Staaten an den Weltexporten lag 1950 bei fünf und 1973 immer noch bei mageren 7,5 Prozent.[41] Statt einen offenen Wirtschaftskrieg zu führen, mussten sich die Staaten im Rat für gegenseitige Wirtschaftshilfe (RGW) darauf beschränken, die Folgen westlicher Boykottmaßnahmen zu begrenzen und sie dort, wo es möglich war und notwendig schien, zu unterlaufen.

Deutlichster Ausdruck des westlichen Wirtschaftskrieges gegen den realen Sozialismus war das Coordinating Committee on Multilateral Export Controls (CoCom), dem alle NATO-Staaten sowie Japan und Australien angehörten. Ziel war es, den Export strategisch wichtiger Güter und Technologien in die Staaten des Warschauer Pakts zu verhindern. Dazu wurde unter amerikanischer Führung eine Liste der relevanten Güter aufgestellt, die nach gemeinsamer Beratung dann für alle beteiligten Staaten empfohlen wurde. Diese Empfehlungen waren nicht bindend, doch reichte der amerikanische Druck in der Regel aus, dass sich die Mitgliedsstaaten an sie hielten. Parallel existierte ein ähnliches Gremium gegenüber der Volksrepublik China, das sogar noch drastischer verfuhr, nach inneren Streitigkeiten aber gegen Ende der 1950er Jahre mit dem CoCom zusammengelegt wurde.[42]

Gegenmaßnahmen ließen sich kaum treffen, es sei denn, dass mit geheimdienstlichen Mitteln der Zugang zu westlicher Technologie gesucht wurde.[43] Stattdessen bemühten sich die RGW-Staaten, namentlich die gesamtdeutsch in hohem Maße verflochtene DDR, sich vom westlichen Einfluss weitgehend unabhängig zu machen, was seit Beginn der 1950er Jahre unter dem Schlagwort der «Störfreimachung» firmierte. Dies lief letztlich aber auf eine Art Selbstblockade hinaus, da die bisherigen Lieferbeziehungen zu westdeutschen Unternehmen zum Teil kostenaufwendig substituiert werden mussten, ohne sie zumindest auf gleichem Leistungsniveau ersetzen zu können. Der Bau der Berliner Mauer 1961 und der Versuch, den Außenhandel im Rahmen des RGW neu zu gestalten, waren Höhepunkte dieser Art der Autonomisierung, zugleich aber Zeichen von Hilflosigkeit in einem Wirtschaftskrieg, in dem größere Handlungsspielräume faktisch nicht bestanden.[44]

Die Kubakrise 1962 – eine Folge der Raketenstationierung in unmittelbarer Nähe zum gegnerischen Territorium – ließ die Gefahr eines atomaren Krieges real erscheinen und war Beleg dafür, dass wirtschaftliche Boykottmaßnahmen am politischen Überlebenswillen, in diesem Fall des Castro-Regimes auf Kuba, an ihre Grenzen stoßen konnten. Den USA gelang es zwar, Kuba weitgehend zu isolieren und seine wirtschaftliche Entwicklung geradezu einzufrieren, doch reichte die Unterstützung der Sowjetunion aus, um dem amerikanischen Druck standzuhalten.[45] Die Politik der Blockaden war zudem im eigenen Lager keineswegs unumstritten. Schon das Vorgehen gegen die Volksrepublik China war nicht gerade von Einmütigkeit getragen; auch im Rahmen des CoCom-Regimes zeigten sich immer wieder Risse, da damit auch gegenseitig vorteilhafter wirtschaftlicher Austausch behindert wurde.[46] Die größte Prominenz erreichte der Streit um die Röhrenlieferungen unter anderem des Düsseldorfer Mannesmann-Konzerns gegen russisches Erdgas, die bereits vertragsmäßig vereinbart waren, dann aber unter das Röhrenembargo der NATO / CoCom fielen. Damit sollte von 1963 an jegliche Hilfe beim Ausbau der sowjetischen Energieinfrastruktur und auch der Lieferwege nach Westen unterbunden werden. Die westdeutschen Unternehmen wurden gegen ihren ausdrücklichen Wunsch vertragsbrüchig; die Röhren wurden trotz allem, allerdings von schwedischen Firmen, geliefert. Der globale Ansehensverlust und die entsprechende Verärgerung waren gewaltig. Das Röhrenembargo fiel 1966, und wenige Jahre später kam es zu entsprechenden Geschäften deutscher Firmen mit der Sowjetunion.[47]

Mit der Entspannungspolitik Ende der 1960er Jahre endeten die Wirtschaftskriege nicht; das CoCom blieb bis in die 1990er Jahre in Kraft und wurde im Bereich der Hochtechnologien auch recht genau beachtet. Jedoch wurden die Löcher im «Eisernen Vorhang» größer, was – paradoxerweise, möchte man sagen – im Ergebnis die östlichen Wirtschaften mehr schwächte als der vorherige verbissene Kampf. Nun war es nicht mehr der Boykott, der verhängnisvolle Folgen hatte, sondern im Gegenteil die relativ großzügige Kreditvergabe westlicher Großbanken an einzelne Staaten des RGW.[48] In den 1970er Jahren wurde immer deutlicher, dass zahlreiche RGW-Staaten aus eigener Kraft kaum dazu in der Lage waren, die angestrebten politischen und sozialen Ziele durch ökonomische Eigenleistung zu erreichen. So begann die Öffnung für Westkredite, die im Rahmen der Entspannungspolitik umso bereitwilliger gegeben wurden, als viele westliche Banken händeringend nach lohnenden Anlageprojekten suchten. Kreditnehmer fanden sich nicht nur in den vermeintlich aufstrebenden Wirtschaften Lateinamerikas, wo vor allem amerikanische und britische Banken aktiv waren.[49] Lukrativ waren ebenso die als sichere Zahler geltenden Staaten des Ostblocks, vor allem attraktiv für deutsche und japanische Banken.[50] Doch überschätzten diese Staaten, ebenso wie viele lateinamerikanische Länder, ihre Kredittragfähigkeit, die überdies an der Voraussetzung hing, dass die Sowjetunion bereit war, preiswerte Rohstoffe zu liefern. Als die Sowjetunion in den 1980er Jahren die Rohölpreise sukzessive dem internationalen Niveau anpasste, brach insbesondere der DDR ein lukratives Arbitragegeschäft weg, das darin bestanden hatte, billiges sowjetisches Rohöl zu verfeinern und die entsprechenden Produkte teuer in den Westen zu verkaufen.[51] Die Devisenknappheit nahm drastisch zu und wurde letztlich existenziell, zumal Alternativen nicht bestanden. Die Ausrichtung aller Volkswirtschaften des Ostblocks auf möglichst geringe Importe aus dem Westen, aber auch die Einfuhreinschränkung des teuer gewordenen sowjetischen Öls entspannten die Lage kaum, führten aber zusätzlich zu einer ökologisch geradezu selbstmörderischen Politik der Braunkohleverbrennung und behinderten eine Modernisierung der übrigen Produktionsanlagen, die energetisch nicht selten auf dem Niveau der Vorkriegszeit verharrten.[52] Die Verschuldung und die geringe Produktivität ihrer Volkswirtschaften brachte die Staaten an den Rand der Zahlungsunfähigkeit. Hätte Franz-Josef Strauß 1983 nicht überraschend der DDR einen Großkredit von zwei Milliarden D-Mark bei westdeutschen Großbanken vermittelt, hätte die DDR womöglich sehr viel früher vor dem Aus gestanden.[53] So war es zunächst Polen, dessen innenpolitische Stabilität einbrach, bevor die Sowjetunion unter Gorbatschow schließlich offen zugeben musste, dass sie wirtschaftlich am Ende war. In diesem Rahmen implodierte schließlich auch die DDR.

Welche Folgen der Kalte Krieg in ökonomischer Hinsicht hatte, ist vor diesem Hintergrund nicht leicht zu beurteilen. Das erklärte Ziel der westlichen Boykottmaßnahmen, die östliche Welt von der Nutzung moderner Technologien abzuschneiden, war durchaus erfolgreich. Doch die Tatsache, dass die Sowjetunion im Bereich der Rüstung, insbesondere der atomaren Bewaffnung, stets auf Augenhöhe blieb, lässt an der Wirksamkeit der Maßnahmen im Einzelnen zweifeln, zumal es nicht einmal gelang, das kleine Kuba mit derartigen Boykottmaßnahmen in die Knie zu zwingen. Letztendlich konnten Einfluss und Bedeutung der Sowjetunion auch in anderen Teilen der Welt auf diese Weise nicht wirksam eingeschränkt werden, wie die zahlreichen Stellvertreterkriege, ganz besonders der Vietnamkrieg, oder der Ausbau des sowjetischen Einflusses in der arabischen Welt nach der Suezkrise von 1956 zeigen.

Es waren wahrscheinlich weniger die direkten Sanktionen, die zum Untergang des realen Sozialismus führten, als vielmehr die im weitesten Sinne auch Züge eines Wirtschaftskrieges tragenden Rüstungsmaßnahmen, die zuletzt unter Ronald Reagan in den 1980er Jahren noch einmal eskalierten und die notorisch wenig produktiven Planwirtschaften am Ende regelrecht auszehrten.[54] Angesichts seiner ökonomischen Schwäche, weniger eine Folge der Boykottmaßnahmen als der Konstruktionsfehler des Planwirtschaftssystems,[55] war der reale Sozialismus schließlich damit überfordert, gleichzeitig die eigene Wirtschaft zu modernisieren, die soziale Integration der Bevölkerung zu gewährleisten, das aufwendige Planungssystem zu finanzieren und sich eine gewaltige Rüstungsindustrie zu leisten. Die Verschuldung im Westen, die fast hysterischen Versuche, an Devisen zu kommen, ja die völlige Abhängigkeit von Westkrediten bei gleichzeitiger Unfähigkeit, diese durch Tilgung und Zinszahlung noch bedienen zu können, brachten all das zum Ausdruck. Letztlich haben die westlichen Kredithilfen den Untergang wohl stärker beschleunigt als alle Boykotte zuvor – die Versorgung der eigenen Bevölkerung konnte man schleifen lassen, das Bedienen ausländischer Kredite nicht.

SANKTIONEN ÜBER SANKTIONEN

War im Rahmen der Pax Americana die Wahrscheinlichkeit von Wirtschaftskriegen zumindest in der westlichen Welt deutlich gesunken, während gleichzeitig zwischen Ost und West ein dauerhafter Wirtschaftskrieg mit wechselnder Intensität tobte, so sah man in der Zeit nach dem Zweiten Weltkrieg eine nicht grundsätzlich neue, aber bis dahin wenig genutzte Praxis des Wirtschaftskrieges. Sie bestand in der wirtschaftlichen Sanktionierung von vermeintlichem oder wirklichem Fehlverhalten einzelner Staaten, wobei sich dieses nun nicht mehr allein auf völkerrechtswidrige Handlungen bezog, wie im Fall Italiens und Japans in den 1930er Jahren, sondern auch bei Menschenrechtsverletzungen im eigenen Staat erfolgen konnte. Die Charta der Vereinten Nationen, die nach dem Krieg Verhaltensrichtlinien für ihre Mitgliedstaaten, insbesondere zur Achtung der allgemeinen Menschenrechte, aufgestellt hatten, sollte hierbei die ausschlaggebende Entscheidungshilfe sein, ebenso wie die UN nach entsprechenden Beschlüssen als Träger der entsprechenden Maßnahmen vorgesehen waren.

Da der Ost-West-Konflikt letztlich aber auch eine gemeinsame Entscheidungsfindung in den zuständigen Gremien der Vereinten Nationen unwahrscheinlich machte, gab es nicht nur UN-Sanktionen, sondern auch Maßnahmen einzelner Staaten oder Staatengruppen, die in diese Rubrik fielen. Dabei war nach dem Zweiten Weltkrieg die wirtschaftliche Sanktionierung von Staaten stets eine Machtfrage und zugleich eine der strategischen Bündnisbildung, in der Gleiches nicht immer gleich behandelt wurde. Der Streit über den Umgang mit dem südafrikanischen Apartheidregime etwa belastete die westliche Öffentlichkeit bis weit in die 1980er Jahre hinein. Zwar wurde der Umgang mit dem Land langsam restriktiver, doch taten sich sowohl Staaten wie auch Unternehmen schwer, die UN-Beschlüsse gegen Südafrika umzusetzen und konsequent durchzuhalten, da das Land im Kalten Krieg sowohl ein Verbündeter in strategisch wichtiger geografischer Lage als auch ein attraktiver Markt und Lieferant von Rohstoffen war.[56] Menschenrechtsverletzungen in «befreundeten» Staaten wurde überhaupt in der Regel wohlwollender begegnet als bei feindlich gesinnten Regimen. So konnte sich die südkoreanische Militärdiktatur ebenso einer rücksichtsvollen Behandlung durch die amerikanische Regierung erfreuen wie die Regierung Chiang Kai-sheks auf Taiwan, putschende griechische Obristen oder die eher traditionellen Diktaturen in den arabischen Ölstaaten, während in anderen Fällen, etwa gegenüber der Regierung Mohammad Mossadeghs im Iran oder in der Auseinandersetzung der belgischen Kolonialmacht mit der kongolesischen Regierung von Patrice Lumumba, zu harten Restriktionen gegriffen wurde, um reale oder vermeintliche westliche Interessen zu schützen. Überhaupt sahen sich Staaten, die nach dem Ende der Kolonialherrschaft in den 1950er und 1960er Jahren gegen ihre ehemaligen Kolonialstaaten eine kritische Haltung bezogen oder gar ein Bündnis mit dem realen Sozialismus ins Auge fassten, häufig in der Kritik, sowie auch als Gegenstand restriktiver Maßnahmen. Als Beispiel sei hier nur die westdeutsche Hallstein-Doktrin genannt, nach der die Bundesrepublik zu Ländern, die die DDR anerkannten, alle Kontakte abbrach beziehungsweise das zumindest nach außen hin verkündete.[57]

Doch war der mehr oder weniger offene Zynismus, mit dem Interessen zuvor durchgesetzt worden waren, nach 1945 nicht mehr möglich. Der Sieg im Zweiten Weltkrieg war bewusst (und sicher mit Grund) als ein Sieg des Guten über das Böse gefeiert worden. Die gesamte Nachkriegsordnung mit den Vereinten Nationen an der Spitze war insofern nicht nur ein Machtgebilde, sondern zugleich auch Ausdruck einer moralischen Selbstverpflichtung der Siegermächte, ein derartiges Desaster, wie es der Nationalsozialismus und das japanische Militär angerichtet hatten, nicht wieder zuzulassen. Die Appeasement-Politik der Jahre vor 1939, in der darauf verzichtet worden war, das Deutsche Reich trotz seiner Verstöße gegen die Versailler Ordnung zu sanktionieren, sollte sich nicht wiederholen. Die moralische Einheit der Welt zerbrach im Kalten Krieg zwar rasch, wenn sie denn je existierte, doch hielt der Westen an der Vorstellung der eigenen moralischen Überlegenheit und der Verpflichtung fest, bei Menschenrechtsverletzungen gegebenenfalls mit harten Sanktionen zu reagieren, um Demokratie und Menschenrechte zu schützen, wobei auch der Gegensatz zwischen Ost und West in dieses moralische Schema gezwängt wurde. Folgerichtig ging es auch, zumindest öffentlich, nicht um einen reinen Machtkampf mit dem Ostblock, sondern um die Verteidigung der Freiheit und der Menschenrechte gegen eine menschenverachtende Diktatur. Mit der Beschwörung von Armageddon, also der letzten Schlacht im Kampf mit dem «Reich des Bösen», bemühte Ronald Reagan im Jahr 1983 sogar die religiöse Überhöhung dieses Konflikts als Kampf gegen das Satanische.[58] Dieses Selbstbild des Westens entsprach dabei keineswegs der Realität der ganz unterschiedlichen Vorgehensweisen, je nachdem welche Interessen und geostrategischen Überlegungen im Spiel waren. Man sah sich bald mit dem Vorwurf der Heuchelei konfrontiert, wobei vor allem die militärische Eskalation in Vietnam, aber auch das robuste Auftreten der USA in vielen Staaten Lateinamerikas, genannt sei nur die wenig verhehlte Unterstützung des Pinochet-Putsches in Chile 1973, die westliche Position moralisch untergruben. Doch das führte keinesfalls zu einem Ende der Sanktionspolitik, die der Westen umso leichter nutzen konnte, je überlegener er in ökonomischer Hinsicht war.

Das Ausmaß der Sanktionen nahm dabei im Laufe der Jahre immer mehr zu. Laut Global Sanctions Data Base wurden zwischen 1950 und 2023 über 1500 Fälle unterschiedlicher Sanktionen registriert.[59] Sie reichten von Einzelmaßnahmen bis hin zu umfassenden Versuchen, Staaten in der Weltwirtschaft weitgehend zu isolieren.

Den Anfang machten Sanktionen etwa gegen Spanien unter Francisco Franco, die freilich nur halbherzig umgesetzt und von vielen Staaten auch offen unterlaufen wurden.[60] Mit der Zeit kamen immer mehr Fälle hinzu, die keinem bestimmten Schema zuzuordnen sind. Der Sturz der Regierung Mossadegh im Iran, die die dortigen Ölquellen dem Zugriff der großen westlichen Konzerne entziehen wollte, folgte noch ganz dem Konzept der robusten Interessenwahrnehmung, wie sie aus der Zeit des Freihandelsimperialismus bekannt war.[61] Dagegen fühlten sich die USA einer Art antikolonialen Tradition verpflichtet, als sie in der Suezkrise 1956 den Sturz der ägyptischen Regierung unter Gamal Abdel Nasser verhinderten. Durch gemeinsames militärisches Vorgehen wollten Großbritannien, Frankreich und Israel die ägyptische Regierung an der Nationalisierung des Suezkanals hindern, um ihre eigene Rohölversorgung zu sichern. Dagegen brachten die USA, bemerkenswerterweise zusammen mit der Sowjetunion, die Vereinten Nationen in Stellung. Das Vorhaben der ehemaligen großen Kolonialmächte scheiterte. Folgerichtig ist die Suezkrise, wenn auch unter ganz anderen Vorzeichen, auch als der erste Ölkrieg bezeichnet worden.[62]

Die Liste der Sanktionen wurde im Laufe der Zeit immer länger; nur die spektakulärsten Fälle seien kurz genannt. Nach dem Versuch, Kuba aus dem Weltverkehr auszuschließen, folgten Sanktionen gegen Südafrika, später in den 1970er Jahren traf es das Mullah-Regime in Teheran, das seither mehr oder weniger kontinuierlich Gegenstand westlicher Sanktionen ist; diese sollen letztlich vor allem eine atomare Aufrüstung verhindern, die der Westen im Fall Indiens, Pakistans und Israels noch hingenommen hatte. Dauergast auf der Sanktionsliste ist Nordkorea, besonders nachdem das Sanktionsregime gegenüber der Volksrepublik China parallel zur Abkehr des Landes von der Sowjetunion laufend gelockert und schließlich im Rahmen der Welthandelsorganisation (WTO) ganz aufgegeben wurde. In jüngerer Zeit kamen Venezuela oder Myanmar hinzu, das seit 2018 auf der Sanktionsliste der EU steht.

Eine Richtungsänderung bei Sanktionen deutete sich in den 1970er Jahren an, als die arabischen Ölexportstaaten ein Ölembargo gegen die USA und die Niederlande verhängten, um diese zu zwingen, Israel im Jom-Kippur-Krieg nicht weiter zu unterstützen. Das arabische Embargo war zwar ein Schlag ins Leere, doch es zeigte, dass wachsende wirtschaftliche Bedeutung nicht nur von westlichen Staaten als politisches Instrument genutzt werden konnte und in Zukunft auch zum Einsatz kommen würde. Die Gefahr, dass das Öl als «Waffe» eingesetzt würde, wie es damals hieß, war jedenfalls für viele westliche Staaten und ihre großen Konzerne, die auf Rohöl aus Arabien und vom Persischen Golf angewiesen waren, eine gewaltige Herausforderung, zumal die betreffenden Staaten letztlich nichts taten, was man hätte moralisch brandmarken können. Sicher, die Boykottmaßnahmen mit Israels Krieg zu begründen, war alles andere als zwingend, aber dass diese Staaten ihre Rohstoffe selbst nutzen und so teuer wie möglich vermarkten wollten, war ihnen kaum vorzuwerfen. Die Empörung war wohl auch eher eine Folge der neuen Erfahrung, selbst das Opfer von ökonomischen Blockaden zu werden, gegen die große Abwehrmöglichkeiten zumindest kurzfristig nicht existierten. Dabei hätte ein ruhig abwartender Beobachter leicht sehen können, dass sich die arabischen Staaten mit einem konsequenten Boykott nur selbst geschadet hätten, denn sie waren auf den Absatz ihres Öls in der westlichen Welt ja genauso angewiesen wie diese auf die Ölimporte. Abgesehen von den Preiserhöhungen änderte sich an den Lieferbeziehungen nur wenig. Die unmittelbaren Folgen des Ölembargos, abgesehen von einer zeitweiligen Angst vor Ölknappheit in den westlichen Staaten, fielen in der Tat eher gering aus; die damit verbundenen Verschiebungen der relativen Preise zugunsten der Ölexportländer jedoch waren gewaltig.[63]

Die Ölpreissteigerungen belasteten nicht nur die Zahlungsbilanzen zahlreicher Öl importierender Staaten wie Großbritannien oder Italien fast bis zur Zahlungsunfähigkeit, sie brachten auch die gesamte internationale Finanzarchitektur durcheinander, die durch die Aufgabe des Wechselkursmechanismus von Bretton Woods ohnehin ins Wanken geraten war. Dabei war es vor allem die starke Ausweitung der Geldmenge in den USA im Zuge der Schaffung der «Great Society» sowie die Finanzierung des Vietnamkrieges, die schließlich die Regierung Nixon veranlasste, die Goldbindung des Dollar 1971 aufzugeben. Um nicht durch zuströmende Dollars in die Inflation getrieben zu werden, gaben zahlreiche Länder 1973 die Bindung ihrer Währung an den Dollar auf und gingen zum Floating über.[64]

Aber auch die Funktionsfähigkeit der großen Institutionen, namentlich des Währungsfonds, geriet unter Druck. Dies lag nicht zuletzt daran, dass die in das internationale Finanzsystem zurückfließenden Petrodollars die Kräfteverhältnisse im IWF zum Vorteil der arabischen Länder zu verschieben drohten. Vor allem das Recycling der ungeheuer großen Summen an Petrodollars ebnete den Weg zum internationalen Finanzkapitalismus, der sich seit den 1970er Jahren als neues Phänomen bemerkbar machte und zudem, wie die Konflikte der Gegenwart zeigen, mit einer Blockade der Finanzströme oder einer Unterbrechung der Zahlungsinfrastruktur völlig neue Sanktionsinstrumente schuf.[65]

Von derartigen Unterbrechungen war in den 1970er und 1980er Jahren noch wenig zu spüren, und überhaupt hinterlässt eine Bilanz der zahlreichen Sanktionen jener Zeit, aber selbst der der Gegenwart, ein sehr gemischtes Bild. Die Zwecke wurden in den seltensten Fällen erreicht, in keinem Fall unmittelbar. Sanktionen wirkten (und wirken, wie anhand der aktuellen Maßnahmen gegen Russland deutlich wird) bestenfalls mittelfristig, nehmen der betroffenen Seite also auf keinen Fall die Möglichkeit zur Reaktion, durch die wiederum die Wirkung der Sanktionen verwässert und gelegentlich in ihr Gegenteil verkehrt wird. Das hängt von den verbleibenden Handlungsspielräumen ab, die in der polyzentralen Welt der Gegenwart deutlich größer sind als in jener der Pax

Americana der 1950er und 1960er Jahre, als es ein erdrückendes wirtschaftliches Übergewicht des Westens gab.

Doch selbst dieses Übergewicht garantierte keinen Erfolg. Die umfassend sanktionierten Staaten Kuba, Iran und Venezuela sind so nicht zum Einlenken gezwungen worden, sondern waren im Gegenteil bereit, erhebliche Wohlstandseinbußen hinzunehmen – wobei dies jedoch herausragende, nicht unbedingt repräsentative Einzelfälle sind. Nach vergleichenden Beobachtungen des genannten Sanktionssurveys entfalteten seit dem Ende des Zweiten Weltkrieges sieben von zehn Sanktionen nur geringe Wirkungen im Sinne derer, die sie verhängt haben, während die anderen mehr oder weniger erfolgreich waren, solange man die wirtschaftlichen Folgen für die Sanktionssetzer außer Betracht lässt.[66] Ein eindeutiges, allgemeines Urteil über den Erfolg der Sanktionen ist daher schwer möglich.

Die in den letzten Jahren zu verzeichnende Zunahme von ökonomischen Sanktionen aus politischen Gründen (etwa unter Verweis auf die Menschenrechte) bildet da kaum eine Ausnahme. Am ehesten von Erfolg gekrönt waren Maßnahmen, die die Ausbreitung kritischen Wissens verhindern sollten, also etwa den Technologietransfer im Bereich der Produktion hochleistungsfähiger Speicherchips blockierten. Aber auch hier konnte die Diffusion des entsprechenden Wissens mittel- bis langfristig nicht verhindert werden, wie schon im 16. Jahrhundert die Venezianer erfahren mussten, als Frankreich wichtige Glasmacher von der Insel Murano abwarb und so deren technisches Wissen nach Frankreich schmuggelte, damit Ludwig XIV. nicht das teure Muranoglas für seinen Versailler Spiegelsaal kaufen musste.[67] Aber immerhin konnte die Serenissima ihr Glasmonopol für recht lange Zeit bewahren, und auch nach dessen Auflösung konnte das venezianische Glas allein aufgrund seiner Qualität seine Position im Wettbewerb behaupten.

Es kommt nämlich weniger auf den Besitz von Monopolrechten an als auf die Fähigkeit, vorhandenes Wissen wirtschaftlich effizient zu nutzen, was unter Wettbewerbsbedingungen zuweilen sogar einfacher ist als ohne Konkurrenz. Der rasante Aufstieg der deutschen chemischen Industrie im 19. Jahrhundert etwa hing damit zusammen, dass ein wirksamer Patentschutz bei den Teerfarben lange Zeit fehlte. Im Wettbewerb waren die Unternehmen sehr viel dynamischer als jene in England oder Frankreich, die sich durch die heimischen Patentgesetze sicher fühlten und schließlich gegenüber der deutschen Konkurrenz entscheidend zurückgefallen waren.[68] Bei militärischer Technologie, bei der es auf den Moment ihrer Verfügbarkeit ankommt, kann das anders sein, und insofern hatten und haben Sanktionen hier durchaus ihre Evidenz, wie das Beispiel der DDR-Chipproduktion in Dresden zeigt, deren Produkt das Gefälle nicht beseitigte, sondern überhaupt für jeden erst offen sichtbar machte.[69]

Dies lässt sich jedoch nicht generalisieren, denn die Wirkungen derartiger Blockaden sind komplex. Wie bei der französischen und britischen Farbstoffindustrie kann eine Blockade oder ein Weitergabeverbot in der trügerischen Ruhe wiegen, die Konkurrenz sei nicht zu fürchten. Vom Streit über den Zugang zu portugiesischen Seekarten im 15. und 16. Jahrhundert bis hin zu den Auseinandersetzungen um die aktuelle Technologie der Halbleiterfertigung zieht sich der vermeintliche Vorteil von Monopolwissen wie ein roter Faden. Behaupten lassen hat es sich zu keiner Zeit, dafür aber die Illusion erzeugt, man befinde sich in einer Art sicherem Raum, der für Volkswirtschaften indes nur besteht, wenn sie hochproduktiv sind. Dann aber benötigen sie im Grunde keinen Sanktionsschutz. Wie trügerisch eine vermeintliche Überlegenheit und ihre Absicherung durch Weitergabesanktionen sein kann, hat das aktuelle Beben im Bereich der künstlichen Intelligenz gezeigt, in der es chinesischen Wissenschaftlern vielleicht gerade als Reaktion auf die Schwierigkeiten der Versorgung mit modernsten Speichermedien gelungen sein könnte, hochleistungsfähige Technologien in anderer Konfiguration, aber mit erheblich höherer ökonomischer Effizienz als Alternative zu entwickeln. Wozu das im Ergebnis führen wird, ist schwer abzusehen. Es zeigt aber zweifellos, dass naive Vorstellungen der Monopolisierung von technischem Wissen gefährlich sind.

Die Uneindeutigkeit, ja Ambivalenz von ökonomischen Sanktionsmaßnahmen hat mit der wirtschaftlichen Globalisierung weiter zugenommen, da die offenkundigen Wohlstandseffekte der weltwirtschaftlichen Arbeitsteilung durch weitreichende Sanktionen infrage gestellt werden. Bei der größeren Anzahl von Sanktionen, die vor allem in den letzten Jahren aus politischen Gründen ergriffen wurden, war die Reichweite nicht groß genug, um der Weltwirtschaft ernsthaft zu schaden. Im Konflikt zwischen den USA und China ist das Schadensrisiko jedoch erheblich größer, und es ist auch bei den seit 2015, intensiv seit 2023 geltenden Sanktionen gegen Russland gewaltig, da ihr Ausmaß letztlich auf einen Umbau der Weltenergiewirtschaft hinauslaufen soll, und zwar wohlgemerkt aus politischen, nicht aus wirtschaftlichen Gründen. Dass die entsprechenden Veränderungen der arbeitsteiligen Strukturen vor allem Russland treffen, während die Folgen für die eigene wirtschaftliche Entwicklung begrenzt bleiben, ist wohl eher ein frommer Wunsch. Das Gegenteil scheint der Fall, wenn man die ökologischen Folgen der Herstellung von Flüssiggas in den USA bedenkt, von den deutlich höheren Kosten dieses Energieträgers noch ganz abgesehen. Wie immer gibt es auch hier Kontroversen, doch die wissenschaftlichen Einwände, die die Folgen umfassender Energiesanktionen gegen Russland als begrenzt darstellen,[70] stehen zumindest bis in die jüngste Zeit im Konflikt mit den dramatischen Folgen, die die Energieverteuerung etwa für den Industriestandort Deutschland hat.

Je globaler die Weltwirtschaft, je intensiver der grenzüberschreitende wirtschaftliche Austausch, desto geringer sind die autonomen Handlungsspielräume einzelner Regierungen in diesem Rahmen. Die Illusion der Handlungsfähigkeit setzt die eigene weitgehende Unabhängigkeit von der globalen Arbeitsteilung voraus. Die USA mochten angesichts der lange nur sehr geringen Bedeutung des eigenen Exports bei gleichzeitig überragender Bedeutung des eigenen Marktes für ausländische Exporteure glauben, sie besäßen die Handlungsfähigkeit, anderen bei Bedarf erheblich zu schaden, ohne selbst getroffen zu werden – eine Annahme, die hinter der Theorie des optimalen Zolls stand und offensichtlich jahrzehntelang erfolgreich war. Es war aber gerade die Bedeutung der Pax Americana der Nachkriegszeit, die derartigen Überlegungen den Boden entzog. Denn die so mögliche Globalisierung brachte zwar wirtschaftlichen Erfolg, erhöhte aber zugleich die Abhängigkeit vom internationalen Austausch und ließ autonome Handlungsfähigkeit nach und nach illusorisch werden.

GLOBALISIERUNG

Einige wenige Zahlen mögen den Erfolg der Globalisierung unter amerikanischer Hegemonie verdeutlichen. Seit 1950 stieg die Weltwirtschaftsleistung kontinuierlich an. 1995, im Jahr der Gründung der Welthandelsorganisation, die an die Stelle des GATT trat, hatte sie sich im Vergleich zu 1950 fast versechsfacht, um sich in den folgenden Jahren weiter zu steigern.[71] Das war zwar eindrucksvoll, gemessen am Ausmaß des Welthandels indes überschaubar. Dieser hatte sich bis 1995 mehr als verachtzigfacht, dann bis 2005 sogar noch einmal mehr als verdoppelt und stellte das Wachstum der Wirtschaftsleistung also nicht nur in den Schatten, sondern war wohl einer der maßgeblichen Faktoren, der das Wirtschaftswachstum trug.[72]

Das Wachstum des Welthandels schlug sich auch in den entsprechenden Quoten des Außenhandels im Vergleich zum jeweiligen Bruttoinlandsprodukt nieder, die fast durchweg deutlich zunahmen. Für viele europäische Staaten, die wie Deutschland,

Belgien oder die Niederlande ohnehin immer sehr hohe Außenwirtschaftsanteile hatten, überrascht das nicht, auch wenn hier die Zuwächse beträchtlich waren. Viel gravierender fielen die Änderungen im Fall der USA aus: War die dortige Wirtschaftsleistung nach dem Ende des Krieges bestenfalls mit etwas über vier Prozent vom Außenhandel abhängig, so lag der Anteil der amerikanischen Exporte am dortigen Bruttoinlandsprodukt Anfang 2008 bei gut zwölf Prozent, jedoch hatte der Importanteil bereits mehr als 17,5 Prozent erreicht.[73] War die Möglichkeit, an einem mehr oder weniger freien Welthandel teilzunehmen, für viele europäische und asiatische Länder traditionell fast eine Existenzfrage gewesen, so wandelte sich jetzt auch die Lage der USA, die immer mehr von einer Außenwirtschaft abhängig waren, in der ihr eigenes Gewicht allerdings kontinuierlich geringer wurde.

Dass die USA ihre Dominanz, die sie unmittelbar nach dem Ende des Krieges erreicht hatten, auf Dauer unter Friedensbedingungen nicht würden behaupten können, leuchtet ein. Jedoch machte sich nach und nach das Dilemma der zunehmenden Abhängigkeit von einem Handelsgeschehen bemerkbar, in dem sie selbst immer weniger handlungsfähig waren, vor allem nach dem Ende des Wechselkurssystems von Bretton Woods, als die Kaufkraft des Dollar, der seine feste Parität verlor und teilweise dramatisch abwertete, deutlich schlechter wurde.

Mit dem Kaufkraftverlust des Dollar, dessen Wert von etwa vier D-Mark Ende der 1960er Jahre auf weniger als zwei D-Mark nur wenige Jahre später sank, stieg bald das Handelsbilanzdefizit der USA gravierend an.[74] Die bis zum Ende von Bretton Woods noch relativ ausgeglichenen Handelsbilanzen gingen nun deutlich auseinander. Das Defizit der USA, das um 1970 herum noch unbedeutend war, lag zwanzig Jahre später bei mehr als 110 Milliarden Dollar jährlich, um schließlich 2007 mit mehr als 850 Milliarden Dollar regelrecht zu explodieren. Entsprechend nahmen die deutschen und chinesischen Überschüsse (jeweils am Ende mehr als 260 Milliarden Dollar) zu; sehr hohe Überschüsse erzielten überdies die großen Ölförderländer.[75]

Wirtschaftlich war das für die amerikanischen Verbraucher nicht unbedingt ein Nachteil, da das Land sehr viel mehr Güter zu verhältnismäßig günstigen Preisen konsumieren konnte, als es selbst herstellte. Aus der Sicht der amerikanischen Regierung stellte sich das anders dar, da die Finanzierung des Handelsbilanzdefizits einerseits von erheblichen Kapitalimporten und damit auf eine nicht unproblematische Abhängigkeit von den Käufern amerikanischer Staatsanleihen, vor allem China und Japan, hinauslief, andererseits die privilegierte Stellung des Dollar als weltweit akzeptiertes Zahlungsmittel voraussetzte. Schließlich bedeuteten die massiven Importe von industriellen Fertigwaren, dass ein größerer Teil der amerikanischen Industrie wegbrach, die mit deutschen, japanischen oder chinesischen Importen nicht konkurrieren konnte.

Die Kompensation dieser Verluste über den Ausbau des Hochtechnologiesektors war zwar eine Zeit lang möglich – zu denken ist allein an den legendären Aufstieg der Unternehmen des Silicon Valley, zunächst von Microsoft und Apple und später der derzeit dominierenden Technologieriesen, oder die Expansion der Finanzindustrie, in der amerikanische Banken vor allem für das ertragsstarke globale Investmentbanking maßgeblich sind. Doch spätestens mit dem Aufholen der chinesischen Wirtschaft in der Hochtechnologie und der gleichzeitigen Weltfinanzkrise bekam das amerikanische Wirtschaftsmodell Risse, zumal China keinerlei Anzeichen erkennen ließ, sich trotz Mitgliedschaft in der Welthandelsorganisation und einer starken Position in den anderen globalen Organisationen dem westlichen Politikmodell anzunähern. Die politische Gegnerschaft blieb erhalten, die angesichts der rasch wachsenden chinesischen Wirtschaft nun eine neue Brisanz erhielt.

KAPITEL 10

WELTMARKT OHNE HÜTER: EINGEHEGTE ORDNUNGSLOSIGKEIT ODER ZERSTÖRERISCHER KONFLIKT?

DER AUFSTIEG CHINAS

Seit der Jahrtausendwende zeichnet sich eine sukzessive Rückkehr von Wirtschaftskriegen ab. Deren Epizentrum sind zweifellos die Vereinigten Staaten, die sich als Verlierer der durch sie selbst erst ermöglichten Globalisierung der Nachkriegszeit sehen, die 1990 in der Tat universell wurde. Zumindest bis zum Ende des realen Sozialismus 1989/90 war die Welt sozusagen noch in Ordnung. Die Kombination aus Rüstungswettlauf, Wirtschaftskrieg gegen den Ostblock und Ineffizienz der Planwirtschaft trieb die Wirtschaften des realen Sozialismus in den Ruin, ohne die westlichen Wirtschaften zu sehr zu belasten, die daher nach 1990 zügig darangingen, ihre Art der internationalen Arbeitsteilung institutionell festzuschreiben. Die Gründung der Welthandelsorganisation 1995 und die gleichzeitige Prosperität der amerikanischen Wirtschaft in der Ära Clinton waren der deutlichste Ausdruck dieses Sieges des Westens. Doch sollte sich danach der Wind drehen.[1] Die USA erschienen nach der Jahrtausendwende als Garant einer Ordnung, die ihre Konkurrenten, vor allem China, sehr viel besser nutzen konnten, ohne für deren Stabilität auch nur den geringsten Aufwand treiben zu müssen.

Die Gewichtsverschiebung verlief zunächst fast lautlos; sie wurde von den fulminanten Erfolgen der Finanzbranche im Vorfeld der Weltfinanzkrise, die das herkömmliche industrielle Gewerbe im Wortsinn alt aussehen ließ, geradezu unsichtbar gemacht. Dabei waren die Wandlungen gewaltig. Nach allen messbaren Parametern verloren die USA wirtschaftlich an Bedeutung. Betrug im Jahr 2000 die Industrieproduktion Chinas gerade einmal 6 Prozent, die amerikanische hingegen 25 Prozent, so gehen jüngste Projektionen für 2030 von einem chinesischen Anteil an der Weltindustrieproduktion von 45 Prozent aus, während für die USA nur noch 11 Prozent angenommen werden.[2] Das war vor allem eine Folge des sehr viel höheren Wachstumstempos der chinesischen Wirtschaft, das in den Jahren bis 2010 im Durchschnitt dreimal so hoch war wie in den USA und auch danach bis auf das Coronajahr 2020 die amerikanischen Daten deutlich übertraf.[3] Dabei profitierte die chinesische Industrie vor allem von den niedrigen Arbeitskosten des Landes, und es gelang, verstärkt durch eine künstlich niedrig gehaltene Währung, immer größere Exporterfolge zu erzielen und damit Weltmarktanteile zu gewinnen. Doch war dies keinesfalls nur Exportdumping, auf das die chinesische Regierung nach und nach ohnehin verzichtete.[4] Gleichzeitig wurde China selbst für globale Unternehmen zu einem attraktiven Markt sowie zu einem bevorzugten Standort, von dessen günstigen Bedingungen fast alle großen Unternehmen profitieren wollten.

Aus Gründen politischer Kontrolle, ebenso aber aus technologiepolitischem Kalkül, band die chinesische Regierung diese Aktivitäten an enge Kooperationsformen mit chinesischen Unternehmen, die hierdurch Zugang zu fortgeschrittenen technologischen Verfahren und komplexem Wissen erhielten. Allein deutsche Unternehmen engagierten sich mit gewaltigen Investitionen, die 2010 bereits sechs Milliarden Euro erreichten, in der Coronazeit kurzfristig sanken, seither aber auf neue Höhen von knapp zwölf Milliarden Euro (2023) angestiegen sind.[5] Finanziert vorrangig aus vor Ort einbehaltenen Gewinnen zeigen diese Summen die große Bedeutung Chinas, das zwar politisch weiterhin kritisch gesehen wird, dessen wirtschaftliche Attraktivität jedoch nahezu unwiderstehlich ist. Und von den ausländischen Unternehmen sind die deutschen Konzerne nur ein Teil: Selbst die großen amerikanischen Technologiekonzerne sind mittlerweile ohne ihr Chinageschäft kaum noch vorstellbar. Apple produzierte 2023 mehr als neunzig Prozent seiner Produktpalette in China, das im gleichen Jahr mit knapp einem Viertel der Produktion mehr iPhones aufnahm als der amerikanische Markt.[6]

Auch die Vorstellung, die chinesische Wirtschaft sei wenig mehr als eine verlängerte Werkbank oder ein Ausweichstandort für im Westen nicht mehr rentable Produktionslinien, hat sich mittlerweile erledigt. Das Vorgehen der Pekinger Regierung, den eigenen Standort zu entwickeln und stärker auf die heimische Produktion und die Steigerung des Lebensstandards zu setzen – zweifellos auch eine Reaktion auf amerikanische Versuche, China den Zugang zu wichtigen Technologien und zum Weltmarkt zu erschweren –, kann als eine Strategie des «China First» gelesen werden, in der es nicht mehr um Weltmarkterfolge um jeden Preis geht.[7] Letztere sind gleichwohl beeindruckend: Chinas Anteil am Welthandel (Importe und Exporte) lag Mitte der 1990er Jahre bei drei Prozent, 2018 hatte das Land mit 13,45 Prozent bei den Weltexporten und 11,37 Prozent bei den Importen die USA im Handelsvolumen weit in den Schatten gestellt, deren Anteil an den globalen Exporten nur knapp neun Prozent betrug. Führend waren die Vereinigten Staaten aber weiter bei den Importen: Das Land war 2018 mit 13,92 Anteil der größte Importeur der Welt. Die höchsten Überschüsse erzielte China dabei gegenüber Hongkong und den USA, während die Handelsbilanzen mit anderen Teilen der Welt deutlich ausgeglichener sind.[8]

Mit dem intensiven Handel ist ein weiteres Phänomen verbunden, das in den USA und Europa alarmiert: die starke chinesische Präsenz in weiten Teilen des globalen Südens, aber auch das Vordringen chinesischer Unternehmen in die europäische Unternehmenslandschaft und Infrastruktur. Das Projekt der «Neuen Seidenstraße», das auf einen mehr oder weniger umfassenden, infrastrukturell integrierten eurasischen Handelsraum setzte,[9] hat zwar an Bedeutung verloren, da vor allem in der EU die Vorbehalte gegen eine zu enge Zusammenarbeit mit China zugenommen haben. Aber die chinesische Präsenz in Afrika ist mittlerweile kaum mehr einzuholen,[10] und die amerikanische Angst, den Panamakanal ganz der chinesischen Konkurrenz überlassen zu müssen, die dort in Form eines Hongkonger Unternehmens bereits zwei wichtige Containerterminals betreibt, spricht Bände, auch wenn die Befürchtungen in den USA zum Teil übertrieben sind.[11] Kurz: Die Gewichtsverschiebungen sind unübersehbar, und zumindest in der Summe verliert die amerikanische Wirtschaft vor allem gegenüber China an Bedeutung, obgleich hier die Entwicklung im Einzelnen sehr unterschiedlich ausfällt.

Denn die Bedeutungsverluste trafen und treffen die Wirtschaft der Vereinigten Staaten nicht gleichmäßig. Während der Finanz- und der Hochtechnologiesektor weiterhin boomen, sind es die herkömmlichen Industrieregionen des Landes, die durch Deindustrialisierung und Arbeitsplatzverlust den Preis dieser forcierten Globalisierung zahlten und noch zahlen. Spätestens mit dem Auftreten Donald Trumps als Präsidentschaftskandidat 2015, der die betroffenen Bevölkerungsgruppen gezielt für sich mobilisierte, wurde der Befund offensichtlich. Die Vereinigten Staaten waren keineswegs der unbestrittene Sieger der Globalisierung, ja verloren in vielen Bereichen an Boden. Die Entstehung des «Rust Belt», also der heruntergekommenen ehemaligen Industriezonen des Nordostens, war nicht ausschließlich eine Folge des Aufkommens der chinesischen Industrie. Der Niedergang setzte früher ein, doch nun beschleunigte er sich so, dass an seine Umkehr kaum noch zu denken ist. Vor allem wurde auf diese Weise eine andere, politische Spaltung unübersehbar. Während die Regionen an der Ost- und an der Westküste letztlich von den chinesischen Importen noch profitierten, da ihnen der Zugriff auf preiswerte und qualitativ gute Industriegüter möglich wurde, verloren ganze Regionen in den sogenannten «Flyover States» ihre wirtschaftliche Basis. Während das Land weiterhin zu großen Teilen die Kosten der Aufrechterhaltung einer freien Weltwirtschaft trug, waren deren Folgen für die eigene Wirtschaft keineswegs nur positiv.[12]

GLOBALISIERUNGSCRASH

Es ist nicht allein dieser Befund, der hinter Donald Trumps Aufstieg und seiner Politik des «America First» steht. Zweifellos spielten auch die Auswirkungen der großen Finanzkrise von 2007/08 eine Rolle, ebenso wie die bereits zuvor laut werdende Kritik an der Globalisierung, die zunächst freilich noch vorrangig aus der linken politischen Ecke kam. All das trug zur Unterminierung jener Auffassung bei, die in den 1990er Jahren und nach der Jahrtausendwende noch maßgeblich gewesen war, nämlich dass die Globalisierung alternativlos sei. Die mit der Globalisierung verbundenen Hoffnungen schwanden vielmehr, und ihre Zukunftsaussichten stimmten nicht optimistisch.[13] Und genau das spielte und spielt Donald Trumps Programmatik in die Hände, der es nicht zuletzt um die Rekonstruktion der amerikanischen Wirtschaftsleistung, um eine Wiederbelebung der traditionellen industriellen Zentren bei gleichzeitiger Wahrung der Führungsrolle im Finanzbereich und im Hochtechnologiesektor geht. All das scheint neben einer umfassenden Modernisierung des eigenen Landes zwingend nach einer härteren Auseinandersetzung mit dem aufstrebenden Konkurrenten China zu verlangen, der zudem gehindert werden soll, die USA mit preiswerten Industrieprodukten zu überschwemmen und diese Erfolge zum Aufbau eines eigenen Hochtechnologiesektors zu nutzen.

Zugleich ist in den Vereinigten Staaten die tatsächlich oder vermeintlich ungerechte Lastenverteilung in der Weltwirtschaftsordnung ein prominentes Thema. Folgerichtig sollen neben der

Schwächung Chinas die anderen Staaten der westlichen Welt dazu gebracht werden, einen größeren Teil der Kosten zu übernehmen, die sich aus der Stabilisierung und Verteidigung dieser Ordnung ergeben und bisher, so meinen viele in Washington, in unfairer Weise vor allem der amerikanischen Seite aufgebürdet wurden. Nimmt man das alles zusammen, sind es die USA, von denen im Moment die größte Bewegung ausgeht, aus der im Fall einer Eskalation auch offene Wirtschaftskriege entstehen können, ja bereits entstanden sind. Allerdings handelt es sich nicht um die mehr oder weniger übliche Staatenkonkurrenz, nach der es zwischen einem bisherigen Platzhirsch und seinem Herausforderer fast zwangsläufig zu einem schweren Kampf kommen muss.[14] So einfach ist die Lage nicht, denn die USA sind auf die Kooperation mit der chinesischen Wirtschaft, deren wachsende Konkurrenz sie fürchten, gleichzeitig angewiesen, denn ohne sie kann das Leistungs- und Wohlstandsniveau des eigenen Landes nicht mehr garantiert werden. Die Fülle der chinesischen Importe in die USA erfüllt dort ja wichtige Aufgaben, die nicht einfach über Nacht anderweitig durch Eigenleistung ersetzt werden könnten. Nein, es geht der Trump-Regierung wohl weniger um eine Abkopplung von der globalen Arbeitsteilung als um die Aufrechterhaltung der eigenen Kontrolle und die Absicherung von Entwicklungsvorsprüngen.

Somit scheint die gegenwärtige amerikanische Politik auch die Grenzen eines nach außen gerichteten Selbstbehauptungskampfes zu erkennen. Zwar ist die Wirtschaft der USA für die meisten ihrer Partner weiterhin wichtiger als andersherum, was an der erstaunlichen Importposition des Landes liegt. Die Vereinigten Staaten sind zweifellos noch immer der größte Importmarkt der Welt, aber dieser ist eben davon abhängig, dass andere die Güter liefern und alle Welt den Dollar als Zahlungsmittel ohne Weiteres akzeptiert. Das Durchsetzungspotenzial Washingtons ist folgerichtig nach wie vor bemerkenswert hoch, da eine Verschlechterung der Wirtschaftsbeziehungen zu den USA ein Preis wäre, den kaum jemand zahlen möchte. Allerdings sind die Vereinigten Staaten wirtschaftlich weit davon entfernt, unangreifbar zu sein, wie sie es in den Jahren nach dem Zweiten Weltkrieg waren. Entfiel zu Beginn der 1950er Jahren etwa die Hälfte der weltweiten gewerblichen Industrieproduktion auf die USA, sank der Anteil der amerikanischen Wirtschaft am globalen Bruttoinlandsprodukt seither; 1985 lag er bei etwa 22 Prozent, gegenwärtig sind es etwa 15 Prozent. Chinas Anteil stieg dagegen seit 1985 von etwa 3 auf knapp 20 Prozent an.[15]

Die Politik des «Deals», die wohl die zweite Amtszeit von Donald Trump bestimmen wird, scheint dieser Situation Rechnung zu tragen, indem hartes Auftreten mit einer gewissen Kompromissbereitschaft verknüpft wird. Außenhandelsdeals, das ist offenkundig, sind aber keineswegs alles. Sollte es nicht gelingen, die wirtschaftliche Basis der USA erneut zu verbreitern und dem chinesischen Entwicklungstempo etwas entgegenzusetzen, werden alle Abwehrmaßnahmen (etwa Zölle, Sanktionen, Embargos) wenig nutzen. Bestenfalls tragen sie dazu bei, China zeitweilig zu schwächen, doch führen sie nicht zu einer Verbesserung der eigenen Wettbewerbsfähigkeit. Und die Folgen zeichnen sich im Bereich der künstlichen Intelligenz bereits handfest ab. Zwar ist es noch möglich, den Zugang Chinas zur modernsten Halbleitertechnik zumindest zu begrenzen.

Die gegenwärtige Zoll- und Steuerpolitik der USA, aber auch die teils durchaus radikalen Maßnahmen zum Abbau von Bürokratie, zur Deregulierung, ja zur Schrumpfung des Staatsapparats, zielen neben der Schwächung Chinas vor allem darauf, den Standort USA aufzuwerten sowie Investitionen und entsprechende Produktion ins Land zu ziehen. Dabei werden auch Konflikte mit Partnerstaaten, namentlich der EU, zumindest in Kauf genommen, für deren Unternehmen es durchaus attraktiv werden könnte, ganze Standorte in die Vereinigten Staaten zu verlegen. Eine Ausweitung der industriellen Produktion im eigenen Land, das war ja schon das Konzept in den ersten Jahrzehnten der Geschichte der USA, seinerzeit vor allem gegen die Abhängigkeit von britischen Importen gerichtet, die man nach und nach durch eigene Leistungen substituieren wollte. Die damalige Erfahrung, dass die Strategie, den eigenen Standort durch gezielte Zölle zu stärken, keineswegs das britische Engagement in den USA beschädigte, sondern im Gegenteil Großbritannien zu einem der wichtigsten Finanzierer und Lieferanten von Ausrüstungsgütern wurde, gerade weil der amerikanische Markt so dynamisch war, dürfte heute nicht völlig vergessen sein. In der Tat geht es der amerikanischen Regierung offensichtlich darum, die USA als Wirtschaftsstandort aufzuwerten, indem die heimische Produktion vor allem materiell begünstigt wird. Die von der zweiten Trump-Regierung verfolgte Zollpolitik bei gleichzeitigen Steuererleichterungen im eigenen Land soll dazu führen, dass Arbeitsplätze geschaffen und viele ohnehin über Zölle verteuerte Importe schließlich überflüssig werden. In gewisser Hinsicht strebt man damit an, die Ergebnisse der Globalisierung, die in den USA zu einem Schrumpfen der industriellen Basis und zur Verelendung ehemaliger industrieller Zentren geführt haben, zu korrigieren.[16]

Eine Stärkung der eigenen produktiven Kräfte Amerikas muss nicht zwangsläufig auf Wirtschaftskriege hinauslaufen. Doch die Strategie, mit der die gegenwärtige Regierung dieses Ziel erreichen will, ist geradezu neomerkantilistisch, ja sie knüpft direkt an die Rezepte der englischen Handelspolitik des 17. und 18. Jahrhunderts an, in der es darum ging, zunächst die Niederländer und später die Franzosen aus lukrativen Bereichen des Kolonialhandels zu verdrängen und den englischen Häfen und Kaufleuten eine Schlüsselstellung im Handel mit Kolonialwaren zu sichern. Dass diese Politik erfolgreich war, lag jedoch vor allem an der beginnenden Industrialisierung des Landes, deren Erfolge wiederum die Basis für den Aufbau und Unterhalt einer starken Flotte schufen, mit der die Welthandelsketten entsprechend strukturiert und kontrolliert werden konnten (siehe Kapitel 2 und 3). So dürfte auch der gegenwärtige Versuch der USA, sich Ressourcen aus anderen Ländern anzueignen, bestenfalls dann Erfolg haben, wenn es zu einer umfassenden Modernisierung der amerikanischen Wirtschaft kommt.

Die Frage freilich, ob diese Strategie, den eigenen Standort massiv aufzuwerten, ohne die grenzüberschreitende Arbeitsteilung zu gefährden, unter den gegenwärtigen Bedingungen aufgeht, in denen der Zustand der Infrastruktur, die Leistungsfähigkeit des Bildungssystems und auch das sozialmoralische Verhältnis zur Arbeit sich grundlegend gewandelt haben, bleibt ungeklärt. Und ob es gelingt, chinesische Unternehmen in die USA zu locken, ja ob man das überhaupt will, steht auf einem ganz anderen Blatt. Jüngst hat Donald Trump verkündet, man wolle die Halbleiterindustrie, die mit Intel einen ihrer großen Produzenten in den USA hatte, für das eigene Land zurückgewinnen, und zwar ausgerechnet vom engen Verbündeten Taiwan. Ob das Erfolg haben wird, ist indes völlig offen.

DIE NEUEN WIRTSCHAFTSKRIEGE

Die USA sehen sich nicht als Verursacher eines neuen globalen Wirtschaftskrieges, sondern als Opfer unfairer Praktiken einerseits, als Ziel chinesischer Aggression andererseits, wobei man zugleich den Schutz der eigenen Partner, etwa in Taiwan oder Korea, als Handlungsmotiv ins Feld führt. Die ergriffenen Maßnahmen, die geradezu als Selbstverteidigung erscheinen sollen, sind ganz unterschiedlicher Art und nebenher keineswegs eine Spezialität allein von Donald Trump und seiner Administration. Die Regierung von Joe Biden hat ebenfalls mit Wirtschaftskriegsmaßnahmen versucht, China von der neuesten Halbleitergeneration abzuschneiden, oder chinesischen Firmen den Zugang zu sensiblen Techniken im eigenen Land versperrt, ohne jedoch, wie zuvor unter Trump, zu einem radikalen Zollkrieg überzugehen. Dieser kehrt nun wieder in das Zentrum der Außenwirtschaftspolitik der USA zurück und wird überdies dafür genutzt, um Wohlverhalten in anderen kontroversen Fragen, etwa der Migrationspolitik, zu erzwingen.

China spielt dabei eine große Rolle, doch ist hier nicht nur der Handelsüberschuss ein Dorn im Auge, sondern es werden auch immer wieder politische Gründe beziehungsweise unfaires Verhalten ins Feld geführt, etwa bei der künstlichen Absenkung des eigenen Währungskurses, der Aneignung von Eigentumsrechten (Produktpiraterie) oder der Nutzung von Zwangsarbeit. Doch es geht keineswegs allein um China. Die USA als ein lukrativer und alles in allem leicht zugänglicher Markt sehen sich auch durch andere Länder unfair behandelt oder ausgenutzt. Mexiko und Kanada geraten ebenso in den Fokus wie die Europäische Union, von der Russischen Föderation, die aus anderen Gründen umfassend sanktioniert wird, wenn auch nicht so wirksam wie gewünscht, ganz zu schweigen. So stört man sich etwa am Zollniveau der EU, was jüngst allerdings in fundamentale Kritik umschlug.[17] Die Vorwürfe gegen Handelspartner, die von den Vereinigten Staaten erhoben werden, sind keineswegs völlig aus der Luft gegriffen, doch beschränkt sich die robuste Wirtschaftsdiplomatie eben nicht hierauf. Panama wird faktisch mit militärischer Intervention gedroht, sollte dem chinesischen Einfluss nicht Einhalt geboten werden, und Zolldrohungen zwangen die kolumbianische Regierung, die Rückführung von Bürgern aus den USA zu akzeptieren, um nur zwei aktuelle Beispiele zu zitieren.

Der hiermit verbundene Vorwurf, vor allem chinesische Güter seien für die Deindustrialisierung von Teilen der USA verantwortlich, den besonders lautstark Donald Trump erhebt, ohne dabei auch die deutschen Exportüberschüsse außer Acht zu lassen, ist indes alles andere als stichhaltig. Denn zunächst müsste erst einmal gezeigt werden, dass die betroffenen Industriezweige, etwa die Automobilbranche, die Textilindustrie oder die Herstellung einfacher industrieller Güter, wegen unfairer Praktiken der ausländischen Konkurrenz und nicht aufgrund mangelnder Wettbewerbsfähigkeit in Schwierigkeiten geraten sind.[18] Wäre Letzteres der Fall, wären die Importe entsprechender Güter aus anderen Staaten wirtschaftlich vorteilhaft für die USA, die so mit hoher Qualität zu niedrigen Preisen versorgt würden, etwas, das die eigene Industrie gar nicht leisten könnte.

In der Tat: Hinter dem Niedergang älterer amerikanischer Industriegebiete steht nicht allein, ja nicht einmal vorrangig die chinesische Konkurrenz, wie es auch in den 1960er und 1970er Jahren nicht die vermeintlich unfaire Konkurrenz der japanischen Autohersteller war, die die amerikanischen und europäischen Automobilriesen ins Wanken brachte, sondern vielmehr eine Mischung aus Bürokratisierung, fehlender technologischer Dynamik und mangelndem Konkurrenzdruck.[19] Die japanische Konkurrenz der 1970er Jahre brachte ebenso wie die chinesische seit der Jahrtausendwende zum Ausdruck, dass große Teile der amerikanischen Wirtschaft unter globalen Bedingungen schlicht nicht wettbewerbsfähig waren und es auch heute nicht sind. Solange dieser Befund die vermeintlich alten Industriezweige betraf, deren Niedergang in den USA lange regelrecht begrüßt wurde, schien das nicht weiter tragisch. Doch als sich herausstellte, dass China keineswegs bei Spielzeug, einfachen Industriegütern und Haushaltsartikeln stehen bleiben würde, sondern die Kooperation mit westlichen Unternehmen, die auf den chinesischen Markt immer weniger verzichten konnten, gezielt nutzte, um die eigenen technologischen Kapazitäten entscheidend zu vergrößern, sah die Lage anders aus. Den Aufstieg eines chinesischen Hochtechnologiesektors konnte man nicht derart gelassen hinnehmen. Und genau um dessen derzeitigen Kernbereich, den Halbleiterbau, tobt seit der Regierung von Barack Obama, der 2016 den Export modernster Halbleitertechnologie nach China untersagte, ein mehr oder weniger offener Wirtschaftskrieg.

Die Regierung in Washington übt dabei auch starken Druck auf Unternehmen in verbündeten Staaten aus, sich an dem Embargo zu beteiligen, das China wiederum nicht nur zu umgehen versucht. Seit den 2010er Jahren wird dort zugleich massiv in den Aufbau einer eigenen Halbleiterherstellung investiert. Dabei hat man das Niveau der am höchsten entwickelten westlichen Unternehmen, die die Maschinen zur Chipherstellung liefern, noch nicht erreicht, macht aber sowohl bei den Produkten als auch bei der Produktionsmenge gewaltige Fortschritte.[20] Ziel ist es, die heute noch bestehende Abhängigkeit bei der avancierten Halbleitertechnologie durch Eigenleistung auszugleichen – was die amerikanischen Sanktionen verzögern, aber wohl nicht verhindern können. China jedenfalls lässt keinen Zweifel daran, dass es in all diesen Bereichen zu den USA aufschließen und deren globale Bedeutung erreichen, wenn nicht übertreffen will. Das hat einerseits mit dem Rohstoffhunger des chinesischen Aufstiegs zu tun, folgt aber andererseits erklärtermaßen dem Ziel, sich vor allem gegen amerikanische Widerstände abzusichern. Mit Sicherheit hat die chinesische Führung die wirtschaftlichen Konflikte der Vergangenheit genau studiert. Ein Land war für internationale Sanktionen stets umso anfälliger, je geringer sein eigenes Potenzial und je stärker es global integriert war, also letztlich von einer störanfälligen Arbeitsteilung abhing, die sich als Sanktionierungsmittel geradezu anbot. Die derzeitig offenkundige Strategie, die wirtschaftliche Stärkung des eigenen Landes zur Basis der Entwicklung zu machen und nicht mehr als verlängerte Werkbank der internationalen Lieferketten zu fungieren, kann insofern auch als Versuch gesehen werden, die Anfälligkeit für Sanktionen zu verringern und dadurch intern an Stabilität sowie extern an Handlungsspielräumen zu gewinnen.[21]

Ähnlich wie lange Zeit die USA scheint China vor allem auf die Binnenentwicklung zu setzen. Dazu gehört neben der Verbesserung des eigenen Standorts allerdings auch, weltweite, multilaterale Lieferketten und Handelsstrukturen zu etablieren, in denen die Wirtschaft der Vereinigten Staaten nicht mehr den technischen oder monetären Mittelpunkt bildet und entsprechend geringere Sanktionsmöglichkeiten gegenüber unliebsamer Konkurrenz besitzt. Dies zeigt sich im Projekt der sogenannten Neuen Seidenstraße ebenso wie in der ökonomischen Durchdringung des afrikanischen Kontinents, die mittlerweile weit fortgeschritten ist und die dortige wirtschaftliche Realität grundlegend zu wandeln scheint. In diesem Zusammenhang stehen auch die Überlegungen der BRICS-Gruppe, eine neue grenzüberschreitende Finanzierungsinfrastruktur aufzubauen, die sowohl unabhängig vom Dollar als auch für amerikanische Sanktionen, die im Finanzsektor durch das Schließen von Zahlungswegen viel genutzt werden, unerreichbar ist.

An einer solchen Finanzarchitektur hat nicht nur China ein Interesse. In der Folge des Ukrainekrieges wurde zwar vor allem Russland finanziell blockiert und seine Auslandsguthaben wurden eingefroren, doch treffen diese Maßnahmen auch alle Staaten, die mit Russland handeln. Dass andere Staaten, etwa Brasilien, entsprechenden Lösungen gegenüber offen sind, die allerdings wegen vieler ungeklärter Fragen (etwa Etablierung eines multilateral strukturierten Währungskorbes oder Orientierung an der dominierenden chinesischen Währung als Leitwährung) noch weit von einer Realisierung entfernt sind, hat der Gipfel der BRICS-Staaten im Herbst 2024 in Kasan gezeigt. Die Abkopplung von den USA zeigt sich auch an anderer Stelle. So haben sich zahlreiche Staaten wie China, Indien, die Türkei oder Brasilien, die amerikanische Sanktionen befürchten, sukzessive aus dem Dollar als Reservewährung zurückgezogen beziehungsweise ihre Währungsreserven deutlich diversifiziert, um der Gefahr zu entgehen, dass ihr Vermögen wie das Russlands eingefroren wird. Als Alternative zum Dollar hat dabei das Gold Karriere gemacht, dessen anhaltender Wertanstieg in den vergangenen Jahren wohl nur durch die vermehrten Goldkäufe bestimmter Zentralbanken zu erklären ist.[22] Entsprechende Schritte und Gegenmaßnahmen sind an der Tagesordnung, und zwar keineswegs nur von den erklärten Gegnern der Vereinigten Staaten; der sich abzeichnende Handelsstreit mit den USA hat auch die EU veranlasst, ihrerseits mit harten Reaktionen zu drohen.

DAS DILEMMA DES WIRTSCHAFTSKRIEGES

Spätestens hier zeigt sich, dass Wirtschaftskriege und zugehörige Zwangsmittel keine einfache Wirkungsrichtung haben, sondern komplexe Anpassungsprozesse auslösen, die nicht unbedingt im Interesse ihrer Erfinder liegen. Diese unintendierten Folgen sind dabei keinesfalls auf Gegenmaßnahmen oder Vermeidungsstrategien der betroffenen Staaten beschränkt. Denn Zölle, Blockaden oder Sperren treffen nicht zuletzt Unternehmen und Haushalte, für die die Versorgung schwieriger, vor allem aber teurer wird. Die Verschiebung der weltwirtschaftlichen Gewichte mag aus der Sicht der beteiligten Staaten nachteilig sein, im Grunde aber zeigt sich darin der Prozess einer spontanen Anpassung, der sich in Tausenden Einzelentscheidungen konkretisiert, die aus wirtschaftlichem Kalkül heraus getroffen werden.

Ähnlich wie bei dem schleichenden Bedeutungsverlust der britischen Wirtschaft vor dem Ersten Weltkrieg ist das Verblassen der ökonomischen Stärke Amerikas ja nicht einfach Zeichen des bösen Willens der Konkurrenten, die etwas zerstören, das im Grunde allen nutzt. Wo die amerikanischen Unternehmen sich über ihre Leistungen am Markt behaupten – wie in großen Bereichen der modernen Computersoftware, bei der die amerikanischen Technologiekonzerne wie Google, Apple, Meta oder Amazon schlicht die Standards setzen –, gibt es keinen Bedeutungsverlust amerikanischer Unternehmen, die sich vielmehr gegenüber der chinesischen Konkurrenz durchsetzen können und so zumindest bislang keines Schutzes bedurften. Das muss nicht notwendig so bleiben. Mittlerweile schließen chinesische Produkte und Verfahren auch in anderen Bereichen zur amerikanischen Konkurrenz auf, man denke nur im Bereich von Social Media an TikTok. Gleichzeitig hat Temu mit großem Erfolg ein ähnliches Geschäftsmodell wie Amazon entwickelt, doch zeigt sich hierin vor allem der Alltag von Wettbewerb unter kapitalistischem Vorzeichen.

Dass Unternehmen, die im Wettbewerb schlecht abschneiden, nach Staatshilfen, ja nach Schutz rufen, ist so wenig verwunderlich wie von der Sache her gerechtfertigt, wenn man nicht den Wettbewerb als Motor ökonomischen Wandels grundsätzlich infrage stellen will. Zuletzt machte die Vorstellung eines Verfahrens im Bereich der künstlichen Intelligenz (DeepSeek-R1) Furore, das durchaus die Leistungsfähigkeit der viel aufwendigeren amerikanischen Modelle zu erreichen scheint, dabei aber deutlich preiswerter ist. Und offenbar ist diese Entwicklung, die mit weniger avancierten Halbleitern auskommt, auch eine Reaktion auf den amerikanischen Versuch, China hier von den Lieferketten auszuschließen. Nicht zuletzt als Reaktion auf die Sanktionierung des Zugangs zu modernen Hochleistungshalbleitern haben chinesische Unternehmen Alternativen entwickelt, die nun den US-Konzernen heftige Konkurrenz machen. Aber das alles ist normaler Wettbewerb, in dem amerikanische (und europäische) Unternehmen, wenn sie innovative Produkte besitzen und kostengünstig produzieren, ihre Chance haben und eben nicht auf staatlichen Schutz oder gar Sanktionen gegen die Konkurrenz angewiesen sind.

Das Problem von Sanktionen, die die skizzierte Richtung des durch Wettbewerb getragenen wirtschaftlichen Strukturwandels ändern sollen, besteht letztlich gerade darin, den Marktwettbewerb als dessen Treiber auszuschalten oder zumindest einzuschränken. Das mag dann einen Sinn ergeben, wenn dieser Wettbewerb ohnehin politisch verzerrt ist. Unter regulären Bedingungen jedoch sind derartige Eingriffe, die ein Ergebnis erzielen wollen, das spontan nicht einträte, von Nachteil, denn sie verdrängen das ökonomisch Naheliegende zugunsten des politisch Gewünschten. Sanktionen zielen im Kern stets darauf ab, ökonomischen Austausch zu ändern, ohne ihn zu verbessern. Gerade deshalb sind sie so anfällig für abweichendes Verhalten, das hierdurch geradezu wirtschaftlich prämiert wird. Schon aus der Frühen Neuzeit ist bekannt, dass der merkantilistische Wirtschaftskrieg vor allem eines erzeugte, nämlich weitverbreiteten Schmuggel.[23] Das gilt auch heute noch, wo eine Vielzahl von Sanktionen eine ebenso hohe Zahl von Umgehungsstrategien hervorruft.

Um solche Gegenmaßnahmen zu verhindern, muss das Sanktionsregime immer mehr ausgedehnt werden, wodurch wiederum auch der Anreiz steigt, es zu umgehen. Wie etwa soll, um zum Beispiel der Halbleiter zurückzukehren, die japanische Wirtschaft reagieren, die hochgradig vom Austausch mit China abhängig ist, wenn die USA etwa aus militärischen Gründen fordern, bestimmte Technologien nicht in chinesische Hände geraten zu lassen, die für japanische Produkte auf dem chinesischen Markt zwingend notwendig sind? Noch einmal anders formuliert, besteht das Dilemma der Sanktionen darin, dass sie wirtschaftliche Alltagspraktiken, die gewählt wurden, weil sie vorteilhaft sind, einschränken oder ganz unterbinden, um einen politischen Zweck zu erreichen, von dem die direkt betroffenen Akteure in der Regel keinen Vorteil, sondern massive Nachteile haben.

Ein einmal eingeschlagener Weg zur Nutzung von Wirtschaftskriegsmaßnahmen trägt also, wenn er konsequent verfolgt wird, ein erhebliches Eskalationsrisiko in sich. Da es unwahrscheinlich ist, dass sich alle betroffenen Akteure für längere Zeit oder gar dauerhaft durch Sanktionsmaßnahmen binden lassen, bedarf es laufender Anpassungen, in der Regel Verschärfungen der Sanktionen beziehungsweise der zugehörigen Kontrollen. Wie kann zum Beispiel vorgegangen werden, wenn sich einzelne Handelspartner nicht an das Sanktionsregime halten oder es stillschweigend umgehen? So ist bekannt, dass die Maßnahmen gegen den Export russischen Öls zu Weltmarktpreisen von vielen Staaten, mit denen die USA und Europa weiterhin handeln, unterlaufen werden, ja dass russisches Öl als Verarbeitungsprodukt auf diesen Wegen weiter auf die westeuropäischen Märkte strömt. Wollte die EU das unterbinden, müsste sie Staaten wie die Türkei oder Indien, an deren Kooperation sie höchstes Interesse hat, sanktionieren oder zumindest materiell dafür entschädigen, dass sie das preiswerte russische Öl nicht mehr beziehen. Wie das politisch und wirtschaftlich möglich sein soll, ist schwer vorstellbar, vor allem wenn man bedenkt, wie informell und spontan viele innerasiatische Handelsströme organisiert sind.[24]

Wenn ein Sanktionsregime wie das derzeitige gegen Russland nicht wirklich durchgesetzt werden kann, dann verschiebt sich nicht nur das Verhältnis von Aufwand und Erfolg zuungunsten jener, die die Maßnahmen ergreifen. Sie laufen zusätzlich Gefahr, einen ökonomischen Strukturwandel zu forcieren, wie etwa die Intensivierung der Kooperation von China und Russland und die Abwendung Russlands von seinen traditionellen europäischen Partnern, der später möglicherweise nur schwer und unter großen Kosten zu korrigieren ist. Das erreichte Ausmaß der Globalisierung, das eine Fülle von Handelsbeziehungen mit sich brachte, wird unter Umständen selbst zur effektivsten Barriere gegen dauerhafte Sanktionen, da mit ihr zahlreiche Möglichkeiten geschaffen werden, sie zu umgehen oder ins Leere laufen zu lassen. Ein Blick auf die Rangliste der größten Häfen der Welt (gemessen am Containerumschlag) kann hier sehr ernüchtern: Die großen globalen Handelsströme sind kaum noch, und schon gar nicht von Europa aus, wirksam zu kontrollieren.[25]

In der derzeitigen Übergangsphase der Weltwirtschaft, in der sich neue regionale Muster und Austauschbeziehungen neben die traditionellen stellen beziehungsweise diese nach und nach verdrängen, haben sich auch die Bedingungen für Maßnahmen eines Wirtschaftskrieges geändert. Insofern kann man sich ernsthaft fragen, welchen Sinn Sanktionen haben, die kaum wirklich erfolgreich sein können, selbst wenn sie, wie die gegenwärtigen gegen Russland, umfassend und systematisch sind. Wenn es trotz aller ökonomischen Bedenken dazu kommt, dann vor allem wohl wegen des Zukunftspotenzials, das mit der Verfügbarkeit der modernsten Halbleiter verbunden ist, von künstlicher Intelligenz über moderne Militärtechnik bis hin zur Erschließung und Nutzung des Alls. Die Fantasien über die Kontrolle der als Cyberspace bezeichneten virtuellen Welt sind hier entscheidend. Auch wenn die Möglichkeiten einer umfassenden Steuerung der Kommunikations- und Datenaustauschprozesse in der virtuellen Welt derzeit weder technisch avanciert genug noch rechtlich überhaupt geregelt sind, soll doch sichergestellt werden, dass potenzielle oder reale politische Konkurrenten hier keinen Vorsprung erlangen, der womöglich nicht mehr aufzuholen ist. Deshalb spielen Schlüsseltechnologien wie die Halbleiterfertigung eine so große Rolle: Ihre Verfügbarkeit wird eine entscheidende Bedeutung für die zukünftige Entwicklung des Cyberspace und dessen Beherrschung haben, immer vorausgesetzt, dass sich nicht durch Neuentwicklungen die gesamte Ausrichtung ändert.

Dies ist auch der eigentliche Grund für die mittlerweile verbreiteten Maßnahmen zur Verdrängung chinesischer Technologie aus westlichen Telekommunikationssystemen. Technisch und ökonomisch wäre eine Zusammenarbeit mit Unternehmen wie Huawei nur vorteilhaft, politisch jedoch riskant. In dem sich hier abzeichnenden Wettlauf können kleine technologische Vorsprünge oder Rückschläge gewaltige Auswirkungen haben, die in kurzfristigen Kosten-Nutzen-Rechnungen kaum erfassbar sind. Denn was die Auseinandersetzungen um die Hochtechnologie der Gegenwart so brisant macht, ist, dass ihre politischen und militärischen Dimensionen, aber auch ihre wirtschaftlichen Auswirkungen jeweils höchst unterschiedlich ausfallen können. Nicht zuletzt der gesamte Bereich der modernen Militärtechnologien und der damit verbundenen Form der Kriegsführung hängt an der Verfügbarkeit von künstlicher Intelligenz und den dafür notwendigen komplexen Technologien. Die Frage ist freilich, ob es nicht andere Weg geben kann, um hier zu Deeskalationen zu kommen, denn Wirtschaftskriege lassen sich weder exakt planen noch in ihren Auswirkungen und ihrer Dauer vorhersagen. Letztlich kalkulieren sie auf einen siegreichen Ausgang, und gerade wegen dieses Kalküls sind sie so gefährlich.

Der amerikanisch-chinesische Konflikt dominiert derzeit unsere Vorstellungen von Wirtschaftskriegen, sieht man von dem Versuch ab, Russland im Ukrainekrieg wirtschaftlich in die Knie zu zwingen. Das Ausmaß des Konflikts rechtfertigt diese Sichtweise, doch sollte dies nicht dazu verführen, die anderen gegenwärtigen Konflikte zu vernachlässigen. Auch in anderen Teilen der Welt vollziehen sich Prozesse ökonomischen Strukturwandels, die wiederum politische Gewichtsverteilungen infrage stellen. Afrika mag als Kontinent wirtschaftlich noch rückständig sein, jedoch weisen viele afrikanische Staaten aktuell erstaunliche ökonomische (und demografische) Wachstumsraten auf, die das traditionell eher paternalistische Verhalten der alten europäischen Kolonialmächte und damit der EU herausfordern und letztlich obsolet werden lassen. Nicht zuletzt im Kontext der Verbindung von Außenpolitik, Wirtschaftshilfe und politischen Forderungen, die gegenüber zahlreichen afrikanischen Staaten angewandt wird, sehen diese Länder eine Art koloniale Attitüde, die sie im Umgang mit China nicht zu fürchten haben. China handelt nämlich ausschließlich nach ökonomischen Gesichtspunkten, verschafft sich Zugang zu Rohstoffen und zu Märkten und profitiert häufig noch von den kreditfinanzierten Infrastrukturprojekten, während die zumeist westlichen ehemaligen Kolonialstaaten nunmehr ihre Interessen subtiler, mit viel Rhetorik garniert, wenn auch nicht weniger hartnäckig etwa über den IWF oder die Weltbank durchsetzen.[26]

China ist heute der mit Abstand größte Handelspartner Afrikas, mehr als zehntausend chinesische Unternehmen sind in Afrika aktiv, und auf Regierungsebene existiert seit dem Jahr 2000 ein Netzwerk, das bald fünfzig afrikanische Staaten umfasst, die aus China nicht nur Importgüter beziehen, sondern von dort eine mehr oder weniger komplette Erneuerung ihrer Infrastruktur (kreditfinanziert) erhoffen. Das schließt erste chinesische Marinestützpunkte in Djibouti ebenso ein wie Hafenanlagen, Flughäfen, Straßen, ja ganze urbane Komplexe.[27] Ganz ähnlich die Lage in Lateinamerika und anderen Gebieten der Welt – wie der Streit um den Panamakanal oder Trumps Hoffnung, Grönland den USA anschließen zu können, zeigen. An die Stelle einer geordneten Weltwirtschaft mit mehr oder weniger klaren Regeln und einigermaßen transparenten Abläufen ist eine Art globaler Wettlauf getreten, in dem jeder glaubt zu verlieren, wenn der andere gewinnt.

Wie es weitergeht, ist völlig offen. Von Konfliktfreiheit wird die Zukunft kaum geprägt sein. Allein der Nahe Osten, weiterhin der Hotspot der globalen Energieproduktion, bietet ein völlig zerrissenes Bild zwischen der militärischen Konfliktzone um Israel und den prosperierenden Golfstaaten, die sich nach Kräften bemühen, ihre bisher allein vom Energieexport lebenden Volkswirtschaften zu modernisieren. In Südasien lässt der Aufstieg Indiens, aber auch die Entwicklung Pakistans neue Konflikte erahnen, und zwar keineswegs nur zwischen den beiden traditionell verfeindeten Staaten, sondern ebenso um deren Stellung in der Weltwirtschaft – nicht zuletzt deshalb, weil das ökonomische Gewicht beider Staaten sowie die wachsende Rolle Indonesiens kaum zulassen werden, dass sich China dort als Ordnungsmacht etablieren kann. Gleiches gilt für die Türkei, die den Wirtschaftskrieg des Westens gegen Russland als autonome Entwicklungschance begreift, sich keineswegs den Vorgaben beugt und ein eigenes Expansionsprogramm im Nahen Osten verfolgt.

Kurz: Aus einer klaren Ordnung mit nur zwei entscheidenden

Akteuren, den USA und der Sowjetunion in der bipolaren Welt vor 1990, danach für einige Zeit nur einem großen Akteur, den USA, ist mittlerweile eine offene Situation geworden, in der niemand bedeutend genug ist, um eine Ordnung zu ermöglichen, geschweige denn zu erzwingen. Das bisherige Erfolgsrezept der durch einen dominanten Akteur geprägten inklusiven Ordnung, die auf Anreize setzte und nicht auf Zwang, ist im Licht des chinesischen Aufstiegs in Zukunft nicht mehr möglich. Die Frage lautet nun, was an deren Stelle treten wird: ein permanenter Konflikt, der jederzeit eskalieren kann, oder eine multilaterale Kooperation, in der bei allen Interessengegensätzen die Orientierung am gemeinsamen ökonomischen Nutzen vorherrschend ist. Letzteres liefe auf eine permanente Neuaushandlung von Beziehungen und ihren konkreten Strukturen hinaus, ein laufender Balanceakt zwischen politischer Rivalität und dem Nutzen ökonomischer Kooperation, der keine wirkliche Stabilität kennt, sondern vielmehr mit all den Unwägbarkeiten des historischen Wandels rechnen muss.

Donald Trumps neue Wirtschaftsdiplomatie ist hier vielleicht auch als Antwort zu begreifen und eben nicht nur als das Risikospiel, auf das sie viel zu häufig beschränkt wird. Sicher, Trumps Stil ist erratisch, sprunghaft, ja launisch. Aber hart verhandeln, Deals und Kompromisse schließen und dadurch eine Art Fließgleichgewicht konkurrierender Interessen zu erreichen, das stets neu auszuhandeln ist – all das könnte die Zukunft der Weltwirtschaft nach dem Auslaufen der Pax Americana kennzeichnen. Dies setzt jedoch voraus, dass die USA ihren relativen Bedeutungsverlust letztlich akzeptieren und nicht versuchen, sich gewaltsam gegen die neuen Verhältnisse zu behaupten oder gar die wirklichen oder vermeintlichen Gegner zu dominieren oder zu Fall zu bringen. Was freilich auch für andere Akteure gilt: Zu glauben, eine Situation sei erreichbar, in der eine Seite den Ton angibt und die anderen folgen, ist unrealistisch. Eine Wirtschaftsdiplomatie, die bei aller Rivalität die andere Seite respektiert, wäre auf jeden Fall aussichtsreicher als das Konglomerat von Moral, Belehrung und unklarer Interessendefinition, das derzeit die Außenwirtschaftspolitik der EU und vieler europäischer Staaten kennzeichnet und eher in die Eskalation als in den Kompromiss führt.

Sollte sich der Trump'sche Stil durchsetzen, wären die europäischen Akteure gezwungen, ihre jeweiligen regionalen und nationalen Interessen klar zu bestimmen und in die Aushandlungsprozesse gegebenenfalls ebenso robust einzubringen, wenn sie denn Erfolg haben wollen. In das Paradies der Pax Britannica oder der Pax Americana, in dem das «Gute» und der westliche Vorteil scheinbar reibungslos in eins fielen, gibt es jedenfalls keine Rückkehr mehr. Ebenso ausgeschlossen ist die Vorstellung einer Pax Sinica, die die Zukunft beherrscht. Bei allen Erfolgsmeldungen, die China in den vergangenen Jahrzehnten geliefert hat, ist seine Wirtschaft dazu weder in der Lage, noch wäre eine chinesische Dominanz inklusiv, insbesondere nicht in Asien, wo es große Konkurrenten gibt. So wird an die Stelle mehr oder weniger geordneter globaler Kooperationsstrukturen eine Phase robuster Wirtschaftsdiplomatie treten, eine Diplomatie, die auch Mittel der Wirtschafts- und Handelskriege nutzt, die jedoch, so ist zumindest zu hoffen, die Eskalationsschwellen hoch ansetzt und den Gedanken der Kooperation zum gegenseitigen Nutzen nicht aufgibt. Diese Periode wird auf jeden Fall von Unruhe und starkem Wandel gekennzeichnet sein, was aber unter ökonomischen Gesichtspunkten nicht unbedingt von Nachteil sein muss. Ein eskalierender Konflikt wäre es hingegen allemal.

SCHLUSS:

GEFÄHRLICHE RIVALITÄTEN

Wenn man die in der Politikforschung häufig genannte fatale Staatenkonkurrenz, auch Thukydides-Falle genannt, zugrunde legt,[1] so haben Wirtschaftskriege auf den ersten Blick eine leicht erklärbare Ursache. Es geht um Selbstbehauptung in einer dynamischen Konkurrenzsituation, in der wirtschaftliche Stärke zugleich politische und militärische Handlungsfähigkeit bedeutet. Die Staatenkonkurrenz zwingt mithin zu passiven Wirtschaftskriegsmaßnahmen, also zur Stärkung der eigenen Position, oder zu aktivem Handeln, das stets auf eine Begrenzung der ökonomischen Möglichkeiten von Feinden oder Konkurrenten hinausläuft. Diese Überlegungen haben einen realen Grund, denn in der Tat wurde in der Vergangenheit wiederholt versucht, auf derartige Weise die eigene Dominanz zu verteidigen beziehungsweise den eigenen Aufstieg zu sichern.

Gleichwohl war eine solche Politik allein nie von Erfolg gekrönt. Was sie jedoch ermöglichen sollte, nämlich eine Beeinflussung des ökonomischen Strukturwandels in einem national-egoistischen Sinn, trat zu keinem Zeitpunkt ein. Donald Trump mag der chinesischen Automobilindustrie schaden; die amerikanische Autoindustrie wird aber nicht dadurch stärker, dass der Konkurrenzdruck geringer wird. Eher ist vom Gegenteil auszugehen, und Trump ahnt das offenbar. Auch wenn es nur in ersten Umrissen sichtbar ist, scheint Trump gerade deshalb von der Vorstellung geleitet, die amerikanische Wirtschaft aus ihren historisch gewachsenen Fesseln, die schon der Wirtschaftswissenschaftler Mancur Olson beschrieben hatte, befreien, also vor allem die umfassende Bürokratie und damit die stark aufgewertete Rolle des Staates drastisch reduzieren zu müssen. Wenn der Name Elon Musk aktuell für eines steht, dann ist es genau das: die versuchte Mobilisierung der wirtschaftlichen Wachstumskräfte ohne, ja gegen den Staat. Und dazu soll auch der Versuch beitragen, ausländische Unternehmen in die USA zu locken. Diese Unternehmen sollen bei der Modernisierung zumindest von Teilen der amerikanischen Wirtschaft dadurch helfen, dass man die ausländische Konkurrenz ins eigene Land zieht. Ob das angesichts der offenkundigen Schwäche des amerikanischen Bildungssystems oder der infrastrukturellen Probleme großer Teile des Landes dauerhaft gelingt, ist allerdings mehr als fraglich.

Der entscheidende Punkt ist ohnehin ein anderer: Seit dem 18. Jahrhundert wurde in der volkswirtschaftlichen Theorie nach und nach offenkundig, was die praktisch tätigen Kaufleute immer schon wussten, dass nämlich grenzüberschreitende ökonomische Kooperation kein Nullsummenspiel ist, sondern für alle Beteiligten, wenn auch vielleicht nicht immer in gleichem Maße, Vorteile bringt. Wirtschaftskriege, also die Einschränkung oder gar Unterbindung dieser Kooperation, sah die Kaufmannschaft und später auch die ökonomische Theorie zumeist als nachteilig an, und zwar umso mehr, je höher der erreichte Grad der internationalen Arbeitsteilung war. Regierungen konnten vielleicht glauben, gegen die negativen Folgen derartiger Konflikte immun zu sein, wie die USA, deren weltwirtschaftliche Integration lange gering war und noch heute geringer ist als die der meisten anderen Staaten. Entsprechend neigten die Vereinigten Staaten lange zu einer robusten Außenwirtschaftspolitik, da sie der Überzeugung waren, für die Folgen von Wirtschaftskriegen weniger anfällig zu sein als ihre Handelspartner, für die der Zugang zum amerikanischen Markt wichtiger sei als andersherum.

Die Globalisierung, vor allem seit den 1960er Jahren, hat hier jedoch die Verhältnisse deutlich verändert: Die USA sind heute von der Weltwirtschaft abhängiger als je zuvor. Auch für Washington ist die Vorstellung, losgelöst von der Reaktion anderer Staaten in der Weltwirtschaft handlungsfähig zu sein, mittlerweile illusionär. Für die deutsche Wirtschaft war die weltwirtschaftliche Integration ohnehin nie ein politisch verhandelbarer Zustand, sondern seit dem späten 19. Jahrhundert Existenzbedingung. Hier gilt: Je höher die weltwirtschaftliche Integration, je reibungsloser der grenzüberschreitende Güteraustausch, desto größer der Vorteil für die eigene wirtschaftliche Situation. Dieser Sachverhalt begründete die geradezu paradoxe Erfahrung: je größer die Integration und damit verbunden der wirtschaftliche Erfolg, desto geringer die autonome Handlungsfähigkeit.

Ein Exportweltmeister, nebenher ein durchaus zweifelhafter Titel,[2] war das Land deshalb nicht immer. Erst seit den späten 1950er Jahren war die Handelsbilanz überwiegend positiv. Doch gerade dieser Erfolg machte die deutsche Wirtschaft von ihren internationalen Handlungsmöglichkeiten umso abhängiger. Die Position der letzten Jahrzehnte hatte also ihren offenkundigen Preis, nämlich die Abhängigkeit von wechselnden und keineswegs homogenen Handelspartnern, was durchaus konfliktreich sein kann, wie die Wirtschaft der Bundesrepublik etwa in der gegenwärtigen Eskalation der Auseinandersetzungen mit Russland schmerzhaft zu spüren bekommt. Die Grundkonstellation, um es nochmals mit Nachdruck zu betonen, ist hierdurch jedoch nicht infrage gestellt, und für die meisten Volkswirtschaften in Europa, aber auch etwa für Südkorea oder Japan, gilt Ähnliches.

Wirtschaftskriege sind in derartigen Konstellationen schädlich, führen zu einem Rückgang von Leistungsfähigkeit und Wohlstandsniveau, ohne dass dadurch sichergestellt wäre, dass die mit ihnen verbundenen politischen Zwecke erreicht werden. Daraus folgt zwingend, dass Wirtschafts- und Handelskriege bestenfalls situativ und kurzfristig gerechtfertigt werden können. Dauerhaft sind sie für alle beteiligten Parteien schädlich. Sie können im strengen Sinne auch nicht gewonnen werden, da anhaltender wirtschaftlicher Erfolg von gelingender Kooperation abhängt. Zu glauben, sich erfolgreich durchsetzen zu können, indem man seinem Partner an den Kragen geht, ist reichlich bizarr. Doch dies wurde lange für möglich gehalten, und gerade deshalb kam es immer wieder zu entsprechenden Konflikten. Sosehr sie im Lichte des gegenwärtigen ökonomischen Wissens als geradezu dumm erscheinen mögen, so sehr sind sie als historisches Phänomen aufzuklären.

Die historische Analyse der «gefährlichen Rivalitäten», die Rekonstruktion der Bedingungen, unter denen Wirtschaftskriege möglich sind, aber auch jener von grenzüberschreitender ökonomischer Kooperation ohne größere Konflikte, all das enthält keine Botschaften oder gar Lehren für die Gegenwart und ihre Probleme. Die Wirtschaftsgeschichte ist nur sehr bedingt eine Lehrmeisterin, denn die Probleme von morgen lassen sich nicht nach historischem Rezept angehen. Gleichwohl sind im langfristigen ökonomischen Strukturwandel durchaus bemerkenswerte Muster erkennbar. Grob gesprochen, kann man Phasen intensiver Rivalitäten erkennen, in denen sich keine gemeinsamen Regeln oder gar Ordnungsvorstellungen finden lassen, die das jeweilige Konkurrenzverhalten diszipliniert hätten, aber auch Zeiten gelingender internationaler Arbeitsteilung. So gesehen herrschte zwischen Spanien, Frankreich, den Niederlanden und Großbritannien bis in das frühe 19. Jahrhundert ein ungeklärter Zustand, in dem die gegenseitige Schädigung an der Tagesordnung war. Das hörte erst auf, als Großbritannien aufgrund seiner hausgemachten ökonomischen Modernisierung im Zuge der Industriellen Revolution eine Vormachtstellung erlangt hatte, die ihm die Etablierung und Garantierung einer neuen Weltwirtschaftsordnung, der Pax Britannica, ermöglichte, an der zu partizipieren schließlich auch für die früheren Rivalen vorteilhafter war, als einen mehr oder weniger ungeregelten Wirtschaftskrieg fortzusetzen.

In den zweihundert Jahren seither gab es im Zeichen der Pax Britannica und dann unter der Pax Americana, die nach dem Zweiten Weltkrieg eine ähnlich stabile und zugleich inklusive Ordnung ermöglichte, folgerichtig Phasen intensiver weltwirtschaftlicher Kooperation, die für das globale Leistungs- und Wohlstandsniveau relativ günstig waren. Trotzdem führten diese Ordnungen keine langfristig stabilen Zustände herbei. Vielmehr wechselten sie mit Zeiten des offenen Krieges oder des Wirtschaftskrieges, was besonders in der ungeordneten Situation zwischen den Weltkriegen zu Leistungseinbußen, Zunahme und Verschärfung von Krisen und sozialem Elend beitrug. Eine erste historische Erfahrung lautet mithin, dass Ordnungslosigkeit und wenig oder nicht regulierte Rivalität zumindest wirtschaftlich unbedingt zu vermeiden sind. So wünschenswert das sein mag, so wenig führt freilich der Wunsch zu seiner Realisierung. Will man das Phänomen der Wirtschaftskriege historisch aufklären, ist es offensichtlich notwendig, nicht nur sie allein zu betrachten, sondern auch zu fragen, wie und unter welchen Umständen eine Ordnung möglich und historisch durchsetzbar ist, die für eine inklusive, also alle relevanten Akteure mehr oder weniger freiwillig einbeziehende Regulierung des internationalen Wirtschaftsaustauschs steht.

Der wirtschaftshistorische Befund zeigt klar, dass sich Zustände friedlicher Kooperation, hier einfach Ordnungen genannt, nicht nach Belieben herstellen, behaupten oder verändern lassen. Vielmehr waren es jeweils kaum wiederholbare historische Bedingungen, die für die globalen Wirtschaftsbeziehungen und die Art ihrer Strukturierung ausschlaggebend waren. Beide Globalisierungsphasen, vor 1914 und seit den 1950er Jahren, waren Perioden eines relativ stabilen weltwirtschaftlichen Ordnungsrahmens, der den Großteil der Weltwirtschaft einigermaßen inklusiv regulierte, also weniger auf Zwang als auf dem gemeinsamen Vorteil zumindest der großen Staaten beruhte. Dass Kolonialgebiete und periphere Staaten kaum oder gar nicht gefragt wurden, war zweifellos alles andere als inklusiv, aber das ändert nichts am grundsätzlichen Befund.

Einen solchen Ordnungsrahmen gibt es heute nicht mehr, und er scheint auch nicht in ähnlicher Form wiederzukehren, was zunächst an einer einfachen Tatsache liegt: Die Pax Britannica und die Pax Americana waren nur möglich, weil in ihrer Gründungskonstellation das ökonomische Gewicht des Ordnungsstifters überragend war, Letzterer also ein massives Interesse an einer Regelung haben musste, in der er seine Stärken entfalten konnte. Gerade das begründete auch die Bereitschaft, eine neue Ordnung zu etablieren und die Kosten für ihre Aufrechterhaltung zu tragen. Der britische Freihandelsimperialismus war so wenig von Altruismus getrieben wie der Dollarimperialismus der USA, und beide wurden mit robusten Mitteln durchgesetzt. In ihrem Rahmen aber waren die Entfaltungsmöglichkeiten für alle Teilnehmer groß, die überdies noch den Vorteil hatten, dass sie die Kosten der Ordnung nicht oder nur in geringfügigem Ausmaß tragen mussten.

Die Pax Britannica war, auch wenn die Kolonialgebiete gewaltsam einbezogen wurden und weder eine Stimme noch die Möglichkeit zur Verweigerung besaßen, ein solcher inklusiver Ordnungsrahmen, und auch die amerikanisch dominierte Weltwirtschaft war vor allem bis in die frühen 2000er Jahre dadurch gekennzeichnet, dass sie den teilnehmenden Staaten einen umfangreichen Entfaltungsraum ließ, beziehungsweise diesen überhaupt erst ermöglichte. Die durchaus vorhandenen Konflikte zwischen den Teilnehmern hatten keinen Anteil am Zerbrechen dieser Ordnungen – in einer funktionierenden Ordnung verschwinden die ökonomischen Rivalitäten zwischen den teilnehmenden Staaten ja keineswegs. Selbst in einer so beschränkten Welt wie der der Europäischen Union blieben konkurrierende Interessen von großer Bedeutung, doch suchte man stets nach geregelten Wegen zu ihrer Bewältigung, um die Integration nicht zu beschädigen. Auch waren die wirtschaftlichen Beziehungen zwischen den USA und der Europäischen Union alles andere als unkompliziert, doch reichten Konflikte um Hähnchen oder Mais keineswegs aus, um die transatlantische Kooperation infrage zu stellen. Nein, was die Stabilität solcher Ordnungen letztlich zum Wanken bringt, ist die unterschiedliche Geschwindigkeit der ökonomischen Wandlungsprozesse, die Spannungen erzeugt, die schließlich politisches Gewicht erhalten und irgendwann nicht mehr gebändigt werden können. Es ist der letztlich ungeplant und spontan verlaufende ökonomische Strukturwandel, der aus Rivalitäten «gefährliche Rivalitäten» werden lässt.

Auch hierbei gibt es freilich keine Automatismen, sondern es bedarf eines genauen historischen Blicks. Denn obwohl Großbritannien in diesem selbst gestifteten Ordnungsrahmen schließlich die ökonomische Dominanz, die das Land bei dessen Begründung unbestritten besessen hatte, an die USA und tendenziell auch an das Deutsche Reich verlor, versuchte London nicht, diesen Wandel gewaltsam, unter Einsatz von Maßnahmen des Wirtschaftskrieges, aufzuhalten oder abzuschwächen. Obgleich langsamer als die Konkurrenz gewachsen, stand die britische Wirtschaft in den Jahren vor dem Ersten Weltkrieg überaus gut da, das Pro-Kopf-Einkommen und der Lebensstandard waren die höchsten Europas, und die Erträge der weltwirtschaftlichen Arbeitsteilung stabilisierten die Rolle Londons als ihr finanzielles Zentrum.[3] Die globale Dominanz des Empire war keineswegs infrage gestellt, ja es profitierte in gewisser Hinsicht, zumindest was die eigene Wirtschaft betraf, vom Aufstieg Amerikas und den Erfolgen der deutschen Industrie, die das Land mit hochwertigen Gütern versorgten. Die britische Öffentlichkeit mochte gelegentlich von den Großmachtallüren des Deutschen Reiches genervt und den amerikanischen Parvenüs mit Herablassung begegnet sein; Maßnahmen eines Wirtschafts- und / oder Handelskrieges zur Niederringung der Konkurrenz ergriff das Land nicht, auch wenn es keinen Zweifel daran ließ, dass es davor im Konfliktfall nicht zurückschrecken würde. Wie London zur Durchsetzung seiner Interessen zu Werke ging, zeigen nicht nur verschiedene Kolonialkriege; die Burenkriege wurden als genau das wahrgenommen, was sie waren, nämlich der gewaltsame Zugriff auf die Ressourcen Südafrikas, namentlich seine Goldvorkommen.[4] Der Untergang der Pax Britannica im Ersten Weltkrieg war aber nicht Ergebnis einer Thukydides-Falle, sondern ein situatives Ereignis, das sich mit den unbewältigten politischen Konflikten in Europa, vor allem der Balkanfrage oder dem Streit um den russischen Zugang zu den warmen Meeren, die nicht unbedingt mit der wirtschaftlichen Globalisierung der Zeit korrespondierten, gut erklären lässt.[5] Die wirtschaftliche Rivalität mochte die Konfliktbereitschaft verstärken, ihre Ursache war sie nicht.

Die Zerstörung der Pax Britannica war ungeachtet dessen unumkehrbar. Nach dem Ende des Ersten Weltkrieges gelang es nicht, eine vergleichbare Ordnung, wie sie bis 1914 bestanden hatte, wiederherzustellen. Dazu war das Misstrauen in Europa zu groß; die Chance, die Friedensordnung zu einer Zügelung der Entwicklungsmöglichkeiten der deutschen Wirtschaft zu nutzen, war für Länder wie Frankreich viel zu verlockend, da eine alternative Ordnung, die Deutschland zugleich integriert wie berechenbar gemacht hätte, nicht möglich schien. Anders als in der Mitte des 19. Jahrhunderts hatte Großbritannien nach 1918 auch nicht mehr das wirtschaftliche Potenzial, geschweige denn die politischen Mittel, eine neue Ordnung zu konstituieren und gegen mögliche Widerstände durchzusetzen. Der amerikanische Präsident Woodrow Wilson beschwor zwar gegen Ende des Krieges eine Art moralische Führungsrolle in Europa und propagierte mit der Idee des Völkerbundes eine inklusive Friedensordnung; die USA besaßen auch die wirtschaftlichen Mittel und das politische Gewicht, eine neue Ordnung auf den Weg zu bringen. Doch die USA waren angesichts der internen Streitereien unter den Siegermächten schließlich nicht bereit, hierfür den notwendigen Aufwand zu betreiben. Nicht nur weigerte sich das Land, den Versailler Vertrag zu unterzeichnen; es zog sich vielmehr erneut hinter hohe Schutzzölle zurück und trat auch dem selbst initiierten Völkerbund nicht bei.

Stattdessen herrschte in der wenig geordneten und von zahlreichen Konflikten regelrecht zerklüfteten Weltwirtschaft der zwanziger und dreißiger Jahre der permanente Wirtschaftskrieg, der mit der Weltwirtschaftskrise einerseits, dem Aufstieg diktatorischer Regime vor allem in Deutschland, Italien und Japan andererseits schließlich radikale Früchte trug. An die Stelle von Kooperation und Vertrauen oder zumindest gemeinsamem Vorteilserwerb trat das Gegenteil, das schließlich in Abschottung und Rückzug in den eigenen sicheren Hafen mündete und letztlich in eine Abwärtsspirale, die niemand aufhalten wollte oder konnte.

Erst der Ausgang des Zweiten Weltkrieges änderte die Konstellation, und das in doppelter Hinsicht. Einerseits waren die USA nach 1945, als sie allein etwa die Hälfte der globalen Industrieproduktion aufbrachten, in einer unangefochten starken Position, zu deren Aufrechterhaltung, das war nach den Erfahrungen der Zwischenkriegszeit unstrittig, eine funktionierende weltwirtschaftliche Kooperation unabdingbar war. Überdies hatten die notorischen Störenfriede der Zwischenkriegszeit, Deutschland, Japan und Italien, den Krieg nicht nur verloren, sondern sie hatten vielmehr noch de facto jegliche eigene Handlungsfähigkeit eingebüßt. Der Krieg gegen diese drei Staaten war zudem ein moralisch gerechtfertigter Krieg gewesen, der die Sieger zur Konstituierung einer friedlichen und inklusiven Nachkriegsordnung geradezu verpflichtete.

Alles in allem schuf der Ausgang des Zweiten Weltkrieges günstige Bedingungen für eine neue Ordnung der Weltwirtschaft, was der Aufbau der Vereinten Nationen und ihrer Programmatik deutlich machte. Es zeichnete sich zwar rasch ab, dass eine globale inklusive Ordnung unter amerikanischer Hegemonie nicht möglich sein würde, da die Sowjetunion und ihre Satelliten sich nicht einfügen, ja die Ordnung grundsätzlich infrage stellen würden. Aber der Ausbruch des Kalten Krieges in der zweiten Hälfte der 1940er Jahre war zugleich Ausdruck des Scheiterns einer globalen Ordnung wie der Motor der westlichen Integration, die im Konflikt mit der Sowjetunion energisch vorangetrieben wurde. Die so mögliche Pax Americana war nicht so inklusiv wie der britische Vorläufer, da sie die östliche Seite ausschloss und den «globalen Süden» eher instrumentell einbezog, woraus in den kommenden Jahrzehnten ständige Kämpfe um Macht- und Einflusszonen resultierten. Doch die sich hier entfaltenden ökonomischen Spielräume waren angesichts der wirtschaftlichen Möglichkeiten der Vereinigten Staaten so groß, dass die Sogwirkung dieser Ordnung, der der Ostblock zumindest wirtschaftlich nur wenig entgegenzusetzen hatte, überwog.

Im Rahmen der Pax Americana wurde der Wirtschaftskrieg gleichsam zum Sündenfall, der im eigenen Lager explizit ausgeschlossen werden sollte. Tatsächlich war er seit den 1950er Jahren über die nun wirksamen Runden des Allgemeinen Zoll- und Handelsabkommens, mit denen Zollsätze und Verfahrensregeln gemeinsam festgelegt wurden, innerhalb der amerikanischen Ordnung eine Randerscheinung; die Rivalitäten blieben bestehen, aber das Eskalationspotenzial in Richtung «gefährlicher Rivalitäten» war doch wirksam eingedämmt. Gegen Außenstehende, namentlich im Verhältnis zum östlichen Lager und zu Abweichlern wie Kuba, wurde der Wirtschaftskrieg allerdings zum Regelfall. Denn vor dem Hintergrund des nuklearen Patts waren größere militärische Auseinandersetzungen nicht nur undenkbar; Maßnahmen des Wirtschaftskrieges schienen nun überhaupt das einzige Mittel zu sein, zumal sie gegen den Ostblock, der kaum Möglichkeiten zu wirksamer Gegenwehr besaß, auch ohne große Gefahr der Selbstschädigung eingesetzt werden konnten. Der mit erstaunlicher Konsequenz geführte Wirtschaftskrieg im Rahmen des Kalten Krieges brachte, von den eigenen Fehlern der Planwirtschaft abgesehen, den Ostblock schließlich 1989/90 zum Einsturz – ein vermeintlich großer, wenn nicht der größte Sieg von Wirtschaftssanktionen gegen eine widerstrebende Macht.

Was sich nun zumindest im Westen anschloss, war die Geburt einer inklusiven Weltwirtschaftsordnung, die Außenseiter oder Feinde im Grunde nicht mehr kannte. Konflikte gab es zweifellos weiterhin, doch im Rahmen der sich abzeichnenden internationalen Ordnung, für die schließlich die 1995 in Genf gegründete Welthandelsorganisation stand, wurden die Auseinandersetzungen beherrschbar. Der Beitritt des lange in einer Außenseiterrolle verharrenden China markierte in gewisser Hinsicht den Höhepunkt der Pax Americana als Ordnungsrahmen einer kapitalistischen Weltwirtschaft. Zugleich begann jedoch ihr Niedergang, und es waren vor allem die USA selbst, die die von ihnen ermöglichte Ordnung nun immer stärker infrage stellten.

Solange der Erfolg der Ordnung die amerikanische Dominanz stabilisierte, schien es hinnehmbar, die Kosten dafür zu tragen. Als jedoch klar wurde, dass China, das im Rahmen der Globalisierung einen fulminanten Aufstieg vollzog, keineswegs geneigt war, sich den politischen Vorstellungen Amerikas unterzuordnen, bekam die Ordnung Risse, die immer tiefer wurden, je größer und spürbarer die wirtschaftliche Bedeutung und Konkurrenz Chinas in weiten Teilen der Welt wurde. Warum, so fragte man nun zugespitzt, sollten die USA eine Ordnung garantieren, die vor allem ihren expliziten politischen Gegnern Vorteile verschaffte? Denn dass China, nachdem das eigene wirtschaftliche Gewicht groß genug geworden war, die Pax Americana durch eine multilaterale Weltordnung zu ersetzen wünschte, wurde nach und nach offensichtlich. Das Ziel der USA, den Aufstieg Chinas zumindest zu bremsen und in strategischen Gebieten die eigene Vorherrschaft zu sichern, musste nun unvermeidlich zur Wiederkehr des Wirtschaftskrieges führen, was wiederum die Bemühungen namentlich der großen Schwellenländer intensivierte, sich von der amerikanischen Bevormundung zu befreien und insbesondere den US-

Dollar als globales Zahlungsmittel zumindest infrage zu stellen.[6] Ebenso wie eine funktionierende Ordnung sich durch ihren Erfolg zumindest zeitweilig selbst stabilisiert, beschleunigten jetzt die zunehmenden Konflikte die Erosion der Ordnung.

Überraschend war das freilich nicht, denn dauerhafte Stabilität besitzen Ordnungen, die eine sich laufend ändernde ökonomische Welt strukturieren sollen, nicht. Sie unterliegen, vereinfacht gesagt, eher einer Art Zyklus von Entstehung, Stabilisierung, Bedeutungsverlust und Erosion. Die Frage lautet immer, ob diese Erosion in neue Formen von Ordnung oder in eine ordnungslose Phase von Auseinandersetzungen und Konflikten mündet. Historische Beispiele gibt es für beide Fälle, doch werden ältere Ordnungszustände nicht unmittelbar durch neue ersetzt, sondern gehen zumeist in eine gewisse Ordnungslosigkeit über. Derzeit scheint Letzteres der Fall zu sein, obwohl der wirtschaftliche Schaden dadurch gewaltig ist. In einer global vernetzten und zugleich nuklear hochgerüsteten Welt, in der militärische Konflikte extrem riskant sind, ist der Wirtschaftskrieg die einzige, allerdings überaus unattraktive Möglichkeit, eigene Interessen gegebenenfalls robust durchzusetzen. Sicher mag man Informationsflüsse manipulieren, Personen des Landes verweisen und diplomatischen Druck ausüben, doch sind diese Mittel nicht sonderlich wirksam. Dem wirklichen oder vermeintlichen Gegner hingegen wirtschaftlichen Schaden zuzufügen, kann da in einer Welt, in der der materielle Lebensstandard zugleich über die Legitimität politischer Institutionen zu entscheiden scheint, sehr viel ratsamer sein. Das Eskalationsrisiko ist indes hoch und die Kosten unabsehbar.

Ein Wirtschaftskrieg, soll er wirkungsvoll sein, setzt nämlich eine Vernetzung voraus, deren Ausfall nicht nur dem Gegner, sondern auch der eigenen Wirtschaft erheblichen Schaden zufügen wird. Zudem muss in Kauf genommen werden, dass völlig unbeteiligte Akteure betroffen sind, etwa weil wirtschaftliche Handlungschancen mit Staaten schrumpfen, die von anderen mit Sanktionen belegt werden. Diese Kollateralschäden sind völlig unberechenbar, da Sanktionen nicht nur herkömmliche Handelsbeziehungen belasten, sondern auch völlig neue Handlungschancen eröffnen können. Gelegentlich wirken die durch den Wirtschaftskrieg verschobenen relativen Preise geradezu wie ein Anreiz, das Sanktionsregime zu umgehen oder zu unterlaufen. Wenn etwa, um das Beispiel noch einmal aufzugreifen, durch die fehlende Nachfrage des Westens der Preis für russisches Öl sinkt, ist es für viele Staaten gerade attraktiv, es zu kaufen, weiterzuverarbeiten und als eigenes Produkt auf westliche Märkte zu bringen. Daneben löste der Boykott Russlands durch westliche Automobilproduzenten einen Nachfrageschub in einigen Nachbarstaaten der russischen Föderation aus, die jetzt westliche Autoteile beziehen und mit hohem Gewinn nach Russland weiterverkaufen.[7] Wirtschaftskriegsmaßnahmen, namentlich einseitig verhängte Sanktionen, haben insgesamt höchst komplexe Folgen; vor allem aber zerstören sie nach und nach jedes Regelvertrauen, das jedoch die Bedingung für eine halbwegs zivilisierte Austragung von Rivalitäten ist.[8]

Der Urheber von Wirtschaftskriegen muss im Zweifelsfall also auch bereit sein, die Konfliktzonen auszuweiten, mit unter Umständen völlig ungewissem Ausgang. In wirtschaftlicher Hinsicht sind derartige Maßnahmen daher stets nachteilig, von den zweifelhaften Erfolgen einer sanktionsbedingten Schattenwirtschaft einmal abgesehen, auch wenn manch eine politische Entscheidung vor allem in der Zeit vor der Globalisierung von der Illusion der eigenen unbegrenzten Handlungsfähigkeit bestimmt war. Es mag politische und militärische Gründe geben, warum es trotzdem zu Wirtschaftskriegen kommt, ja kommen muss. Die ökonomische Logik und die Räson politischen Handelns sind nicht, jedenfalls nicht immer, deckungsgleich, und es gibt kein zwingendes Gesetz, wonach wirtschaftliches Kalkül stets Vorrang hat. Im Gegenteil: Die Geschichte dieser «gefährlichen Rivalitäten» hätte ihren

Gegenstand verfehlt, wenn sie in Verblüffung darüber verharren würde, dass etwas geschieht, was nach den individuellen Nutzenkalkülen der beteiligten ökonomischen Akteure stets mehr oder weniger nachteilig war. Aber es geschieht und bedarf insofern einer subtilen historischen Analyse, die die politischen Gründe derartiger Auseinandersetzungen ernst nimmt. Fatal wäre allerdings, wenn bei politischen Entscheidungen der Glaube vorherrschte, ökonomische Logiken vernachlässigen oder sich und der Öffentlichkeit über ökonomische Folgen Illusionen machen zu können. Nüchternheit in der Beurteilung ist ebenso nötig wie eine Begrenzung des Zeithorizonts derartiger Maßnahmen und klare Vorstellungen davon, wie es nach dem Ende der Sanktionen weitergehen soll.

Die große Lehre der beiden Nachkriegszeiten des 20. Jahrhunderts war gerade, dass eine – wie etwa 1918 in Versailles geschaffene – exklusive Ordnung, an der bestimmte Teilnehmer nicht oder nur beschränkt teilnehmen dürfen, nicht funktioniert, weil sie nicht die notwendige Zustimmung aller relevanten Akteure bekommt. Das war in der westlichen Hemisphäre nach dem Zweiten Weltkrieg anders. Trotz aller Verbrechen und Kriegsgräuel waren die westdeutsche und die japanische Wirtschaft zu Beginn der 1950er wieder in die Weltwirtschaft einbezogen, zum eigenen Nutzen und zum Nutzen der Kooperationspartner.

Doch ist eine Wiederholung der Pax Americana in der Gegenwart wegen der geänderten Rahmenbedingungen nicht möglich. Weder dominiert die US-Wirtschaft wie zur Mitte des 20. Jahrhunderts, noch sind die anderen großen Staaten so bedeutungslos, wie es damals vor allem die vom Krieg gezeichneten europäischen Staaten sowie Russland und China waren. Ein großer Teil des «globalen Südens» besaß im Rahmen der Kolonialherrschaft nicht einmal eigene Handlungsfreiheit. All das ist heute anders. Allein China, Indien und Indonesien verkörpern ein Gewicht, das durch sein Zukunftspotenzial nach Gleichberechtigung geradezu verlangt. Die Frage lautet daher, wie eine inklusive Ordnung der Zukunft aussehen könnte, in der die USA, Europa, China, Japan und Russland, aber auch die anderen süd- und südostasiatischen Staaten sowie Afrika und Lateinamerika bei Fortbestehen politischer Unterschiede gleichberechtigt einbezogen werden. Auf diese Frage hat die Wirtschaftsgeschichte keine Antwort. Nur eines ist sicher: Ordnungslosigkeit ist keine Alternative. Permanenter Wirtschafts- und Handelskrieg, von dem letztlich niemand profitiert, wäre die Folge. Ob man will oder nicht, man wird sich auf einen Übergangszustand einrichten müssen, dessen Dynamik umso größer ist, je bedeutender die daran beteiligten Akteure und ihre Konflikte sind.

Am Ende steht die Einsicht, dass stabile, inklusive Ordnungen historisch nicht nur unwahrscheinlich, sondern notwendigerweise begrenzt sind und in der Regel dann zerfallen, wenn ihre Bedingungen sich deutlich verändert haben – und das ist gerade wegen des ökonomischen Strukturwandels, der durch den Erfolg der Ordnungen beschleunigt wird, regelmäßig der Fall. Ordnungen, also gegenseitig akzeptierte Regeln über den Umgang mit Rivalitäten, sind für eine erfolgreiche internationale Kooperation erforderlich, bedürfen aber der ständigen Erneuerung entsprechend den sich ändernden Rahmenbedingungen. Diese Erneuerungen sollten die Ergebnisse des ökonomischen Strukturwandels zumindest respektieren. Je halsstarriger an der bisherigen Ordnung festgehalten wird, selbst wenn sie sich ökonomisch längst überlebt hat, umso zerstörerischer werden die Wirtschaftskriege. Denn Wirtschaftskriege, von denen manche Akteure annehmen, sie könnten ökonomischen Strukturwandel korrigieren oder gar aufhalten, besitzen eine überaus gefährliche Dimension, da sie ihre Ausweglosigkeit häufig durch eine katastrophale Radikalität zu kaschieren suchen.

Wirtschaftskriege, zumal wenn sie zwischen einigermaßen ebenbürtigen Konfliktparteien ausgetragen werden, kennen daher nur Verlierer. Statt auf Wirtschaftskriege zu setzen, ist nicht nur ein Weg zu bevorzugen, der sich an der Steigerung der eigenen Leistungsfähigkeit orientiert – es kommt auch auf das politische Geschick an, den unvermeidlichen ökonomischen Strukturwandel nicht zu einer Bedrohung, sondern zu einem Quell allgemeiner Wohlstandssteigerung werden zu lassen. Unter den gegenwärtigen Bedingungen kann das nur eine inklusive, multilaterale Ordnung sein, wie sie sich John Maynard Keynes 1944 als Alternative zur Pax Americana vorgestellt hatte. Vielleicht ist ja gerade, um es verkürzt auszudrücken, der bereits skizzierte Ansatz von Donald Trump ein Schritt in diese Richtung – nicht nur, weil er offenkundig auf eine umfassende Modernisierung der eigenen Wirtschaft setzt, sondern auch, weil seine Regierung international nicht diktiert, ja angesichts der Bedeutung Chinas gar nicht diktieren kann, sondern «Deals» schließt, also, zumindest dem Anspruch nach, zum gegenteiligen Nutzen Lösungen aushandelt. Ein solches Aushandeln, vor allem wenn es von einer radikalen Rhetorik begleitet wird, kann durchaus von Misstrauen, ja Ängsten getragen sein, doch kann es letztlich einer im gemeinsamen Interesse strukturierten Verfahrensweise verbunden bleiben, die nicht notwendig eskalativ sein muss, was allerdings ein Mindestmaß an Vertragstreue voraussetzt, die in der Tat schwer prognostizierbar ist. Der Ton wird rauer, doch die Verfahrensweisen werden gerade deshalb unter Umständen berechenbarer. Wie bereits erwähnt, sind mit Trump als Präsident der Vereinigten Staaten jetzt alle gezwungen, ihre Interessen und Positionen offen zu markieren und nachdrücklich zu vertreten, was nebenher den moralischen Fundamentalismus, der zahlreiche Wirtschaftskriegsmaßnahmen der Vergangenheit nicht nur als Auseinandersetzung mit dem Bösen verschleierte, sondern jegliche «Deals» geradezu verbot, in Mitleidenschaft ziehen wird. Eine Rückkehr zu einer robusten, auf den eigenen Vorteil orientierten Wirtschaftsdiplomatie wäre einer Eskalation jedenfalls unbedingt vorzuziehen.[9]

Die Alternative ist ein Zerfall in eine von China dominierte Welt der BRICS-Staaten und eine von den USA beherrschte G7-Gruppe, die zwar beide für sich überlebensfähig wären, aber nur unter Inkaufnahme relativ hoher Wohlstandsverluste bei gleichzeitiger Eskalation der Kosten für die dann auf Dauer gestellte Konstellation des Wirtschaftskrieges. Der Gedanke, es gäbe ein Zurück zu einer Ordnung mit einer ausschlaggebenden Ordnungsmacht, ist illusionär, denn abgesehen davon, dass China und Indien sich dem kaum beugen würden, sind die Konflikte innerhalb der westlichen Welt nicht mehr auf herkömmliche Weise, nämlich durch Orientierung an amerikanischen Vorgaben und Erwartungen, pazifizierbar. Das gilt im Übrigen ebenso für eine alternative Ordnung, wie sie manchen BRICS-Protagonisten vorschwebt. Die Vorstellung, Chinas mögliche ökonomische Übermacht würde das Land in die Rolle des Ordnungsagenten versetzen, dem die anderen folgen, ist weltfremd.

Aus der Geschichte kann man derzeit nur den Schluss ziehen, dass für das Modell der älteren Ordnungen die Voraussetzungen fehlen und folgerichtig ein ordnungsloser Zustand bevorsteht, wie er in den langen Jahren der Konkurrenz unter den mehr oder weniger gleich starken europäischen Mächten bis zum Ende der Napoleonischen Kriege vorherrschte. Eine neue multilaterale Ordnung einer Wirtschaftsdiplomatie der «Deals», so wünschenswert sie aus ökonomischen Überlegungen heraus ist, wird jedoch zunehmend unwahrscheinlich, wenn erst einmal der Schritt hin zum Wirtschaftskrieg getan ist. Dann droht eine Phase der Verunsicherung und des Konflikts, die – das zeigt die Geschichte – durchaus lange währen kann. Zwangsläufig ist das nicht, zu vorteilhaft ist der Freihandel, um ihn einfach aufgeben zu können. Aber es bedarf großer Vernunft, es nicht so weit kommen zu lassen.

ANMERKUNGEN

EINLEITUNG:
Der Wirtschaftskrieg als Schicksal?
Kooperation und Konflikt im ökonomischen Wandel

1 Zu den Details ausführlich Kapitel 1. Grundsätzlich zu dem Free-Rider-/Public-Good-Gesichtspunkt Ulrich Menzel, Die Ordnung der Welt. Imperium oder Hegemonie in der Hierarchie der Staatenwelt, Berlin 2024, S. 32–38, 1012–1014, dessen Überlegung sich im Folgenden als überaus treffend erweist und insofern, auch stellvertretend für die dortigen Referenzen, wiederaufgegriffen wird.

2 Margaret G. Myers, A Financial History of the United States, London, New York 1970, S. 148–173.

3 Sönke Neitzel, Von Wirtschaftskriegen und der Wirtschaft im Kriege, in: Wolfram Dornik, Johannes Gießauf, Walter M. Iber (Hg.), Krieg und Wirtschaft. Von der Antike bis ins 21. Jahrhundert, Bozen (u. a.) 2010, S. 49–66.

4 Siehe die Zusammenstellung einzelner Phänomene in Wolfram Dornik, Johannes Gießauf, Walter M. Iber (Hg.), Krieg und Wirtschaft. Von der Antike bis ins 21. Jahrhundert, Bozen (u. a.) 2010.

5 «Instead of taxing our citizens to enrich other countries, we will tariff and tax foreign countries to enrich our citizens», so Trump wörtlich, siehe https://www.whitehouse.gov/remarks/2025/01/the-inaugural-address/ (zul. geöffnet: 24. 01. 25).

6 Peter Groenewegen, Eighteenth-century Economics. Turgot, Beccaria and Smith and their contemporaries, London (u. a.) 2002.

7 Dennoch ist es aus Plausibilitätsüberlegungen heraus sinnvoll, sie zu benennen. Ganz ähnlich unterscheiden Oermann und Wolff drei Arten von Wirtschaftskriegen, und zwar sinngemäß Kriege zur Erlangung wirtschaftlicher Vorteile, sodann die Nutzung wirtschaftlicher Mittel zur Schädigung von Kriegsgegnern, und schließlich (nicht militärische) Formen der Handelsdiskriminierung. Siehe Nils Ole Oermann, Hans-Jürgen Wolff, Wirtschaftskriege. Geschichte und Gegenwart, Basel (u. a.) 2019, S. 21–37 samt Diskussion. Bei Ulrich Blum heißt es ganz ähnlich: «Wirtschaftskrieg ist der bewusste, aggressive Einsatz geeigneter Mittel zum Zerstören bzw. Entwerten des Human-

kapitals, Sachkapitals, intellektuellen Kapitals und Organisations- und Sozialkapitals eines wirtschaftlichen Rivalen durch Individuen, Unternehmen und/oder Staaten ohne moralische Bedenken oder unter deren Rechtfertigung bzw. deren Hintanstellung in einem angegrenzten Markt, um wirtschaftliche Dominanz zu erhalten oder zu erzielen.» Siehe Ulrich Blum, Wirtschaftskrieg. Rivalität ökonomisch zu Ende denken, Wiesbaden 2020, S. 32.

8 Michael Kempe, Jäger und Beute. Maritime Gewalt jenseits von Legalität und Illegalität, in: Rainer Hank, Hartmut Leppin, Werner Plumpe (Hg.), «Alle, die mit uns auf Kaperfahrt fahren». Piratengeschichten auf den Meeren der Welt, Frankfurt 2023, S. 111–126. Vgl. auch Georg Christ, Den Piraten an sich gibt es nicht. Die politische Ökonomie des Meeres, in: ebd., S. 127–150.

9 Als Charakteristika des Völkerrechts nennt Andreas von Arnauld, es erscheine «vielfach fragmentarisch, weil am Ende u. U. der Rückzug auf die insoweit (noch) nicht beschränkte Souveränität der Staaten steht» und es zudem «über keine zentrale Rechtsetzungsinstanz» verfüge. Siehe Andreas von Arnauld, Völkerrecht, 5. Auflage, Heidelberg 2022, § 2 Rn. 41, 43.

10 Definition in Arnauld, Völkerrecht, § 5, Rn. 427.

11 Generell Henning C. Schneider, Wirtschaftssanktionen. Die VN, EG und Bundesrepublik Deutschland als konkurrierende Normgeber beim Erlaß paralleler Wirtschaftssanktionen, Berlin 1999.

12 Geoffrey Parker, Die Militärische Revolution. Die Kriegskunst und der Aufstieg des Westens 1500–1800, Frankfurt (u. a.) 1990.

13 Peter Englund, Die Verwüstung Deutschlands. Eine Geschichte des Dreißigjährigen Krieges, Stuttgart 1998.

14 Herfried Münkler, Der Dreißigjährige Krieg. Europäische Katastrophe, deutsches Trauma 1618–1648, Berlin 2017.

15 Marian Füssel, Der Preis des Ruhms. Eine Weltgeschichte des Siebenjährigen Krieges 1756–1763, München 2024.

16 Zum Kriegsalltag siehe etwa die Beiträge in Sven Externbrink (Hg.), Der Siebenjährige Krieg (1756–1763). Ein europäischer Weltkrieg im Zeitalter der Aufklärung, Berlin 2011, insb. Abschnitt C, S. 247–282.

17 Im Einzelnen siehe die Beiträge in Aaron Sheehan-Dean (Hg.), The Cambridge History of the American Civil War, Volume I: Military Affairs, Cambridge UK 2019.

18 Richard Overy, Weltenbrand. Der große imperiale Krieg 1931–1945, Berlin 2023.

19 Carl Schmitt, Die Wendung zum diskriminierenden Kriegsbegriff, Berlin 2007 (zuerst 1938).

20 Zum Begriff und zur Dynamik der Regulation dieses Feldes siehe Klaus W. Grewlich, Konstitutionalisierung des «Cyberspace». Zwischen europarechtlicher Regulierung und völkerrechtlicher Governance, Baden-Baden 2001.

21 Die nachfolgenden Ausführungen sind inspiriert von Menzel, Ordnung, sowie von Hansjörg Siegenthaler, Regelvertrauen, Prosperität und Krisen. Die Ungleichmäßigkeit wirtschaftlicher und sozialer Entwicklung als Ergebnis individuellen Handelns und sozialen Lernens, Tübingen 1993.

22 Siehe Kap. 1, Anm. 1.

23 Erneut beispielsweise Menzel, Ordnung, S. 995–1012.

24 Eine umfassende Rekonstruktion oder Diskussion des Forschungsstandes kann hier nicht geleistet werden, sie würde bei der Betrachtung der historischen Dynamik von Rivalitäten und Ordnungszuständen letztlich auch nicht wirklich helfen. Für einen Überblick vgl. Dornik, Gießauf, Iber (Hg.), Krieg und Wirtschaft oder Lucia Coppolaro, Francine McKenzie (Hg.), A Global History of Trade and Conflict Since 1500, Basingstoke 2013. Ferner Blum, Wirtschaftskrieg sowie Oermann und Wolff, Wirtschaftskriege. Aktuell Gabriel Felbermayr, Martin Braml, Der Freihandel hat fertig. Wie die neue Welt(un)ordnung unseren Wohlstand gefährdet, Wien 2024.

25 Zu den vergeblichen Bemühungen, angemessene Ordnungskonzepte für eine neue Weltwirtschaft zu finden, siehe Quinn Slobodian, Globalisten. Das Ende der Imperien und die Geburt des Neoliberalismus, Berlin 2019.

26 Maßgeblich war hier vor allem Immanuel Wallerstein, der noch für die jüngsten globalen Wirtschaftsgeschichten dieses Typs der Stichwortgeber ist. Siehe Immanuel Wallerstein, Das moderne Weltsystem. Kapitalistische Landwirtschaft und die Entstehung der europäischen Weltwirtschaft, Frankfurt 1986; Immanuel Wallerstein, Das moderne Weltsystem II. Der Merkantilismus. Europa zwischen 1600 und 1750, Wien 1998; Immanuel Wallerstein, Das moderne Weltsystem IV. Der Siegeszug des Liberalismus (1789–1914), Wien 2012. Jüngst Friedrich Lenger, Der Preis der Welt. Eine Globalgeschichte des Kapitalismus, München 2023.

KAPITEL 1

Die Anfänge: Spanien und die Neue Welt

1 Alfonso Moreno, Feeding the Democracy. The Athenian Grain Supply in the Fifth and Fourth Centuries BC, Oxford (u. a.) 2007; Siegfried Lauffer, Die Bergwerkssklaven von Laureion, Wiesbaden 1979; Michael Sommer, Schwarze Tage. Roms Kriege gegen Karthago, München 2021.

2 Robin Lane Fox, Die Klassische Welt. Eine Weltgeschichte von Homer bis Hadrian, Stuttgart 2010.

3 Wolfgang Reinhard, Geschichte der Staatsgewalt. Eine vergleichende Verfassungsgeschichte Europas von den Anfängen bis zur Gegenwart, München 1999.

4 Länderspezifische Studien zur Kartografie in David Woodward (Hg.), The History of Cartography, Bd. 3: Cartography in the European Renaissance, Teil 1, Chicago (u. a.) 2007.

5 Jüngst Nuno Vila-Santa, Knowledge Exchanges between Portugal and Europe. Maritime Diplomacy, Espionage, and Nautical Science in the Early Modern World (15th–17th Centuries), Amsterdam 2024.

6 Zur kastilisch-portugiesischen Konkurrenz vor der westafrikanischen Küste bis zum Vertrag von Alcáçovas 1879 siehe Malyn Newitt, A History of Portugese Overseas Expansion, 1400–1668, London (u. a.) 2005, insb. S. 1–38.

7 Zum Folgenden Wolfgang Reinhard, Die Unterwerfung der Welt. Globalgeschichte der europäischen Expansion 1415–2015, München 2016, S. 77–96.

8 Hans-Joachim König, Vertrag von Tordesillas, in: Enzyklopädie der Neuzeit, Bd. 13, S. 662–665. Neben der Sanktion des anderen siehe zur Pflicht der «Stewardship» im eigenen Einflussgebiet Philip E. Steinberg, Lines of Division, Lines of Connection: Stewardship in the World Ocean, Geographical Review, 89 (2), 1999, S. 254–263.

9 Immanuel Wallerstein, Das moderne Weltsystem. Wallerstein bezieht sich auf die Arbeiten von Fernand Braudel, Sozialgeschichte des 15.–18. Jahrhunderts, Bd. 1: Der Alltag, München 1985, ders., Sozialgeschichte des 15.–18. Jahrhunderts, Bd. 2: Der Handel, München 1986, sowie ders., Sozialgeschichte des 15.–18. Jahrhunderts, Bd. 3: Aufbruch zur Weltwirtschaft, München 1986, die freilich sehr viel differenzierter angelegt sind.

10 Hermann Lübbe, Geschichtsbegriff und Geschichtsinteresse. Analytik und Pragmatik der Historie, Basel (u. a.), Stuttgart 1977, S. 35–47.

11 Zur notorisch negativen Handelsbilanz Europas vgl. Ronald Findlay, Kevin H. O'Rourke, Commodity Market Integration, 1500–2000, NBER Working Paper Series, 8579, 2001.

12 Reinhard, Unterwerfung, S. 96–176.

13 Serge Gruzinski, Drache und Feuerschlange. Europas Griff nach Amerika und China 1519/20, Frankfurt (u. a.) 2014.

14 Etwa für Genua Evgeny Khvalkov, The Colonies of Genoa in the Black Sea Region. Evolution and Transformation, London (u. a.) 2018.

15 Zur Verschiebung der europäischen Farbimportquellen von Asien nach Ame-

rika siehe Alexander Engel, Farben der Globalisierung. Die Entstehung moderner Märkte für Farbstoffe 1500–1900, Frankfurt (u. a.) 2009, insb. S. 53–61, 252–257, 264–267.

16 Etwa Michael Zeuske, Sklavenhändler, Negreros und Atlantikkreolen. Eine Weltgeschichte des Sklavenhandels im atlantischen Raum, Berlin 2015.

17 Grundlegend die unter Dreieckshandel / Triangular Trade firmierende Forschung.

18 David Hackett Fischer, The Great Wave. Price Revolutions and the Rhythm of History, New York (u. a.) 1996.

19 So prinzipiell auch Menzel, Ordnung, S. 518–521.

20 Überblickend und mit biografischem Zugang eher gewogen Heinz Schilling, Karl V. Der Kaiser, dem die Welt zerbrach, München 2020.

21 Parker, Militärische Revolution.

22 Wolfgang Reinhard, Geschichte der Staatsgewalt; Charles Tilly, Coercion, Capital, and European States, AD 990–1990, Blackwell 1990.

23 Beispielsweise Menzel, Ordnung, S. 498–518.

24 Siehe vorgreifend allein das Beispiel Antwerpens im spanisch-niederländischen Krieg. Heinrich Stettner, Brander contra Schiffbrücke. Die Sperrung der Schelde und der Fall Antwerpens 1584/85 – auch ein Stück Quellen- und Literaturgeschichte, Deutsches Schifffahrtsarchiv, 23, 2000, S. 251–272.

25 Beispiele siehe Peter Borschberg, The Singapore and Melaka Straits. Violence, Security and Diplomacy in the 17th Century, Singapur 2010.

26 Robert Bohn, Freibeuter, Enzyklopädie der Neuzeit, Bd. 3, Sp. 1123–1129.

27 Albert Wirz, Sklaverei und kapitalistisches Weltsystem, Frankfurt 1984, S. 12–40, 93–127.

28 Hans-Joachim König, Freundschaftslinien, Enzyklopädie der Neuzeit, Bd. 3, Sp. 1232–1236.

29 David Cordingly, Under the Black Flag. The Romance and the Reality of Life Among the Pirates, New York 1995. Kompakt siehe auch Michael Kempe, Piraten. Wissen, was stimmt, Basel (u. a.) 2009, insb. S. 7–56.

30 Angus Maddison, Contours of the World Economy, 1–2030 AD. Essays in Macro-Economic History, Oxford 2007, S. 382, Table A.7.

31 Maddison, Contours, S. 383, Table A.8.

KAPITEL 2

Ärger im Ärmelkanal: Die britisch-niederländische Konkurrenz nach dem Niedergang Spaniens

1 Bernhard Hagedorn, Die Entwicklung der wichtigsten Schiffstypen bis ins 19. Jahrhundert, Berlin 1914, S. 102–118. Mogens Jensen, Was the Flute a vessel designed to evade paying toll in the Sound?, Tijdschrift voor Zeegeschiedenis, 37 (2), 2018, S. 22–41.

2 Nach Handelsgütern gegliedert siehe die Beiträge in Maxine Berg (Hg.), Goods from the East, 1600–1800. Trading Eurasia, Basingstoke 2015.

3 Umfassend Jaap R. Bruijn, The Dutch Navy of the Seventeenth and Eighteenth Centuries, Columbia SC 1993.

4 Jürgen G. Nagel, Abenteuer Fernhandel. Die Ostindienkompanien, Darmstadt 2011.

5 Zur Innenpolitik Anton van der Lem, Die Entstehung der Niederlande aus der Revolte. Staatenbildung im Westen Europas, Berlin 2016.

6 Jan de Vries, Ad van der Woude, The First Modern Economy. Success, failure and perseverance of the Dutch Economy, 1500–1815, Cambridge (u. a.) 1997, S. 81–158.

7 Simon Schama, Überfluss und schöner Schein. Zur Kultur der Niederlande im Goldenen Zeitalter, München 1988. Werner Plumpe, Das Kalte Herz. Kapitalismus: Geschichte einer andauernden Revolution, Berlin 2021, S. 58–100, 119–127.

8 De Vries, van der Woude, Dutch Economy, S. 665–710.

9 Vertiefend zu Gent, zeitlich etwas früher, Martha C. Howell, Commerce before Capitalism in Europe, 1300–1600, Cambridge (u. a.) 2010.

10 Anschaulich siehe etwa die Fallstudie von Maria Bogucka, Amsterdam and the Baltic in the First Half of the Seventeenth Century, Economic History Review, 26 (3), 1973, S. 433–447.

11 Zum Niedergang der Hanse Rolf Hammel-Kiesow, Die Hanse, München 2021, S. 96–119.

12 Die rasche Seedominanz Anfang des 17. Jahrhunderts war aber durchaus auch in den Niederlanden selbst mit Blick auf Überproduktion oder sinkende Transportpreise von Skepsis begleitet, vgl. Hagedorn, Schiffstypen, S. 112–118. Knapp zur Seeschifffahrt auch Braudel, Handel, S. 394–401.

13 Walther L. Bernecker, Teil 2. Von der Frühen Neuzeit bis zur Gegenwart, in: ders., Klaus Herbers, Geschichte Portugals, Stuttgart 2013, S. 133–329, insb. S. 178–193.

14 Robert Parthesius, Dutch Ships in Tropical Waters. The development of the Dutch East India Company (VOC) shipping network in Asia 1595–1660, Amsterdam 2010.

15 Siehe auch Eberhard Schmitt, Thomas Schleich, Thomas Beck (Hg.), Kaufleute als Kolonialherren. Die Handelswelt der Niederländer vom Kap der Guten Hoffnung bis Nagasaki 1600–1800, Bamberg 1988, S. 13–18.

16 Dennoch zur niederländischen Rolle im Sklavenhandel Johannes M. Postma, The Dutch in the Atlantic Slave Trade 1600–1815, Cambridge 1990, oder Pieter C. Emmer, The Dutch Slave Trade, 1500–1850, New York, Oxford 2005, sowie allgemein auch die Beiträge in Gert Oostindie, Jessica V. Roitman, Dutch Atlantic Connections, 1680–1800. Linking Empires, Bridging Borders, Boston, Leiden 2014.

17 So eine grundlegende Argumentationsfigur in Menzel, Ordnung.

18 Daten in George Modelski, William R. Thompson, Seapower in Global Politics, 1494–1993, Basingstoke 1988, S. 62–65, 67–72, Table 3.3, 3.4, zuvor mit umfangreicher Diskussion samt Annahmen. Zur Definition ebenfalls Modelski, Thompson, Seapower, S. 44, wonach «To qualify [...] as a world power, a global power's share must equal [...] 50 per cent of the total warships of the global powers».

19 Siehe etwa Karl-Heinz Ziegler, Völkerrechtsgeschichte. Ein Studienbuch, München 2007, S. 124, 135–136, vertiefend auch Norman Weiß, Aspekte der Grotius-Rezeption am Beispiel von «Mare Liberum», in: ders. (Hg.), Hugo Grotius: Mare Liberum. Zur Aktualität eines Klassikertextes, Potsdam 2009, S. 17–24, insb. S. 21–24, und Richard Boschans Vorwort seiner Übersetzung von Hugo Grotius. Von der Freiheit des Meeres. Übersetzt und mit einer Einleitung, erklärenden Anmerkungen und Register versehen von Dr. Richard Boschan, Philosophische Bibliothek Bd. 97, Leipzig 1919, S. 5–13, insb. S. 11.

20 Michael Kempe, Fluch der Weltmeere. Piraterie, Völkerrecht und internationale Beziehungen 1500–1900, Frankfurt 2010, S. 75–89.

21 Grotius, Mare Liberum, S. 28, 59.

22 Ebd., S. 53.

23 Ebd., S. 24, 84.

24 Kempe, Fluch, S. 83, sowie zum Weiteren auch ebd., S. 92–99. Griffig siehe auch die Prägung «1580–1650: the battle of the books» samt Übersicht von Philip E. Steinberg, The Social Construction of the Ocean, Cambridge 2001, S. 89–98.

25 Ähnlich Kempe, Fluch, S. 95–99.

26 Eigene Übersetzung von Thomas Mun, England's Treasure by Forraign Trade.

Or, The Ballance of Our Forraign Trade is the Rule of our Treasure, London 1664, S. 11, «The ordinary means therefore to increase our wealth and treasure is by Foreign Trade [im. Orig. kursiv], wherein wee must ever observe this rule; to sell more to strangers yearly than wee consume of theirs in value».

27 Immer noch überaus instruktiv Fritz Blaich, Die Epoche des Merkantilismus, Wiesbaden 1973. Zur neueren Diskussion Moritz Isenmann (Hg.), Merkantilismus. Wiederaufnahme einer Debatte, Stuttgart 2014.

28 Philipp R. Rössner, Mercantilism as an Effective Ressource Management Strategy? Money in the German Empire, c. 1500–1800, in: Isenmann (Hg.), Merkantilismus, S. 39–64, verweist auf die Abwägung zwischen Münzabwertung bei Silbermangel, damit alltägliche Transaktionskosten, und einem latenten Wuchervorwurf statt einer Abwertung zur Exportförderung. Die deutsche Münzsituation habe gegenüber Letzterem aber abgeschreckt; geldtheoretisch ließe sich das merkantilistische Kaprizieren auf Edelmetall also durchaus plausibilisieren.

29 Wolf-Rüdiger Baumann, The Merchant Adventurers and the Continental Cloth-Trade (1560s–1620s), Berlin (u. a.) 1990.

30 Zu den einschlägigen frühen Forschungsdebatten zwischen Theorie und Daten siehe die Beiträge in Mark Blaug (Hg.), The Early Mercantilists. Thomas Mun (1571–1641), Edward Misselden (1608–1634), Gerard de Malynes (1586–1623), Aldershot 1991.

31 Parker, Militärische Revolution, S. 86–89.

32 Siehe insbesondere Kapitel 8 «Claret is the liquor for boys; port for men.», How Port became the Englishman's Wine, 1750s–c. 1790 s, von Charles Ludington, The Politics of Wine in Britain. A new Cultural History, New York 2013, S. 144–162.

33 Wolfgang Reinhard, Lebensformen Europas. Eine historische Sozialanthropologie, München 2006, S. 426–453.

34 Hintergrund noch immer trefflich «Neuntes Buch. Bürgerkrieg in England. 1642–1646» und «Zehntes Buch. Independenten und Presbyterianer. Katastrophe des Königs» von Leopold von Ranke, Englische Geschichte. Bd. II, Berlin (u. a.) 1957, S. 9–153.

35 Titelgebend zur «Political Economy of Wool, 1660–1824» siehe Kap. 7 von Julian Hoppit, Britain's Political Economies. Parliament and Economic Life, 1660–1800, Cambridge 2017, S. 216–248.

36 Zu diesen, aber auch zu nicht ökonomischen Kriegsursachen Robert Rebitsch, Die Englisch-Niederländischen Seekriege, Wien, Köln, Weimar 2014, S. 97–156.

37 Zu den Details sowie der Kaskade weiterer Acts, darunter der «Staples Act» von 1663, Charles M. Andrews, Chapter IX. The Acts of Trade, in: John H. Rose, Arthur P. Newton, Ernest A. Benians (Hg.), The Cambridge History of the British Empire. Volume I: The Old Empire from the beginnings to 1783, Cambridge (u. a.) 1929, S. 268–299.

38 Siehe Kap. 1, Anm. 29.

39 Zu den drei Seekriegen John B. Hattendorf, Competing navies: Anglo-Dutch naval rivalry, 1652–88, in: David Ormrod, Gijs Rommelse (Hg.), War Trade and the State. Anglo-Dutch Conflict 1652–89, Woodbridge 2020, S. 92–116.

40 Das war nicht ohne Risiko, aber offensichtlich üblich. Vgl. den von Samuel Pepys in seinen Tagebüchern geschilderten Fall aus dem zweiten Seekrieg, an dem er selbst als Sekretär des Flottenamtes beteiligt war; Samuel Pepys, Die Tagebücher, Bd. 3: Journal 1664 & 1665, Feldafing 2018, S. 186 ff, 600 ff.

41 Ebd., S. 186 ff, 430 ff.

42 Robert Rebitsch, Die Englisch-Niederländischen Seekriege, Wien, Köln, Weimar 2014, S. 296–300.

43 Etwa Elizabeth Edwards, War, foreign relations and politics in the Netherlands from the Second Anglo-Dutch War to the Revolution of 1688, in: David Ormrod, Gijs Rommelse (Hg.), War Trade and the State. Anglo-Dutch Conflict 1652–89, Woodbridge 2020, S. 74–91 oder Horst Lademacher, Geschichte der Niederlande. Politik – Verfassung – Wirtschaft, Darmstadt 1983, S. 148–160.

44 Lademacher, Geschichte der Niederlande, S. 182–197.

45 Nagel, Ostindienkompanie, S. 122–143.

46 Zum Vergleich absolute Zahlen in Maddison, Contours, S. 376, Table A.1.

47 Maddison, Contours, S. 383, Table A.8.

48 Joel Mokyr, The Enlightened Economy. An Economic History of Britain 1700–1850, London, New Haven 2009; Edward A. Wrigley, Energy and the English Industrial Revolution, Cambridge 2010.

49 Peter G. M. Dickson, The Financial Revolution in England. A Study in the Development of Public Credit 1688–1756, London (u. a.) 1967.

50 William Quinn, John D. Turner, Boom and Bust. A Global History of Financial Bubbles, Cambridge 2020, S. 17.

KAPITEL 3

Ein andauernder Unruheherd: Die französisch-britische Rivalität im 18. Jahrhundert

1 Die Daten zu den Baumwollimporten nach Großbritannien sind da ganz eindeutig; erst die Industrielle Revolution schuf die Massennachfrage, die wiederum die Baumwollplantagen im südlichen Nordamerika möglich machte; dazu Ulrich Pfister, Baumwolle, Enzyklopädie der Neuzeit, Bd. 1, Sp. 1070–1079.

2 Zur wirtschaftlichen Entwicklung Großbritanniens seit dem späten 18. Jahrhundert umfassend Mokyr, Enlightened Economy.

3 Obige länderübergreifende Demografiedaten bei Maddison, Contours, S. 376, Table A.1.

4 Margrit Schulte Beerbühl, War England ein Sonderfall der Industrialisierung? Der ökonomische Einfluß der protestantischen Immigranten auf die Entwicklung der englischen Wirtschaft vor der Industrialisierung, Geschichte und Gesellschaft, 21 (4), 1995, S. 479–505.

5 Margrit Schulte Beerbühl, Jörg Vögele (Hg.), Spinning the Commercial Web. International Trade, Merchants, and Commercial Cities, c. 1640–1939, Frankfurt 2009.

6 Eigene Übersetzung des Zitats nach Eli F. Heckscher, Mercantilism, London, New York 1955 (zuerst 1931), S. 17, nach dem Colbert seinem Cousin 1666 in einem Brief geschrieben habe: «Trade is the source of (public) finance and (public) finance is the vital nerve of war.»

7 Grundlegend zu Colbert, dogmenhistorisch wie zur praktischen Umsetzung, die zwei Bände von Charles W. Cole, Colbert and a Century of French Mercantilism, Volume I und II, New York 1939.

8 Robert L. Stein, The French Sugar Business in the Eighteenth Century, Baton Rouge, London 1988, S. 76, 99–100.

9 Daten in Menzel, Ordnung, S. 657.

10 Zu den Kosten der Festungsbauten Vaubuns siehe Stephan Hoppe, Daniel Hohrath, Festungsbau, Enzyklopädie der Neuzeit, Bd. 3, Sp. 948–959.

11 Siehe Kap. 2.

12 Daten kompiliert in Menzel, Ordnung, S. 662, Tab. 11. 6.

13 Quinn, Turner, Boom and Bust, S. 17.

14 Werner Plumpe, Wirtschaftskrisen. Geschichte und Gegenwart, München 2017, S. 37–39.

15 Etwa Reinhard, Unterwerfung, S. 487–549 zu den Konflikten im atlantischen Raum.

16 Grundlegend die umfassende Literatur zum Dreieckshandel / Triangular Trade. Zur französischen Wertschöpfungskette am Beispiel des Zuckers siehe etwa Stein, Sugar Business.

17 Charles Wilson, Geoffrey Parker, An Introduction to the Sources of European Economic History 1500–1800. Volume I: Western Europe, London 1977, S. 175, Table 6. 5. Diskussion der Daten in ebd., S. 172–177.

18 Etwa Joyce E. Chaplin, The British Atlantic, in: Nicholas Canny, Philip Morgan (Hg.), The Oxford Handbook of the Atlantic World, c.1450–c.1850, Oxford 2011, S. 219–234, und direkt folgend Silvia Marzagalli, The French Atlantic World in the Seventeenth and Eighteenth Century, in: Canny, Morgan, Atlantic World, S. 235–251.

19 Marian Füssel, Der Siebenjährige Krieg. Ein Weltkrieg im 18. Jahrhundert, München 2022.

20 Daten in Brian R. Mitchell, Abstract of British Historical Statistics, Cambridge (u. a.) 1962, S. 386–388.

21 Patrick K. O'Brien, The Political Economy of British Taxation, 1660–1815, Economic History Review, 41 (1), 1988, S. 1–32. Jünger auch John V. C. Nye, War, Wine, and Taxes. The Political Economy of Anglo-French Trade, 1689–1900, Princeton 2007, insb. Kap. 6, S. 68–88.

22 Daten in Mitchell, Abstract, S. 389–391.

23 Daten in Martin Ellison, Andrew Scott, Managing the UK National Debt 1694–2018, American Economic Journal: Macroeconomics, 12 (3), 2020, S. 227–257, samt Diskussion und insb. S. 231, Figure 1.

24 Vgl. Huw V. Bowen, The Bank of England during the Long Eighteenth Century, 1694–1820, in: Richard Roberts, David Kynaston (Hg.), The Bank of England. Money, Power, and Influence 1694–1994, Oxford 1995, S. 1–18.

25 Siehe Kap. 2, Anm. 18.

26 Daten in Mitchell, Abstract, S. 279–281.

27 Das spielt in Sven Beckerts Argumentation eine große Rolle, doch kann er nur ganz wenige Fälle benennen, in denen Erträge aus der Kolonialwirtschaft Industrieunternehmen oder deren Gründung finanzierten, siehe Sven Beckert, King Cotton. Eine Geschichte des globalen Kapitalismus, München 2014.

28 Auch Stephan Heblich, Stephen J. Redding, Hans-Joachim Voth, Slavery and the British Industrial Revolution, NBER Working Paper Series, 30451, 2022, bringen wenig konkrete Hinweise und begnügen sich im Wesentlichen, eine Art Zusammenhang von reichen Regionen Englands mit dem Sklavenhandel und der Plantagenwirtschaft zu ziehen. Zur Debatte generell Maxine Berg, Pat Hudson, Slavery, capitalism and the Industrial Revolution, Cambridge 2023.

29 Sven Beckert spricht auch synonym von «Kriegskapitalismus», wobei die hier verwendete Bezeichnung Kapitalismus ein wenig unscharf ist. Sven Beckert, King Cotton.

30 Philipp R. Rössner, Schmuggel, Enzyklopädie der Neuzeit, Bd. 11, Sp. 807–812.

31 Diese Lage ergänzte im 17. und 18. Jahrhundert die sogenannte Piratenrunde. Es entstand vereinfacht eine Seeroute, die mit mittelarmen Kolonialisten in der Karibik und New York als Unterstützern begann, dann rund um Südafrika verlief, um über einen Zwischenstopp auf Madagaskar im Indischen Ozean Jagd auf wertvolle Handelsware zu machen und sie, zurück in Amerika, zu verkaufen – eine durchaus rationale Praxis aus Jagd und Schmuggel in der sonst höchst protektionistischen Handelswelt, so auch Kempe, Piraten, S. 25–28, 89–97. Zur zeitgenössischen Kritik Moritz Isenmann, From privilege to economic law. Vested interests and the origin of free trade in France (1687–1701), in: Philipp R. Rössner (Hg.), Economic Growth and the Origins of Modern Political Economy. Economic reasons of state, London, New York 2016, S. 103–121.

32 Emma Rothschild, Economic Sentiments. Adam Smith, Condorcet, and the Enlightenment, Cambridge MA 2001.

33 Zur «deutschen» Variante des Merkantilismus, dem Kameralismus, also den Klugheitslehren zur Vermehrung der fürstlichen Einkünfte und zur Förderung der Blüte der Territorien vgl. Rainer Gömmel, Die Entwicklung der Wirtschaft im Zeitalter des Merkantilismus 1620–1800, München 1998. Aufgrund der fehlenden Handlungsmöglichkeiten im Bereich der Außenwirtschaftspolitik beschränkten sich die deutschen Varianten des merkantilen Denkens vor allem auf Ratschläge an die Obrigkeiten, die Wirtschaft ihrer Territorien zu fördern. Zu den eher kläglichen Ergebnissen des sogenannten Reichsmerkantilismus vgl. Ingomar Bog, Der Reichsmerkantilismus. Studien zur Wirtschaftspolitik des Heiligen Römischen Reiches im 17. und 18. Jahrhundert, Stuttgart 1959.

34 Guillaume Garner (Hg.), Die Ökonomie des Privilegs. Westeuropa 16.–19. Jahrhundert, Frankfurt 2016.

35 Erneut siehe Isenmann (Hg.), Merkantilism. Er hält die französische Seite, namentlich Colbert, für deutlich weniger protektionistisch als die britischen Maßnahmen, die die Bedeutung Colberts zudem bewusst übertrieben haben, dazu ders., War Colbert ein «Merkantilist»?, in: Isenmann (Hg.), Merkantilismus, S. 143–167. Auch Philipp R. Rössner diskutiert die geldpolitischen Fragen der Zeit durchaus differenziert, siehe Kap. 2, Anm. 28.

36 Paul Kennedy, Aufstieg und Fall der großen Mächte. Ökonomischer Wandel und militärischer Konflikt von 1500 bis 2000, Frankfurt 1989.

37 So der bezeichnende Buchtitel eines koreanischen Ökonomen. Siehe Ha-Joon Chang, Kicking Away the Ladder. Development Strategy in Historical Perspective, London 2002.

KAPITEL 4
Der Kontinent gegen Großbritannien: Napoleon und die Kontinentalsperre

1 Zum Begriff des Kameralismus Gömmel, Merkantilismus.

2 Zur Wirtschaftspolitik ebd., S. 41–56.

3 William O. Henderson, The Anglo-French Commercial Treaty of 1786, Economic History Review, 10 (1), 1957, S. 104–112.

4 Etwa François Crouzet, Wars, Blockade, and Economic Change in Europe, 1792–1815, Journal of Economic History, 24 (4), 1964, S. 567–588.

5 Braudel, Weltwirtschaft, S. 289–303.

6 Mit Außenhandelsdaten sowie generell überblickend Lance E. Davies, Stanley L. Engerman, Naval Blockades in Peace and War. An economic history since 1750, Cambridge 2006, S. 25–52. Grundlegend Eli Heckscher, The Continental System. An Economic Interpretation, Oxford 1922.

7 Oliver Gliech, Die Sklavenrevolution von Saint-Domingue / Haiti und ihre internationalen Auswirkungen (1789/91–1804/25), in: Bernd Hausberger, Gerhard Pfeisinger (Hg.), Die Karibik. Geschichte und Gesellschaft 1492–2000, Wien 2005, S. 85–99.

8 Zur amerikanischen Verhandlungsseite etwa Sean M. Theriault, Party Politics during the Louisiana Purchase, Social Science History, 30 (2), 2006, S. 293–324.

9 Hierzu Kennedy, Aufstieg und Fall, S. 189–228.

10 Jährliche Daten bei Mitchell, Abstract, S. 311, wobei er Nord- und Südeuropa einzeln aufführt, sodass der gesamt-kontinentaleuropäische Anteil im britischen Außenhandel sogar noch größer gewesen sein dürfte.

11 Zu den Ex-, Reex- und Importen Mitchell, Abstract, S. 279–282, und detaillierter ders., S. 285–297.

12 Philipp R. Rössner, Kontinentalsperre, Enzyklopädie der Neuzeit, Bd. 6, Sp. 1148–1150.

13 Dietrich Saalfeld, Die Kontinentalsperre, in: Hans Pohl (Hg.), Die Auswirkungen von Zöllen und anderen Handelshemmnissen auf Wirtschaft und Gesellschaft vom Mittelalter bis zur Gegenwart. Referate der 11. Arbeitstagung der Gesellschaft für Sozial- und Wirtschaftsgeschichte vom 9. Bis 13. April 1985 in Hohenheim, Stuttgart 1987, S. 121–139.

14 Menzel, Ordnung, S. 768–770.

15 Peter Graf Kielmansegg, Deutschland und der Erste Weltkrieg, Frankfurt 1986, S. 385–396.

16 Hierzu Ronald Findlay, Kevin O'Rourke, Power and Plenty. Trade, War, and the World Economy in the Second Millennium, Oxford (u. a.) 2007, S. 368–369.

17 Douglas A. Irwin, The Welfare Cost of Autarky: Evidence from the Jeffersonian Trade Embargo, 1807–09, Review of International Economics, 13 (4), 2005, S. 631–645.

18 Erneut Mitchell, Abstract, S. 281–282, 289–290.

19 Siehe Kap. 4, Anm. 11.

20 Etwa Davies, Engerman, Blockades, S. 29–30.

21 Das wiederum erboste die USA, die das oben bereits angesprochene Handelsembargo gegen Großbritannien verhängten.

22 Margrit Schulte Beerbühl, Trading Networks across the Blockades: Nathan Mayer Rothschild and His Commodity Trade during the Early Years of the Blockades (1803–1808), in: Katherine B. Aaslestad, Johan Joor (Hg.), Revisiting Napoleon's Continental System. Local, Regional and European Experiences, Basingstoke 2015, S. 135–152, insb. S. 145.

23 Dieter Meiners, Es blühte der Schmuggel. Napoleons Kontinentalsperre an der oldenburgischen und ostfriesischen Nordseeküste, Oldenburg 2018. Ferner Walther Vogel, Die Hansestädte und die Kontinentalsperre, München 1913.

24 Heckscher, Continental, S. 228–229.

25 Siehe etwa das Wachstum des englischen Südeuropa-Exports zwischen 1806 und 1811 bei Mitchell, Abstract, S. 311. Im Ergebnis gleich, nur mit geringeren absoluten Werten, siehe die offiziellen, preisbereinigten Daten bei Heckscher, Continental, S. 245. Die Exporte nach Portugal und Spanien zusammengenommen stiegen um mehr als das Dreifache im gleichen Zeitraum, vom Schmuggel ganz abgesehen.

26 Alix Winter, Protektionismus und Freihandel. Europäische Pressedebatten um globale Märkte zur Zeit Napoleons, Göttingen 2018.

27 Etwa Davies, Engerman, Blockades, S. 35–37.

28 Andreas Fahrmeir, Revolutionen und Reformen. Europa 1789–1850, München 2010, S. 117–128. Zu Joachim Murat François Garde, Der gefangene König, München 2021.

29 Mario Abrate, Italien 1648–1861, in: Wolfram Fischer u. a. (Hg.), Handbuch der Europäischen Wirtschafts- und Sozialgeschichte, Bd. 4, Stuttgart 1993, S. 837–879, hier S. 858–862, 876–877.

30 Übersichten bei Saalfeld, Kontinentalsperre, S. 137.

31 Anton L. Allahar, Sugar and the Politics of Slavery in Mid-Nineteenth-Century Cuba, in: Bernhard Moitt (Hg.), Sugar, Slavery, and Society. Perspectives on the Caribbean, India, the Mascarenes, and the United States, Gainesville 2004, S. 110–134, hier S. 113, Table 6.2.

32 In der Gesamtschau hingegen positiv Hans-Werner Hahn, Industrielle Revolution, München 2011, S. 11–13. Siehe auch Réka Juhász, Temporary Protection and Technology Adoption: Evidence from the Napoleonic Blockade, American Economic Review, 108 (11), 2018, S. 3339–3376.

33 Hahn, Industrielle Revolution, S. 11.

34 Rudolf Forberger, Die Manufaktur in Sachsen. Vom Ende des 16. bis zum Anfang des 19. Jahrhunderts, Berlin 1958.

35 Michael Kopsidis, Daniel W. Bromley, The French revolution and German industrialization: dubious models and doubtful causality, Journal of Institutional Economics, 12 (1), 2016, S. 161–190.

36 Etwa Saalfeld, Kontinentalsperre, S. 132–136.

37 Marcel Boldorf, Europäische Leinenregionen im Wandel. Institutionelle Weichenstellungen in Schlesien und Irland (1750–1850), Köln (u. a.) 2006.

38 George M. Trevelyan, English Social History. A Survey of Six Centuries Chaucer to Queen Victoria, London (u. a.) 1947, S. 465, oder Edward P. Thompson, Die Entstehung der englischen Arbeiterklasse, Bd. 1, Frankfurt 1987, S. 341–350.

KAPITEL 5

Der große Umbruch: Freihandel im Denken, Schutzzoll in der Praxis – England und die USA nach 1815

1 Siehe Kap. 3, Anm. 23.

2 Hierzu Frank Trentmann, Free Trade Nation: Commerce, Consumption, and Civil Society in Modern Britain, Oxford 2008.

3 Zu den Maßnahmen im Detail John H. Clapham, An Economic History of Modern Britain. The Early Railway Age 1820–1850, Cambridge 1939, S. 326–336, wonach die Handelsliberalisierung sukzessiv verlief – immer im Blick die hohe Staatsschuld, zugleich schlichte Vollzugsdefizite, Weigerungen seitens der USA und das graduelle Gehörfinden theoretischer Argumente, allen voran Ricardo. Zum Druck durch die anfängliche Wirtschaftskrise auch Norman McCord, British History 1815–1906, Oxford 1991, S. 11–28.

4 David Hume, Über die Handelsbilanz, in: Udo Bermbach (Hg.), David Hume.

Politische und ökonomische Essays, Übersetzt von Susanne Fischer, Teilband 2, Hamburg 1988, S. 232–250, hier S. 239.

5 Aida Ramos, Provision and Power: Jonathan Swift's economic thought as an alternative to mercantilism, Eighteenth-Century Ireland, 32, 2017, S. 65–86, mitsamt Forschungspositionen zu Swift im merkantilistischen Kosmos.

6 Begriffsprägend der Anwurf «Laissez-nous faire», «Lassen Sie uns machen», eines französischen Kaufmanns, dazu Roman Köster, Laisser-faire, Enzyklopädie der Neuzeit, Bd. 7, Sp. 443–446.

7 Hume, Handelsbilanz, S. 249.

8 Groenewegen, Eighteenth-century Economics.

9 Kevin H. O'Rourke, War and welfare: Britain, France, and the United States 1807–14, Oxford Economic Papers, 59, 2007, S. i8–i30. Seine Ergebnisse variieren primär mit zwei Parametern: wie elastisch jeweils die Produzenten von Export- auf Nichtexportgüter umstellen konnten und wie sehr die Konsumenten diesen Wechsel angesichts verteuerter Importe mitmachten. Relativ ist sein Befund aber klar: Es waren vor allem die USA, die unmittelbar unter dem Handelskrieg litten, weniger Frankreich und noch weniger England.

10 Douglas A. Irwin, Against the Tide. An Intellectual History of Free Trade, Princeton 1996, S. 101–137.

11 Siehe nur die Geschichten von Robert Stephenson and Company oder der Stourbridge Lion.

12 Daten bei Mitchell, Abstract, S. 289–290.

13 Beckert, King Cotton, u. a. S. 76–77.

14 Grundsätzlich hierzu jetzt Dale C. Copeland, A World Safe for Commerce. American Foreign Policy from the Revolution to the Rise of China, Princeton 2024.

15 Irwin, Jeffersonian Trade Embargo.

16 Die Zahl stieg von 2000 im Jahr 1790 über 8000 (1809) auf 93 000 (1812) und schließlich auf 333 000 im Jahr 1817, siehe die Daten, auch im Verhältnis zu Großbritannien, bei Joshua L. Rosenbloom, Path Dependence and the Origins of Cotton Textile Manufacturing in New England, NBER Working Paper Series, 9182, 2002, S. 36, Table 1.

17 Michael J. Sandel, Das Unbehagen in der Demokratie. Was die ungezügelten Märkte aus unserer Gesellschaft gemacht haben, Frankfurt 2023, S. 37–92.

18 Alexander Hamilton, Report of the Secretary of the Treasury of the United States on the Subject of Manufactures. Presented to the House of Representatives, December 5, 1791. Nachdruck von Peter Byrne, Dublin 1792.

19 Sandel, Unbehagen, S. 47–52. Im Hintergrund stand zweifellos auch eine Stärkung der Zentralregierung, der die Zölle zuflossen und die damit handlungsfähig gemacht wurde, was sie beim dezentralen Steuersystem der USA bis dahin kaum war.

20 Etwa Menzel, Ordnung, S. 845–846, 853–860.

21 Daten zur Produktion bei Helmut Bley, Harmut Keil, Hans-Joachim König, Sklavengesellschaft, Enzyklopädie der Neuzeit, Bd. 12, Sp. 65–82, sowie zum Weltexport bei Pfister, Baumwolle.

22 United States Department of Commerce, Bureau of Census, Historical Statistics of the United States 1789–1945. A Supplement to the Statistical Abstract of the United States, k. A. 1949, S. 27, Series B 48–71.

23 Udo Sautter, Sklaverei in Amerika, Darmstadt 2014, S. 72.

24 So Hamilton, Report mehrfach.

25 Zum Industrialisierungsgrad der Südstaaten 1860, durchaus ähnlich zu europäischen Staaten, gegenüber dem Norden aber klar unterlegen: Robert W. Fogel, Stanley L. Engerman, Time on the Cross. The Economics of American Negro Slavery, Boston (u. a.) 1974, S. 256, Table 6.

26 Zahlreiche Details zur frühen amerikanischen Industriegeschichte bei Brooke Hindle, Steven Lubar, Engines of Change. The American Industrial Revolution 1790–1860, Washington, London 1991.

27 Douglas A. Irwin, Peter Temin, The Antebellum Tariff on Cotton Textile Revisited, NBER Working Paper Series, 7825, 2000, S. 20, Figure 1.

28 William Notz, Frederick List in America, American Economic Review, 16 (2), 1926, S. 249–265.

29 Friedrich List, Das nationale System der politischen Ökonomie, Berlin 1982 (zuerst 1841). Siehe zur Phase generell auch Andreas Etges, Wirtschaftsnationalismus. USA und Deutschland im Vergleich (1815–1914), Frankfurt, New York 1999, S. 160–216.

30 Zu den Details Scott C. James, David A. Lake, The second face of hegemony: Britain's repeal of the Corn Laws and the American Walker Tariff of 1846, International Organization, 43 (1), 1989, S. 1–29.

31 James L. Huston, The Panic of 1857 and the Coming of the Civil War, Baton Rouge 1987, S. 144 ff.

32 Zum Amerikanischen Bürgerkrieg James M. McPherson, Für die Freiheit sterben. Die Geschichte des amerikanischen Bürgerkrieges, Leipzig (u. a.) 1995.

33 Beckert, King Cotton, S. 259–291.

34 Cornelius Torp, Die Herausforderung der Globalisierung. Wirtschaft und Politik in Deutschland 1860–1914, Göttingen 2005, S. 325.

35 Hierzu und vorwegnehmend zur deutschen Rezeption Torp, Globalisierung, S. 325–354.

36 Douglas A. Irwin, Higher Tariffs, Lower Revenues? Analyzing the Fiscal Aspects of the «Great Tariff Debate of 1888», Journal of Economic History, 58 (1), 1998, S. 59–72, sowie ders., Tariffs and Growth in Late Nineteenth Century America, NBER Working Paper Series, 7639, 2000. Älter und zur Wirkung auf einzelne Länder durchaus nicht nur positiv, allerdings letztlich überholt Paul Bairoch, Free trade and European economic development in the 19th century, European Economic Review, 3 (3), 1972, S. 211–245.

37 Zur Kapital- und Handelsbilanz anschaulich Robert E. Lipsey, U.S. Foreign Trade and the Balance of Payments, 1800–1913, in: Stanley L. Engerman, Robert E. Gallman (Hg.), The Cambridge Economic History of the United States. Volume II: The Long Nineteenth Century, Cambridge 2000, S. 685–732.

38 Zu den nächsten Theorierunden im frühen 20. Jahrhundert bis Keynes Irwin, Against the Tide, S. 138–188.

39 Derek H. Aldcroft, Die zwanziger Jahre. Geschichte der Weltwirtschaft im 20. Jahrhundert, Bd. 3, München 1978, S. 274–304.

40 Anna J. Schwartz, Milton Friedman, A Monetary History of the United States 1867–1960, Princeton 1963, S. 89–134. Mehr demoskopisch Barry Eichengreen, Michael R. Haines, Matthew S. Jaremski, David Leblang, Populists at the Polls: Economic Factors in the 1896 Presidential Election, NBER Working Paper Series, 23932, 2017.

41 Copeland, Commerce, S. 94–141.

KAPITEL 6

Politik der offenen Tür: Der Freihandelsimperialismus

1 Auch hier statt der umfangreichen Literatur nur der Verweis auf die basalen Zahlen: Grundlegend zum englischen Außenhandel samt Einordnung Albert H. Imlah, Economic Elements in the Pax Britannica. Studies in British Foreign Trade in the Nineteenth Century, Cambridge MA 1958, hier insb. S. 70–75 zur Zahlungsbilanz sowie S. 20–81 zu deren Zusammensetzung samt Neuberechnung älterer Handelsbilanzdaten. Zur geografischen Gliederung der Exporte ders., S. 129; besser vergleichbar seit 1848 auch Mitchell, Abstract, S. 315–326. Zum Einfluss der indischen «Home Charges» auf Großbritanniens Terms of Trade etwa Dennis R. Appleyard, Shyam Gouri Suresh, Crown Rule, Home Charges, and U.K.-India Terms of Trade, Indian Economic Journal, 63 (4), 2016, S. 632–653.

2 Begriffsprägend hier John Gallagher, Ronald Robinson, The Imperialism of Free Trade, Economic History Review, 6 (1), 1953, S. 1–15. Überblickend Helmut Bley, Hans-Joachim König, Freihandelsimperialismus, Enzyklopädie der Neuzeit, Bd. 3, Sp. 1139–1145.

3 Etwa A. J. Stockwell, British Expansion and Rule in South-East Asia, in: Andrew Porter (Hg.), The Oxford History of the British Empire. Volume III: The Nineteenth Century, New York, Oxford 1999, S. 371–394, sowie David Washbrook, Economic Depression and the Making of «Traditional» Society in Colonial India 1820–1855, Transactions of the Royal Historical Society, 3, 1993, S. 237–263.

4 Zur «Politik der verschlossenen Tür», so wörtlich, darunter der Versuch Englands 1793, über einen Handelsvertrag in China Fuß zu fassen, den die Chinesen aber getrost abblitzen ließen: Reinhard Spree, China in der Geschichte der Globalisierung, Munich Discussion Paper, 2015–16, 2015, S. 36–40.

5 Überblickend zum Folgenden Reinhard, Unterwerfung, S. 767–822.

6 Reinhard, Unterwerfung, S. 817.

7 Reinhard, Unterwerfung, S. 815.

8 Siehe Kap. 6, Anm. 1 sowohl zur Handelsbilanz Englands mit Indien, die in der zweiten Hälfte des 19. Jahrhunderts überwiegend negativ ausfiel, als auch indes zu den Zahlungen der «Home Charges» aus Indien.

9 Zur Vorgeschichte Jürgen Osterhammel, China und die Weltgesellschaft. Vom 18. Jahrhundert bis in unsere Zeit, München 1989, S. 125–148, der zu Recht betont, dass die chinesische Opiumnachfrage bereits vor den Kriegen gestiegen war, es also nicht um ein Aufzwingen, sondern um die Offenhaltung und die, sicher radikale, Erweiterung eines bestehenden Handelsstroms ging.

10 Daten bei Reinhard, Unterwerfung, S. 825.

11 Daten bei Osterhammel, China, S. 140.

12 Jonathan D. Spence, Chinas Weg in die Moderne, München 2001, S. 188–189.

13 Reinhard, Unterwerfung, S. 826–827.

14 Spence, China, S. 193.

15 Julia Lovell, The Opium War. Drugs, Dreams and the Making of China, London 2011, S. 102–103.

16 Umfassend Lovell, Opium, S. 110–222, überblickend auch mit Zeitstrahl S. 368–371.

17 Spence, China, S. 198–199.

18 Spence, China, S. 200–202. Vertiefend zu den Städten siehe Peter Kuhfus, Vertragshafen, Enzyklopädie der Neuzeit, Bd. 14, Sp. 247–252.

19 Osterhammel, China, S. 143.

20 Zur weiteren Tendenz Osterhammel, China, S. 143–144, mit ähnlichen Daten auch Nick Robins, The Corporation that Changed the World. How the East India Company Shaped the Modern Multinational, London 2012, S. 157, Table 8.1.

21 Philip A. Kuhn, The Taiping-Rebellion, in: Denis Twitchett, John King Fairbank (Hg.), The Cambridge History of China. Volume 10: Late Ch'ing, 1800–1911, Part 1, Cambridge 1978, S. 264–317.

22 Peter Kuhfus, Enzyklopädie der Neuzeit s. v. Ungleiche Verträge, https://doi.org/10.1163/2352-0248_edn_COM_390819 (zul. geöffnet: 05. 02. 25).

23 Etwa Osterhammel, China, S. 149–152, zudem Kuhfuß, Ungleiche Verträge. Die Verträge wurden Ende der 1860er Jahre neu verhandelt, doch stimmte das Unterhaus einer Abmilderung nicht zu. Die USA schlossen ihren eigenen Vertrag mit China, den sogenannten Burlingame Treaty, der die Bestimmungen des Vertrages von Tianjin aufnahm, aber zugleich eine freundschaftliche diplomatische Beziehung ermöglichen sollte.

24 Etwa Osterhammel, China, S. 203–205.

25 Grundlegend zum Niedergang Kenneth Pomeranz, The Great Divergence. China, Europe and the Making of the Modern World Economy, Princeton 2000, zudem auch George Hong Jiang, The Imperial Mode of China. An Analytical Reconstruction of Chinese Economic History, Cham 2023, S. 227–254, sowie Richard von Glahn, The Economic History of China from Antiquity to the Nineteenth Century, Cambridge 2016, S. 348–399.

26 Walter LaFeber, The Clash. A History of U.S.-Japan Relations, London, New York 1997, S. 3–64.

27 Volker Hentschel, Wirtschaftsgeschichte des modernen Japans 1. Die japanische Industrialisierung. Voraussetzungen, Grundlagen, Durchsetzung (1600–1929), Stuttgart 1986, S. 31–60.

28 David Flath, The Japanese Economy, Oxford 2000, S. 28–60.

29 Lance E. Davis, Robert A. Huttenback, Mammon and the pursuit of Empire. The economics of British imperialism, Cambridge (u. a.) 1988.

30 Zum Cobden-Chevalier-Vertragssystem und der Diskussion, wie groß der handelsliberalisierende Effekt tatsächlich war, siehe zunächst kritisch Olivier Accominotti, Marc Flandreau, Bilateral Treaties and the Most-Favored-Nation Clause. The Myth of Trade Liberalization in the Nineteenth Century, World Politics, 60 (2), 2008, S. 147–188, sowie entgegnend Markus Lampe, Explaining Nineteenth-Century Bilateralism: Economic and Political Determinants of the Cobden-Chevalier Network, Economic History Review, 64 (2), 2011, S. 644–668, und Antonio Tena-Junguito, Markus Lampe, Felipe Tâmega Fernandes, How Much Trade Liberalization Was There in the World

Before and After Cobden-Chevalier?, Journal of Economic History, 72 (3), 2012, S. 708–740. Erstere errechnen länderspezifisch das Verhältnis von Zolleinnahmen zu Importen sowie Importen zur Wirtschaftsleistung als Protektions- bzw. Offenheitsindikator. Sie mahnen zur Chronologie: Die Handelsliberalisierung habe bereits zehn bis fünfzehn Jahre früher eingesetzt und sei von Cobden-Chevalier nicht mehr messbar verstärkt worden.

31 Paolo Durante, Ruben Durante, Giovanni Prarolo, Paolo Vanin, Poor institutions, rich mines: resource curse in the origins of the Sicilian mafia, The Economic Journal, 125 (586), 2015, F175–202, insb. F186, Figure 3 zu Siziliens Schwefelminen 1886.

32 Siehe dazu die zeitgenössische Einordnung von Justus von Liebig, Chemische Briefe III, in: Beilage zur Augsburger Allgemeinen Zeitung, Nr. 265 vom 22. 9. 1841, S. 2115–2102 (sic!).

33 Peter Fischer, Die schiedsgerichtliche Beilegung von privaten Investitionsstreitigkeiten im Lichte der Weltbankkonvention vom 18. März 1965, Verfassung und Recht in Übersee / Law and Politics in Africa, Asia and Latin America, 1 (3), 1968, S. 262–302, insb. S. 266.

34 Zeitgenössische Daten, klar parteiisch kommentierend, im Journal of the Statistical Society of London, On the Sulphur Trade of Sicily, and the Commercial Relations between that Country and Great Britain, dasselbe, 2 (6), Januar 1840, S. 446–457.

35 Überblickend Dennis W. Thomson, Prelude to the Sulphur War of 1840: The Neapolitan Perspective, European History Quarterly, 25 (2), 1995, S. 163–180. Die Parallele zum, so wörtlich, «Navigation Act in reverse» zog die italienische Seite schon damals, siehe Thomson, Sulphur War, S. 164.

36 Şevket Pamuk, The Ottomane Empire and European Capitalism 1820–1913. Trade, Investment and Production, Cambridge 1987, S. 61–62.

37 William F. Sater, Andean Tragedy. Fighting the War of the Pacific, 1879–1884, Nebraska 2007.

KAPITEL 7
Vom Protektionismus zur ersten Globalisierung: Die Pax Britannica vor 1914

1 Grundlegend Heinrich Best, Interessenpolitik und nationale Integration 1848/49. Handelspolitische Konflikte im frühindustriellen Deutschland, Göttingen 1980.

2 Gerhard Bondi, Deutschlands Aussenhandel 1815–1870, Berlin 1958, S. 67–68.

3 Ausführlich zu den Binnendebatten, insbesondere auch zur Kulmination 1846 unter Robert Peel, Cheryl Schonhardt-Bailey, From the Corn Laws to Free Trade. Interests, Ideas and Institutions in Historical Perspective, Cambridge MA, London 2006.

4 Das galt trotz mancher Stockung nach innen wie nach außen, etwa mit Blick auf den Zollvereinsvertrag zwischen Preußen und Hannover oder Österreich, dazu Hans-Werner Hahn, Geschichte des Deutschen Zollvereins, Göttingen 1984, S. 140–164.

5 Volker Hentschel, Die deutschen Freihändler und der volkswirtschaftliche Kongress 1858 bis 1885, Stuttgart 1975.

6 Das folgt allein aus dem Zusammenhang von Getreidepreis und Währungsdruck in Russland während des Krimkrieges, dazu schon damals Adolph Wagner, Die russische Papierwährung. Eine volkswirthschaftliche und finanzpolitische Studie, nebst Vorschlägen zur Herstellung der Valuta, Riga 1868, S. 144–180.

7 Joseph A. Schumpeter, Geschichte der ökonomischen Analyse. Zweiter Teilband, Göttingen 1965, S. 929–942, samt dem Begriff Neomerkantilismus. Gustav Schmoller hatte ihn zuvor verwendet, in: Verhandlungen des Vereins für Socialpolitik über die Wohnungsfrage und die Handelspolitik. Schriften des Vereins für Socialpolitik, Bd. 98: Verhandlungen der Generalversammlung in München, 23., 24. und 25. September 1901, Leipzig 1902, S. 264–271, hier S. 270.

8 Generell zur Transportrevolution Philip S. Bagwell, The Transport Revolution 1770–1985, London 1988. Zu den Transportkosten auch Torp, Globalisierung, S. 31–36 samt Referenzen.

9 Jürgen Osterhammel, Die Verwandlung der Welt. Eine Geschichte des 19. Jahrhunderts, München 2020, S. 1023–1029. Umfassend Roland Wenzlhuemer, Connecting the Nineteenth-Century World. The Telegraph and Globalization, Cambridge 2013.

10 Zu der Getreidepreiskonvergenz und deren Auswirkung Kevin H. O'Rourke, The European Grain Invasion, 1870–1913, Journal of Economic History, 57 (4), 1997, S. 775–801, anschaulich hier insb. S. 782, Table 1.

11 Zu den Daten grundlegend Reinhard Spree, Wachstumstrends und Konjunkturzyklen in der deutschen Wirtschaft von 1820 bis 1913. Quantitativer Rahmen für eine Konjunkturgeschichte des 19. Jahrhunderts, Göttingen 1978; typisch auch das Nettosozialprodukt zu Marktpreisen, laufend sowie deflationiert, nach Verwendungsrechnung bei Walther G. Hoffmann, Franz Grumbach, Helmut Hesse, Das Wachstum der Deutschen Wirtschaft seit der Mitte des 19. Jahrhunderts, Berlin (u. a.) 1965, S. 825–828, Tabelle 248–249. Neuere For-

schung diskutiert die Daten, der Befund der Zyklizität bleibt. Mehr sozialhistorisch zur Großen Depression Hans Rosenberg, Große Depression und Bismarckzeit. Wirtschaftsablauf, Gesellschaft und Politik in Mitteleuropa, Frankfurt 1967. Das Beispiel Krupp bei Lothar Gall, Krupp. Der Aufstieg eines Industrieimperiums, Berlin 2000, S. 164–201.

12 Zu den europäischen Daten Paul Bairoch, Europe's Gross National Product: 1800–1975, Journal of European Economic History, 5 (2), 1976, S. 273–340, insb. S. 288, Graph 1. Zum Weltexport Torp, Globalisierung, S. 372, Tab. A.1. Exemplarisch zur Stahlindustrie Ulrich Wengenroth, Unternehmensstrategie und technischer Fortschritt. Die deutsche und die britische Stahlindustrie 1865–1895, Göttingen 1986.

13 Arthur W. Lewis, Growth and Fluctuations 1870–1913, Milton Park, Abingdon, Oxon 1978, S. 65, Chart 3.3.

14 Carl-Ludwig Holtfrerich, Quantitative Geschichte des Ruhrkohlenbergbaus im 19. Jahrhundert. Eine Führungssektoranalyse, Dortmund 1973.

15 Zur Kartelldebatte und zur Kartellentwicklung in Deutschland Fritz Blaich, Kartell- und Monopolpolitik im kaiserlichen Deutschland. Das Problem der Marktmacht im Deutschen Reichstag zwischen 1879 und 1914, Düsseldorf 1973.

16 Volker Hentschel, Wirtschaft und Wirtschaftspolitik im wilhelminischen Deutschland. Organisierter Kapitalismus und Interventionsstaat? Stuttgart 1978.

17 Werner Plumpe, Der Gründerkrach, die Krise des liberalen Paradigmas und der Aufstieg des Kathedersozialismus, in: ders., Joachim Scholtyseck (Hg.), Der Staat und die Ordnung der Wirtschaft. Vom Kaiserreich bis zur Berliner Republik, Stuttgart 2012, S. 17–42.

18 Dazu grundlegend Torp, Globalisierung.

19 Christoph Regulski, Die Handelsvertragspolitik im Kaiserreich. Regierungshandeln, Verbandspolitik und publizistische Debatte seit den 1890er Jahren, Marburg 2001.

20 Torp, Globalisierung, S. 368.

21 Torp, Globalisierung, S. 299. Generell auch James C. Hunt, Peasants, Grain Tariffs, and Meat Quotas. Imperial German Protectionism Reexamined, Central European History, 7 (4), 1974, S. 311–331.

22 Ulrich Teichmann, Die Politik der Agrarpreisstützung. Marktbeeinflussung als Teil des Agrarinterventionismus in Deutschland, Köln 1955, S. 596–601.

23 Torp, Globalisierung, S. 300–302. Gegenüber den USA und dem Vorwand des «Texas-Fiebers» siehe auch ders., S. 338.

24 Torp, S. 332–334.

25 Werner Plumpe, Im Zeitalter der ersten Globalisierung, in: ders., Alexander Nützenadel, Catherine R. Schenk, Deutsche Bank. Die globale Hausbank 1870–2020, Berlin 2020, S. 1–231, hier S. 128–136.

26 Zur Genese, aber auch zur konterkarierenden Wirkung auf die Handelsbilanz durch die Rubelabwertung Sigrid Wegner-Korfes, Zur Geschichte des Bismarckschen Lombardverbots für russische Wertpapiere (1887 bis 1894), Jahrbuch für Wirtschaftsgeschichte, 23 (3), 1982, S. 55–78.

27 Beispielhaft Torben Möbius, Vergleichen in der Konkurrenz. Transnationale Vergleichspraktiken der deutschen und der US-amerikanischen Eisen- und Stahlindustrie (1870–1940), Göttingen 2024.

28 Karl Helfferich, Deutschlands Volkswohlstand 1888–1913, Berlin 1913.

29 Exemplarisch zur synthetischen Farbenindustrie Johann P. Murmann, Knowledge and Competitive Advantage. The Coevolution of Firms, Technology, and National Institutions, Cambridge 2003.

30 Daten bei Brian R. Mitchell, European Historical Statistics 1750–1975, London (u. a.) 1980, S. 381–385, oben Stein- und Braunkohle zusammengezählt.

31 Daten zum Roheisen bei Mitchell, European, S. 413–415, sowie zum Rohstahl ders., S. 420–421.

32 Paul Bairoch, International Industrialization Levels from 1750 to 1980, Journal of European Economic History, 11 (2), 1982, S. 269–333, hier S. 284, Table 5. Die Daten fallen anders aus, wenn man die industrielle Gesamtleistung pro Kopf berechnet. Hier lag Deutschland wegen der Größe seiner Bevölkerung weiterhin hinter Großbritannien, aber auch hinter Belgien und der Schweiz, siehe ders., S. 286, Table 6.

33 Ludwig F. Haber, The Chemical Industry 1900–1930. International Growth and Technological Change, Oxford 1971, S. 135–183, oder Gottfried Plumpe, Die I.G. Farbenindustrie AG. Wirtschaft, Technik und Politik 1904–1945, Berlin 1990, S. 50–57.

34 Maddison, Contours, S. 381, Table A.6.

35 Maddison, Contours, S. 382, Table A.7.

36 Vergleichende Weltexportanteile in Torp, Globalisierung, S. 62, Tab. 3.

37 Vergleichende Exportquoten in Torp, Globalisierung, S. 30, Tab. 1.

38 Wladimir Woytinsky, Die Welt in Zahlen, Bd. 4, Berlin 1926, S. 234.

39 Daten bei Torp, Globalisierung, S. 374–375, Tab. A.3, A.4.

40 Woytinsky, Welt, S. 246.

41 Sartorius von Waltershausen, Die Entstehung der Weltwirtschaft. Geschichte des zwischenstaatlichen Wirtschaftslebens vom letzten Viertel des achtzehnten Jahrhunderts bis 1914, Jena 1931, S. 438.

42 Unter anderem zur französischen Reaktion auf die deutsche Aufrüstung Gerhard Granier, Deutsche Rüstungspolitik vor dem Ersten Weltkrieg. General Franz Wandels Tagebuchaufzeichnungen aus dem preußischen Kriegsministerium, Militärgeschichtliche Zeitschrift, 38 (2), 1985, S. 123–162. Generell Paul Kennedy, The Rise of the Anglo-German Antagonism 1860–1914, London 1990.

43 Felix Pinner, Die grossen Weltkrisen. Im Lichte des Strukturwandels der kapitalistischen Wirtschaft, Leipzig (u. a.) 1937, S. 177–178, beschrieb treffend die Publikumsrezeption zu den deutschen Produkten, die «billig und schlecht» waren, auf der Weltausstellung in Philadelphia 1876, bevor etwas später «aus der Warnung eine Empfehlung wurde».

44 Exemplarisch zur (Nicht-)Ausreizung der nationalen Patentrechte gegenüber der deutschen Farbstoffindustrie Gottfried Plumpe, I.G. Farbenindustrie AG, S. 57–63.

45 Zur groben Gemengelage Kennedy, Aufstieg und Fall, S. 378–389.

46 Plumpe, Globalisierung, S. 128–136.

47 Torp, Globalisierung, S. 37, sowie Mitchell, Abstract, S. 325–326, zur britisch-deutschen, unter anderem aber auch zur britisch-indischen Handelsbilanz, die sich in der Tat seit Mitte der 1890er Jahre zugunsten Englands drehte.

48 In Kürze etwa Hayley Birch, 50 Schlüsselideen. Chemie, Berlin (u. a.) 2016, S. 68–71.

49 Erneut zum «Dilemma des Hegemons» grundlegend Menzel, Ordnung.

50 Siehe Kap. 7, Anm. 21–24.

51 Christoph Nonn, Fleischvermarktung in Deutschland im 19. und frühen 20. Jahrhundert, Jahrbuch für Wirtschaftsgeschichte, 37 (1), 1996, S. 53–75.

52 Für die chemische Industrie vgl. Werner Plumpe, La logique fatale de la guerre moderne et le capitalisme: l'example de la chimie, in: Marcel Boldorf, Hervé Joly (Hg.), Une victoire impossible?: L'Économie allemande de la Première Guerre mondiale, Villeneuve d'Asq 2021, S. 119–136.

53 Plumpe, I.G. Farbenindustrie, S. 51.

54 Peter Hertner, Britischer und deutscher «informeller Imperialismus» im südlichen Lateinamerika vor dem Ersten Weltkrieg? Der Stand der Debatte und einige konkrete Beispiele, in: David Gilgen, Christopher Kopper, Andreas Leutzsch (Hg.), Deutschland als Modell? Rheinischer Kapitalismus und Globalisierung seit dem 19. Jahrhundert, Bonn 2010, S. 361–382. Vgl. auch Javier Loscertales, Deutsche Investitionen in Spanien 1870–1920, Stuttgart 2002.

55 Zu London und anderen Auslandsfilialen Plumpe, Globalisierung, S. 25–38, 83–89.

56 Daten bei Torp, Globalisierung, S. 69, Abb. 7, S. 86, Tab. 10.

57 Zur Devisennot umfassend Ralf Banken, Edelmetallmangel und Großraubwirtschaft. Die Entwicklung des deutschen Edelmetallsektors im «Dritten Reich» 1933–1945, Berlin 2009.

58 Unbenommen davon siehe Kap. 4 und 5 zur kurzfristig durchaus heftigen britischen Wirtschaftskrise nach 1815.

KAPITEL 8
Im permanenten Wirtschaftskrieg: Der Zerfall der Weltwirtschaft 1914 bis 1945

1 Zum Begriff des Zweiten Dreißigjährigen Krieges unter anderem Fritz Stern, Der Westen im 20. Jahrhundert. Selbstzerstörung, Wiederaufbau, Gefährdungen der Gegenwart, Göttingen 2008, S. 9–29.

2 Die zeitgenössische Sicht der Problematik sehr klar angesprochen bei Slobodian, Globalisten.

3 Findlay, O'Rourke, Power and Plenty, S. 430–435, verweisen etwa während des Ersten Weltkrieges auf das unbestreitbar fallende Welthandelsvolumen, bemerken aber zugleich länderspezifische Unterschiede, wobei gerade in (Latein-)Amerika und Asien die Handelsdaten teils deutlich wuchsen.

4 Gerold Ambrosius, Internationale Wirtschaftsbeziehungen, in: ders., Dietmar Petzina, Werner Plumpe (Hg.), Moderne Wirtschaftsgeschichte. Eine Einführung für Historiker und Ökonomen, München 2006, S. 303–327, hier S. 324, Abb. 1.

5 So damals schon Felix Somary, dazu s.u. und Kap. 8, Anm. 40.

6 Hierzu Slobodian, Globalisten. Insbesondere in den ersten Kapiteln schildert Slobodian die Versuche, in den 1920er Jahren Konzepte einer neuen Ordnung im Rahmen des Völkerbundes zu finden, die an die Stelle der untergegangenen älteren imperialen Ordnung hätten treten können.

7 Barry Eichengreen, Golden Fetters. The Gold Standard and the Great Depression 1919–1939, Oxford 1992, S. 153–186.

8 Umfassend zu den Reaktionen Stephanie C. Salzmann, Great Britain, Germany and the Soviet Union, Rapallo and After, 1922–1934, London 2002.

9 Grundlegend Christopher Clark, Die Schlafwandler. Wie Europa in den Ersten Weltkrieg zog, München 2014, S. 475–708.

10 Werner Plumpe, Carl Duisberg 1861–1935. Anatomie eines Industriellen, München 2016, S. 441–465. Generell Werner Plumpe, Die Logik des modernen Krieges und die Unternehmen: Überlegungen zum Ersten Weltkrieg, Jahrbuch für Wirtschaftsgeschichte, 56 (2), 2015, S. 325–357.

11 Mit der Prägung der «fatalen Logik des Krieges» ebenfalls Plumpe, Kapitalismus, S. 293–311.

12 Überblickend zum Folgenden Kielmansegg, Erster Weltkrieg, S. 119–128.

13 Das Prisenrecht war noch vor Ausbruch des Krieges der Versuch gewesen (und mangels britischer Unterstützung geblieben), Warengruppen in, kurz gesagt, zivil und nicht zivil zu unterscheiden (relative und absolute Konterbande), um im Fall eines Wirtschaftskrieges den Handel zwischen Neutralen und Kriegsparteien nicht vollends zu kappen, wobei die englische Kontrollpraxis dann umso rigider ausfiel, dazu Gerd Hardach, Der Erste Weltkrieg 1914–1918, München 1973, S. 19–43. In der Praxis bewaffnete England seine Handelsschiffe und deklarierte sie als neutral, derweil Deutschland in den neuen U-Booten ein rechtliches Schlupfloch des älteren Prisenrechts sah – beides klare Vorwände, um den Handelskrieg auszuweiten, dazu Kielmansegg, Erster Weltkrieg, S. 130–133.

14 Hardach, Erster Weltkrieg, S. 51.

15 Überblickend Hardach, Erster Weltkrieg, S. 44–61.

16 Der Schutz der neu aufgebauten Industrien vor einer Rückkehr der überlegenen deutschen Konkurrenz war nebenher einer der meistgenannten Gründe für die allgemein feststellbare Erhöhung des Schutzzollniveaus in den zwanziger Jahren, dazu Charles P. Kindleberger, Die Weltwirtschaftskrise, München 1973, S. 77.

17 Joachim Scholtyseck, Ein transatlantischer Wirtschaftskrieg im globalen Wettstreit. Ein neuer Blick auf den Alien Property Custodian der USA im Ersten Weltkrieg und der Nachkriegszeit, in: Dieter Ziegler, Jan-Otmar Hesse (Hg.), 1919 – Der Versailler Vertrag und die deutschen Unternehmen, Berlin (u. a.) 2022, S. 285–309.

18 Zum Konkurrenzkampf mit der Rüstungsindustrie um chemische Vorprodukte sowie zu den rechtlichen Auseinandersetzungen mit den amerikanischen Behörden Charles C. Mann, Mark L. Lummer, Aspirin. Wirtschaftskriege der internationalen Pharmaindustrie, München 1993, S. 56–70.

19 Beispielhaft zur Deutsch-Asiatischen Bank Maximilian Müller-Jabusch, Fünfzig Jahre Deutsch-Asiatische Bank, 1890–1939, Berlin 1940.

20 Zum deutschen Außenhandel Hardach, Erster Weltkrieg, S. 42, Tabelle 6; zum Verlust der Auslandsinvestitionen Youssef Cassis, Capitals of Capital. A History of International Financial Centres, 1780–2005, Cambridge 2006, S. 152.

21 Hardach, Erster Weltkrieg, S. 181, taxiert die russische Schuldenzunahme von 1914 bis Oktober 1917 auf fast 40 Milliarden Rubel und gliedert sie in «Notenbankkredite», «Kriegsanleihen und mittelfristige Schuldtitel», «Auslandskredite» und «Schatzwechsel».

22 Etwa Kindleberger, Weltwirtschaftskrise, S. 39–42, hier auch anschaulich S. 40, Abb. 1: Die US-Gläubigerrolle bestand zum einen in der direkten Verschuldung Frankreichs in Höhe von vier Milliarden, Großbritanniens in Höhe von 4,7 und der anderen Länder in Höhe von 3,2 Milliarden Dollar. Letztere waren mit gewaltigen 8,1 Milliarden bei Großbritannien und 3,5 Milliarden Dollar bei Frankreich verschuldet, dieses wiederum mit drei Milliarden Dollar bei Großbritannien. Siehe auch generell die umfangreiche Forschung zum «internationalen Schuldenkarussell».

23 Zur Gewichtsverlagerung zugunsten der USA auch Cassis, Capitals, S. 143–180.

24 Noch jüngst gab es den überaus zweifelhaften Versuch seiner Rehabilitierung; Adam Tooze, Sintflut. Die Neuordnung der Welt 1916–1931, München 2015. Dabei hatte bereits 1996 Gerald Feldman betont, abgesehen von einigen Wirtschaftshistorikern habe niemand an dem Vertrag etwas Gutes gefunden, Gerald D. Feldman, A Comment, in: Manfred F. Boemeke, ders., Elisabeth Glaser (Hg.), The Treaty of Versailles. A Reassessment after 75 Years, Cambridge 1998, S. 441–447.

25 John Maynard Keynes, The Economic Consequences of the Peace, London 1919. Die erste deutsche Übersetzung erschien bereits 1921 sowie heute unter dem Titel «Krieg und Frieden. Die wirtschaftlichen Folgen des Vertrags von Versailles».

26 Das Milieu der Verhandlungen glänzend geschildert in den Erinnerungen des Mitglieds der britischen Delegation Harold Nicolson, Friedensmacher 1919. Peacemaking 1919, Berlin 1933.

27 Robert Boyce, The Great Interwar Crisis and the Collapse of Globalization, London 2009, S. 91–119.

28 Zur Verhandlung und der Prägung «vittoria mutilata» des Rebellen Gabriele D'Annunzio Hans Woller, Geschichte Italiens im 20. Jahrhundert, München 2010, S. 79–81.

29 Siehe zu Oberschlesien, der Kohle- und Chemieindustrie jeweils die Einzelbeiträge von Dieter Ziegler und Werner Plumpe, in: Dieter Ziegler, Jan-Otmar Hesse (Hg.), 1919 – Der Versailler Vertrag und die deutschen Unternehmen, Berlin (u. a.) 2022, S. 1–31, 35–68 und 241–265.

30 Zu den Bestimmungen des Versailler Vertrages Heike Knortz, Wirtschaftsgeschichte der Weimarer Republik. Eine Einführung in Ökonomie und Gesellschaft der ersten Deutschen Republik, Göttingen 2010, S. 101–105.

31 Das Gezanke über die Höhe der geleisteten Zahlungen ging früh los. Anfang 1921 nannten die Alliierten etwa acht, die Deutschen aber ganze 20 Milliarden

Goldmark, hier Kindleberger, Weltwirtschaftskrise, S. 34. Unstrittig ist, dass gegen Ende der 1920er Jahre die Zahlungen etwa drei Prozent des BIP ausmachten, Knortz, Wirtschaftsgeschichte der Weimarer Republik, S. 104 f., 113 f.

32 Daten in Knortz, Wirtschaftsgeschichte, S. 100, Tabelle 12.

33 Daten in Knortz, Wirtschaftsgeschichte, S. 109, Tabelle 14.

34 Philipp Müller, Zeit der Unterhändler. Koordinierter Kapitalismus in Deutschland und Frankreich zwischen 1920 und 1950, Hamburg 2019, S. 93–110.

35 Ähnlich titelt auch Jan-Otmar Hesse, Fortsetzung des Wirtschaftskriegs. Die Neuordnung der globalen Wirtschaft nach Versailles und die deutschen Unternehmen, in: Dieter Ziegler, ders. (Hg.), 1919 – Der Versailler Vertrag und die deutschen Unternehmen, Berlin (u. a.) 2022, S. 375–393, wobei er eine defensive Anpassung deutscher Branchen hervorhebt – notgedrungen angesichts des wirtschaftskriegerischen Makro-Umfeldes.

36 Daten bei Knortz, Wirtschaftsgeschichte, S. 109, Tabelle 14.

37 Kindleberger, Weltwirtschaftskrise, S. 42–54, 62–65. Umfassend zum Folgenden auch Barry Eichengreen, Golden Fetters. The Gold Standard and the Great Depression, 1919–1939, New York, Oxford 1992.

38 Zeitgenössisch John Maynard Keynes, The Economic Consequences of Mr. Churchill, London 1925, zunächst erschienen als Artikelserie im Evening Standard im Juli 1925.

39 Daten bei Knortz, Wirtschaftsgeschichte, S. 109, Tabelle 14.

40 Felix Somary, Wandlungen der Weltwirtschaft seit dem Kriege, Tübingen 1929, sowie ders., Die Ursachen der Krise, Tübingen 1932.

41 Dazu auch Gilbert Ziebura, Weltwirtschaft und Weltpolitik 1922/24–1931. Zwischen Rekonstruktion und Zusammenbruch, Frankfurt 1984.

42 Kindleberger, Weltwirtschaftskrise, S. 39–42.

43 Kindleberger, Weltwirtschaftskrise, S. 79–83.

44 Kindleberger, Weltwirtschaftskrise, S. 163–165, grundlegend auch Tobias Straumann, Die Finanzkrise und Hitlers Aufstieg, Darmstadt 2020, sowie Johannes Bähr, Bernd Rudolph, 1931 Finanzkrisen 2008, München (u. a.) 2011.

45 Mit länder- und güterspezifischen Daten siehe die Fallstudie zu Englands Importreduktion und -verlagerung in das eigene Commonwealth von Alan de Bromhead, Alan Fernihough, Markus Lampe, Kevin H. O'Rourke, When Britain Turned Inward: The Impact of Interwar British Protection, American Economic Review, 109 (2), 2019, S. 325–352. Daneben Kindleberger, Weltwirtschaftskrise, S. 165–175, grundlegend auch Straumann, Die Finanzkrise und Hitlers Aufstieg, oder Johannes Bähr, Die deutsche Bankenkrise 1931 in: ders., Rudolph, Finanzkrisen, 15–142. Zum Commonwealth Jan-Otmar Hesse, Ro-

man Köster, Werner Plumpe, Die Große Depression. Die Weltwirtschaftskrise 1929–1939, Frankfurt, New York 2014, S. 78–102.

46 Diese sollte sich auf Wunsch des Völkerbunds insbesondere der Senkung des deutlich gestiegenen Zollniveaus widmen, verlief faktisch aber im Sande, Kindleberger, Weltwirtschaftskrise, S. 77–79.

47 Siehe Kap. 8, Anm. 38.

48 Titelgebend Barry Eichengreen, Golden Fetters.

49 Zu der allerdings nicht genutzten geldpolitischen Souveränität derjenigen Länder, die, von den «Fesseln» befreit, nunmehr Kapitalkontrollen eingeführt hatten, jedoch ohne daraus wirklichen Nutzen für ihre Volkswirtschaften zu ziehen, Kris J. Mitchener, Kirsten Wandschneider, Capital Controls and Recovery from the Financial Crisis of the 1930s, Journal of International Economics, 95 (2), 2015, S. 188–201.

50 In Kürze etwa Kindleberger, Weltwirtschaftskrise, S. 137–141.

51 So verwundert nicht, dass übrigens Keynes selbst peu à peu eine protektionistische Position vertrat, dazu Irwin, Against the Tide, S. 189–206.

52 Daten in Ziebura, Weltwirtschaft und Weltpolitik, S. 156, Tab. 18.

53 Zu den Schulden erneut siehe Kap. 8, Anm. 22.

54 Peter Krüger, «Es handelt sich darum, einen Kontinent wiederherzustellen». Walther Rathenau als Außenpolitiker, in: Hans Wilderotter (Hg.), Walther Rathenau 1867–1922. Die Extreme berühren sich, Berlin o. J., S. 189–202.

55 Hierzu ausführlich Ziebura, Weltwirtschaft und Weltpolitik, S. 124–144.

56 Ziebura, Weltwirtschaft und Weltpolitik, S. 134.

57 Ziebura, Weltwirtschaft und Weltpolitik, S. 167–176.

58 Gerhard Krebs, Das moderne Japan 1868–1952. Von der Meiji-Restauration bis zum Friedensvertrag von San Francisco, München 2009, S. 168–171.

59 Esmonde M. Robertson, Hitler und die Sanktionen des Völkerbunds – Mussolini und die Besetzung des Rheinlands, Vierteljahreshefte für Zeitgeschichte, 26 (2), 1978, S. 237–264.

KAPITEL 9

Wiederaufstieg: Pax Americana – eine Zeit ohne Wirtschaftskriege?

1 Zu TTIP eher unaufgeregt Ferdi De Ville, Gabriel Siles-Brügge, TTIP. The Truth about the Transatlantic Trade and Investment Partnership, Cambridge 2016, damals noch in Unkenntnis des Ergebnisses.

2 Zu den durchaus schon früheren Debatten innerhalb der USA siehe die Re-

pliken von und in Paul R. Krugman, Pop Internationalism, Cambridge, MA, London 1996.

3 Siehe Kap. 1, Anm. 1.

4 Daten etwa des Pro-Kopf-BIPs erneut bei Maddison, Contours, S. 382, Table A.7, das sich zwischen 1950 und 1973 in Japan versechsfachte, in Deutschland verdreifachte, in den USA aber nicht einmal verdoppelte, gleichwohl auf einem deutlich höheren absoluten Niveau. Zur USA als Hegemonialmacht grundlegend Menzel, Ordnung S. 833–843.

5 Francis Fukuyama, The End of History and the Last Man, New York 1992.

6 Etwa Osterhammel, China, S. 386–407.

7 Robert J. Gordon, The Rise and Fall of American Growth. The U.S. Standard of Living since the Civil War, Princeton 2016, S. 535–565.

8 Hesse, Köster, Plumpe, Große Depression, S. 103–128.

9 Wolfram Fischer, Die Weltwirtschaft im 20. Jahrhundert, Göttingen 1979, S. 27.

10 Daten zum Merchandise Export bei Angus Maddison, The World Economy. Volume 1: A Millennial Perspective, in: ders., The World Economy. Volume 1: A Millennial Perspective, Volume 2: Historical Statistics, S. 5–381, hier S. 360, Table F-2.

11 Daten zum Exportanteil am BIP bei U.S. Bureau of Economic Analysis, Shares of gross domestic product: Exports of goods and services [B020RE1Q156NBEA], bei FRED, FED St. Louis, https://fred.stlouisfed.org/series/B020RE1Q156NBEA (zul. geöffnet: 14. 02. 25).

12 Wilfried Mausbach, Zwischen Morgenthau und Marshall. Das wirtschaftspolitische Deutschlandkonzept der USA 1944–1947, Düsseldorf 1996, S. 93–97.

13 Zu den Binnendebatten kanonisch und auch für das Folgende Benn Steil, The Battle of Bretton Woods. John Maynard Keynes, Harry Dexter White, and the Making of a New World Order, Princeton 2013.

14 Wilfried Mausbach, Zwischen Morgenthau und Marshall, S. 97–102.

15 Daten für 1950 bei FED, The International Movement of Gold and Dollars in 1950, Federal Reserve Bulletin, 37 (3), 1951, S. 253.

16 Zum System titelgebend «In Operation» siehe die Beiträge in Kapitel II in: Michael D. Bordo, Barry Eichengreen, A Retrospective on the Bretton Woods System. Lessons for International Monetary Reform, Chicago 1993, S. 201–512.

17 Das maßgeblich von den USA durchgesetzte GATT hatte ursprünglich wohl auch eine antibritische Stoßrichtung, da sich die USA von ihm eine Öffnung des Commonwealth versprachen, zu dem sie Zugang wünschten; Douglas A. Irwin, Clashing over Commerce: A History of US Trade Policy. Markets and Governments in Economic History. Chicago, S. 485.

18 Éric Toussaint, The World Bank. A Critical Primer, London (u. a.) 2008.

19 So eindrücklich das war, so sehr überschätzten frühere Daten die Zollreduktion, dazu und mit der vorsichtigeren Kalkulation Chad P. Brown, Douglas A. Irwin, The GATT's Starting Point, Tariff Levels circa 1947, World Bank Policy Research Working Paper, 7649, 2016, zusammenfassend siehe S. 30, Figure 1.

20 Zum «Trilemma» klassisch Marcus Fleming, Domestic Financial Policies Under Fixed and Under Floating Exchange Rates, IMF Staff Papers, 9 (3), 1962, S. 369–380, und Robert A. Mundell, Capital Mobility and Stabilization Policy under Fixed and Flexible Exchange Rates, Canadian Journal of Economics and Political Science, 29 (4), 1963, S. 475–485.

21 Wilfried Loth, Die Teilung der Welt. Geschichte des Kalten Krieges 1941–1945, München 1990, S. 156–178.

22 Die Tschechoslowakei war Gründungsmitglied des GATT, Polen trat 1967, Rumänien 1971 und Ungarn 1973 bei. Toussaint, World Bank, S. 278, Anm. 14; zu den Verhandlungen Leah Haus, The East European countries and GATT: The Role of Realism, Mercantilism, and Regime Theory in Explaining East-West Trade Negotiations, International Organization, 45 (2), 1991, S. 163–182, hier S. 164.

23 Der Begriff wurde vor allem in der DDR genutzt, hatte aber bereits eine Vorgeschichte im «Dritten Reich». Zur US-Politik Ute Daniel, Dollardiplomatie in Europa. Marshallplan, kalter Krieg und US-Außenwirtschaftspolitik 1945–52, Düsseldorf 1982.

24 Siehe Kap. 9, Anm. 14. Im Detail zudem John Gimbel, Amerikanische Besatzungspolitik in Deutschland 1945–1949, Frankfurt 1971.

25 Rolf Steininger, Deutsche Geschichte seit 1945. Darstellung und Dokumente in vier Bänden, Band 1: 1945–1947, Frankfurt 1996, S. 98–101, 203–228.

26 Ausholend und bis in die 1970er Jahre Ludger Lindlar, Das mißverstandene Wirtschaftswunder. Westdeutschland und die westeuropäische Nachkriegsprosperität, Tübingen 1997.

27 Martijn Lak, «Die Niederlande haben kein Interesse an einem von Armut geplagten, ausgehungerten Deutschland». Deutsch-niederländische Finanzbeziehungen 1945–1957, Historische Zeitschrift, 307 (3), 2018, S. 692–732.

28 Christoph Buchheim, Die Bundesrepublik und die Überwindung der Dollarlücke, in: Ludolf Herbst, Werner Bührer, Hanno Sowade (Hg.), Vom Marshallplan zur EWG. Die Eingliederung der Bundesrepublik Deutschland in die westliche Welt, München 1990, S. 81–98. Zum «Taylor-Report» von 1949, in dem auch die USA das Problem bemerkten, Gerd Hardach, Der Marshall-Plan. Auslandshilfe und Wiederaufbau 1948–1952, München 1994, S. 195–197.

29 Beispielhaft Astrid Gehrig, Nationalsozialistische Rüstungspolitik und unternehmerischer Entscheidungsspielraum. Vergleichende Fallstudien zur württembergischen Maschinenbauindustrie, München 1996. Das galt auch für Hersteller von Gebrauchsgütern; vgl. etwa Petra Bräutigam, Mittelständische Unternehmer im Nationalsozialismus. Wirtschaftliche Entwicklungen und soziale Verhaltensweisen in der Schuh- und Lederindustrie Badens und Württembergs, München 1997, S. 65–364.

30 Zur Verteilung der Hilfen Hardach, Marshall-Plan, S. 244–245.

31 Christoph Buchheim, Die Wiedereingliederung Westdeutschlands in die Weltwirtschaft 1945–1958, München 1990.

32 Daten bei Hoffmann, Grumbach, Hesse, Wachstum, S. 153, Tabelle 66.

33 Titelgebend Jan-Otmar Hesse, Exportweltmeister. Geschichte einer deutschen Obsession, Berlin 2023.

34 Dazu Hardach, Marshall-Plan, S. 297–321, zudem auch zu Frankreich und Großbritannien Barry Eichengreen, Globalizing Capital. A History of the International Monetary System, Princeton 2008, S. 108–111, sowie kurz und mit Verneinung des Effekts eines «Korea-Booms» Lindlar, Wirtschaftswunder, S. 244–246.

35 Vergleichende Daten zum Produktivitätswachstum bei Lindlar, Wirtschaftswunder, S. 209, Tabelle 5.5.

36 Matthias Kipping, Zwischen Kartellen und Konkurrenz. Der Schuman-Plan und die Ursprünge der europäischen Einigung 1944–1952, Berlin 1996.

37 Oswald Post, Zwischen Sicherheit und Wiederaufbau. Die Ruhrfrage in der alliierten Diskussion 1945–1949, Gießen 1986, sowie Carsten Lüders, Das Ruhrkontrollsystem. Entstehung und Entwicklung im Rahmen der Westintegration Westdeutschlands 1947–1953, Frankfurt 1988.

38 Dazu Hesse, Exportweltmeister, S. 167–171.

39 Tim Geiger, Atlantiker gegen Gaullisten. Außenpolitischer Konflikt und innerparteilicher Machtkampf in der CDU / CSU 1958–1969, München 2008; zudem auch Volker Hentschel, Ludwig Erhard, Ein Politikerleben, München 1996, hier insb. Kap. 7 und 8.

40 Siehe die Beiträge in Bernd Greiner, Christian Th. Müller, Claudia Weber (Hg.), Ökonomie im Kalten Krieg, Hamburg 2010.

41 Daten bei Maddison, World Economy, S. 361, Table F–3. Die Daten von Maddison, der ja alles auf Dollarbasis berechnete, sind hier durchaus kritisch zu werten, aber die einzigen einigermaßen verlässlichen Angaben.

42 Gunnar Adler-Karlsson, Western Economic Warfare 1947–1967. A Case Study in Foreign Economic Policy, Stockholm 1968, jünger auch Hanns-Dieter Jacob-

sen, Das Koordinationskomitee für Multilaterale Exportkontrollen, in: Bernd Greiner, Christian Th. Müller, Claudia Weber (Hg.), Ökonomie im Kalten Krieg. Studien zum Kalten Krieg, Band 4, Hamburg 2010, S. 416–437.

43 Horst Müller, Manfred Süß, Horst Vogel (Hg.), Die Industriespionage der DDR. Die wissenschaftlich-technische Aufklärung der HVA, Berlin 2008, oder Klaus Behling, Hightech-Schmuggler im Wirtschaftskrieg. Wie die DDR das Embargo des Westens unterlief, Berlin 2007. Vgl. auch Peter Krewer, Geschäfte mit dem Klassenfeind. Die DDR im innerdeutschen Handel 1949–1989, Trier 2008, S. 185–285.

44 Peter E. Fäßler, Durch den «Eisernen Vorhang». Die deutsch-deutschen Wirtschaftsbeziehungen 1949–1969, Köln (u. a.) 2006, insb. zur «Störfreimachung» ders., S. 245–252. Daneben auch Ralf Ahrens, Gegenseitige Wirtschaftshilfe? Die DDR im RGW – Strukturen und handelspolitische Strategien 1963–1976, Köln (u. a.) 2000.

45 Susanne Gratius, Kuba unter Castro – Das Dilemma der dreifachen Blockade. Die kontraproduktive Politik der «Demokratieförderung» seitens der USA und der EU, Opladen 2003, oder Gunnar Adler-Karlsson, Kubareport. Sieg oder Niederlage, Wien 1973.

46 Siehe Kap. 9, Anm. 42.

47 Raymond G. Stokes, Zweiter Teil. 1945–1974, in: Rainer Karlsch, ders., «Faktor Öl». Die Mineralölwirtschaft in Deutschland 1859–1974, München 2003, S. 247–378, insb. S. 325–344. Generell auch Gunnar Adler-Karlsson, Der Fehlschlag. Zwanzig Jahre Wirtschaftskrieg zwischen Ost und West, Wien (u. a.) 1971.

48 Fritz Bartel, The Triumph of Broken Promises. The End of the Cold War and the Rise of Neoliberalism, Cambridge MA, London 2022, S. 51–74, 259–291.

49 Siehe die Beiträge in Niall Ferguson, Charles S. Maier, Erez Manela, Daniel J. Sargent (Hg.), The Shock of the Global. The 1970s in Perspective, Cambridge MA (u. a.) 2010.

50 Lawrence J. Brainard, Overview of East Europe's Debt: The Evolution of Creditworthiness in the 1980s, Business Economics, 25 (4), 1990, S. 10–16.

51 Christoph Buchheim, Die Achillesferse der DDR – der Außenhandel, in: André Steiner (Hg.), Überholen ohne einzuholen. Die DDR-Wirtschaft als Fußnote der deutschen Geschichte?, Berlin 2006, S. 91–103.

52 Etwa Raymond G. Stokes, Von Trabbis und Acetylen – die Technikentwicklung, in: André Steiner (Hg.), Überholen ohne einzuholen. Die DDR-Wirtschaft als Fußnote der deutschen Geschichte?, Berlin 2006, S. 105–125, insb. S. 120–122.

53 Bartel, Triumph, S. 162–163.

54 Erneut wie Kap. 9, Anm. 40, hier insb. Benjamin O. Fordham, Die wirtschaftlichen und sozialen Folgen der amerikanischen Militärausgaben, in: Bernd Greiner, Christian Th. Müller, Claudia Weber (Hg.), Ökonomie im Kalten Krieg, Hamburg 2010, S. 213–233, und Christopher M. Davis, Die wirtschaftlichen und sozialen Folgen der sowjetischen Militärausgaben, in: Bernd Greiner, Christian Th. Müller, Claudia Weber (Hg.), Ökonomie im Kalten Krieg, Hamburg 2010, S. 260–278, durchaus differenziert etwa mit Blick auf sowjetische Deviseneinnahmen durch Waffenexporte.

55 Etwa János Kornai, Das sozialistische System. Die politische Ökonomie des Kommunismus, Baden-Baden 1995, ferner André Steiner, Von Plan zu Plan. Eine Wirtschaftsgeschichte der DDR, München 2004.

56 Siehe etwa die Beiträge in Mark Orkin (Hg.), Sanctions against Apartheid, Kapstadt (u. a.) 1989.

57 Etwa Werner Kilian, Die Hallstein-Doktrin. Der diplomatische Krieg zwischen der BRD und der DDR 1955–1973, Aus den Akten der beiden deutschen Außenministerien, Berlin 2001.

58 Viel zitiert, etwa Justin D. Garrison, «An Empire of Ideals». The Chimeric Imagination of Ronald Reagan, London, New York 2013, S. 164.

59 Jüngst Erdal Yalcin, Gabriel Felbermayr, Heider Kariem, Aleksandra Kirilakha, Ohyun Kwon, Constantinos Syropoulos, Yoto V. Yotov, The Global Sanctions Data Base – Release 4: The Heterogeneous Effects of the Sanctions on Russia, CPGA Working Paper, 2025-02, 2025 samt Gabriel Felbermayr, Aleksandra Kirilakha, Constantinos Syropoulos, Erdal Yalcin, Yoto V. Yotov, The Global Sanctions Data Base, European Economic Review, 129 (C), 2020, S. 1–23, im Folgenden zusammen referenziert als Felbermayr et al., Global Sanctions Data Base.

60 Etwa John A. Houston, The United Nations and Spain, Journal of Politics, 14 (4), 1952, S. 683–709.

61 Jonas Kreienbaum, Das Öl und der Kampf um eine neue Wirtschaftsordnung. Die Bedeutung der Ölkrisen der 1970er Jahre für die Nord-Süd-Beziehungen, Berlin (u. a.) 2022, S. 28–60.

62 Titelgebend dazu Barry Turner, Suez 1956. The Inside Story of the first Oil War, London 2006.

63 Umfassend Daniel Yergin, The Prize. The Epic Quest for Oil, Money and Power, New York (u. a.) 1991, S. 563–768.

64 Etwa Eichengreen, Globalizing Capital, S. 136–142.

65 Grundlegend Ryan C. Smith, The Real Oil Shock. How Oil Transformed Money, Debt, and Finance, Cham 2022.

66 Felbermayr et al., Global Sanctions Data Base, hier zunächst bis 2020.

67 Margareta Benz-Zauner, Helmut A. Schaeffer (Hg.), Glastechnik, Bd. 3: Flachglas, München 2007.

68 Erneut Murmann, Knowledge.

69 Horst Vogel, Der 1-Megabit-Chip, in: Horst Müller, Manfred Süß, ders. (Hg.), Die Industriespionage der DDR. Die wissenschaftlich-technische Aufklärung der HVA, Berlin 2008, S. 111–116.

70 Stark beachtet hier Rüdiger Bachmann, David Baqaee, Christian Bayer, Moritz Kuhn, Andreas Löschel, Benjamin Moll, Andreas Peichl, Karen Pittel, Moritz Schularick, What if? The macroeconomic and distributional effects for Germany of a stop of energy imports from Russia, Economica, 91 (364), S. 1157–1200.

71 Daten bei Maddison, World Economy, S. 329, Table C5–b.

72 Daten bei World Trade Organization, Evolution of trade under the WTO: handy statistics, https://www.wto.org/english/res_e/statis_e/trade_evolution_e/evolution_trade_wto_e.htm (zul. geöffnet: 02. 03. 25).

73 Daten zum Importanteil am BIP bei U.S. Bureau of Economic Analysis, Shares of gross domestic product: Imports of goods and services [B021RE1Q156NBEA], bei FRED, FED St. Louis, https://fred.stlouisfed.org/series/B021RE1Q156NBEA (zul. geöffnet: 14. 02. 25), sowie zum Exportanteil siehe Kap. 9, Anm. 11.

74 Ebd.

75 UN-Daten kompiliert von Bundeszentrale für Politische Bildung, Zahlen und Fakten. Globalisierung, Handel und Investitionen, o.J., o.O., S. 36, https://www.bpb.de/system/files/dokument_pdf/03%20Handel%20und%20Investitionen.pdf (zul. geöffnet: 17. 02. 25).

KAPITEL 10
Weltmarkt ohne Hüter: Eingehegte Ordnungslosigkeit oder zerstörerischer Konflikt?

1 Paul R. Krugman, The Age of Diminished Expectations. U.S. Economic Policy in the 1990s, third edition, Cambridge MA (u. a.) 1991.

2 United Nations Industrial Development Organization, The Future of Industrialization. Building Future-Ready Industries to turn Challenges into Sustainable Solutions, MIPF 2024 Conference Paper, 2024, S. 17, Figure 4.

3 International Monetary Fund, Real GDP growth. Annual percent change, https://www.imf.org/external/datamapper/NGDP_RPCH@WEO/CHN/USA (zul. geöffnet: 17. 02. 25).

4 Zur in den Nullerjahren hohen Exportbedeutung am chinesischen Wachstum sowie generell instruktiv jüngst Volker Brühl, The Economic Rise of China – an Analysis of China's Growth Drivers, International Economics and Economic Policy, 22 (1), 2025, S. 1–49.

5 Jürgen Matthes, Deutsche Direktinvestitionen nach China und Hongkong auf neuem Höchststand – von Diversifizierung kaum eine Spur, IW-Kurzbericht, IW Kurzbericht, 7, 2024.

6 Cork Gaines, Apple hat ein großes China-Problem – begonnen hat es vor 22 Jahren, Business Insider, 14. 09. 23, https://www.businessinsider.de/wirtschaft/international-business/apple-hat-ein-grosses-china-problem-begonnen-hat-es-vor-22-jahren/ (zul. geöffnet: 18. 02. 25).

7 Allein zu den Bemühungen in Energiesektoren und anderen Brühl, China.

8 Daten bei Center for Strategic & International Studies, Is China the World's Top Trader?, k.A., https://chinapower.csis.org/trade-partner/ (zul. geöffnet: 13. 03. 25).

9 Peter Frankopan, Die Neuen Seidenstraßen. Gegenwart und Zukunft unserer Welt, Berlin 2019.

10 Beispielhaft Charles Ackah, Alemayehu Geda, Holger Görg, Federico Merchan, What Role for Chinese FDI in Africa? New Survey Evidence from Ethiopia and Ghana, IfW Kiel Working Paper, 2268, 2024.

11 Differenziert Thomas Stölzel, Konrad Fischer, So viel Einfluss hat China wirklich auf den Panamakanal, Wirtschafswoche, 27. 01. 25, https://www.wiwo.de/technologie/wirtschaft-von-oben/wirtschaft-von-oben-303-panamakanal-so-viel-einfluss-hat-china-wirklich-auf-den-panamakanal-/30178666.html (zul. geöffnet: 18. 02. 25).

12 Siehe Kap. 1, Anm. 1.

13 Typisch etwa Dani Rodrik, Das Globalisierungs-Paradox. Die Demokratie und die Zukunft der Weltwirtschaft, München 2011. Vgl. auch Michael Sandel, Das Unbehagen an der Demokratie. Was die ungezügelten Märkte aus unserer Gesellschaft gemacht haben, Berlin 2023.

14 Graham T. Allison, Destined for War. Can America and China Escape Thucydides's Trap?, Boston, New York 2017.

15 Zu den US- und China-Anteilen siehe International Monetary Fund, World Economic Outlook Database. October 2024, https://www.imf.org/en/Publications/WEO/weo-database/2024/October/download-entire-database (zul. geöffnet: 18. 02. 25).

16 Programmatisch der ehemalige U.S. Trade Representative unter Trump Robert Lighthizer, No Trade Is Free. Changing Course, Taking On China, and Helping

America's Worker, New York 2023, neben seinen sonstigen Publikationen – fast harmlos, verglichen mit dem abenteuerlichen Lebenslauf samt Publikationen des jetzigen Beraters Peter Navarro.

17 US-Zölle gegen die EU begründete Trump jüngst damit, letztere sei gar gegründet worden, «to screw the United States», dazu James Politi, Kana Inagaki, Barbara Moens, Donald Trump threatens to impose 25 % tariffs on EU goods, Financial Times, 26. 02. 25, https://www.ft.com/content/2f0288f6-3f6a-4334-b666-3f0122981842 (zul. geöffnet: 02. 03. 25).

18 Die Diskussion begann allerdings schon lange vor Trump, erneut siehe allein die Debatten in Krugman, Pop Internationalism.

19 Mancur Olson, Aufstieg und Niedergang von Nationen. Ökonomisches Wachstum, Stagflation und soziale Starrheit, Tübingen 1991.

20 Jüngst dazu umfangreich Chris Miller, Der Chip-Krieg. Wie die USA und China um die technologische Überlegenheit auf der Welt kämpfen, Hamburg 2023.

21 Hierzu siehe etwa Kap. 10, Anm. 6.

22 Siehe kürzlich, neben anderen, die Projektion von J.P. Morgan, Will gold prices hit another all-time high in 2025?, 19. 02. 25 (zuerst 17. 01. 24), https://www.jpmorgan.com/insights/global-research/commodities/gold-prices (zul. geöffnet: 02. 03. 25).

23 Siehe Kap. 3.

24 Susanne Fehlings, Hasan H. Karrar (Hg.), Informal Markets and Trade in Central Asia and the Caucasus, London, New York 2022.

25 Klassisch die Liste bei Lloyd's, hier für 2022 Linton Nightingale, One Hundred Ports: Volume growth wanes as post pandemic boom fades, Lloyd's List, 21. 07. 23, https://www.lloydslist.com/LL1145881/One-Hundred-Ports-Volume-growth-wanes-as-post-pandemic-boom-fades (zul. geöffnet: 01. 03. 25).

26 Joseph Stiglitz, Globalization and Its Discontents, London (u. a.) 2002, Kap. 5.

27 Siehe die Übersicht des House Committee on Foreign Affairs, China Regional Snapshot: Sub-Saharan Africa, 14. 11. 22, https://foreignaffairs.house.gov/china-regional-snapshot-sub-saharan-africa/ (zul. geöffnet: 02. 02. 25).

SCHLUSS:
Gefährliche Rivalitäten

1 Siehe Kap. 10.

2 Siehe erneut die luzide Geschichte von Hesse, Exportweltmeister.

3 Siehe Kapitel 7.

4 Dazu Steffen Bender, Der Burenkrieg und die deutschsprachige Presse. Wahrnehmung und Deutung zwischen Bureneuphorie und Anglophobie 1899–1902, München (u. a.) 2009, S. 49–69.

5 Nochmals Clark, Schlafwandler.

6 Daten zur Verteilung der Währungen an den internationalen Reserven bei International Monetary Fund, World Currency Composition of Official Foreign Exchange Reserves, https://data.imf.org/regular.aspx?key=41175 (zul. geöffnet: 19.02.25).

7 Aufsehenerregend jüngst etwa die Pressemitteilung der Zollbehörden, Verstoß gegen Russland-Sanktionen. Haftbefehle und Vermögensarreste in Höhe von 1,3 Millionen Euro wegen gewerbsmäßiger Ausfuhr von Luxusfahrzeugen, 22.11.24, https://www.zoll.de/SharedDocs/Pressemitteilungen/DE/Sonstiges/2024/y46_luxusfahrzeuge_zfas.html (zul. geöffnet: 19.02.25).

8 Erneut wie eingangs der Hinweis auf Siegenthaler, Regelvertrauen.

9 Siehe die insofern überaus klugen Überlegungen des Ökonomen Gabriel Felbermayr, EU sollte Orbán zu Trump schicken, FAZ vom 5.1.2025.

LITERATURVERZEICHNIS

Abrate, Mario, Italien 1648–1861, in: Wolfram Fischer u.a. (Hg.) *Handbuch der Europäischen Wirtschafts- und Sozialgeschichte*, Bd. 4, Stuttgart 1993, S. 837–879.

Accominotti, Olivier, Flandreau, Marc, Bilateral Treaties and the Most-Favored-Nation Clause. The Myth of Trade Liberalization in the Nineteenth Century, *World Politics*, 60 (2), 2008, S. 147–188.

Ackah, Charles, Geda, Alemayehu, Görg, Holger, Merchan, Federico, What Role for Chinese FDI in Africa? New Survey Evidence from Ethiopia and Ghana, *IfW Kiel Working Paper*, 2268, 2024.

Adler-Karlsson, Gunnar, *Western Economic Warfare 1947–1967. A Case Study in Foreign Economic Policy*, Stockholm 1968.

Adler-Karlsson, Gunnar, *Der Fehlschlag. Zwanzig Jahre Wirtschaftskrieg zwischen Ost und West*, Wien (u.a.) 1971.

Adler-Karlsson, Gunnar, *Kubareport. Sieg oder Niederlage*, Wien 1973.

Ahrens, Ralf, *Gegenseitige Wirtschaftshilfe? Die DDR im RGW – Strukturen und handelspolitische Strategien 1963–1976*, Köln (u.a.) 2000.

Aldcroft, Derek H., *Die Zwanziger Jahre. Von Versailles zur Wall Street 1919–1929*, München 1978.

Allahar, Anton L., Sugar and the Politics of Slavery in Mid-Nineteenth-Century Cuba, in: Bernhard Moitt (Hg.), *Sugar, Slavery, and Society. Perspectives on the Caribbean, India, the Mascarenes, and the United States*, Gainesville 2004, S. 110–134.

Allison, Graham T., *Destined for War. Can America and China Escape Thucydides's Trap?*, Boston (u.a.) 2017.

Ambrosius, Gerold, Internationale Wirtschaftsbeziehungen, in: ders., Dietmar Petzina, Werner Plumpe (Hg.), *Moderne Wirtschaftsgeschichte. Eine Einführung für Historiker und Ökonomen*, München 2006, S. 303–327.

Andrews, Charles M., Chapter IX. The Acts of Trade, in: John H. Rose, Arthur P. Newton, Ernest A. Benians (Hg.), *The Cambridge History of the British Empire.* Volume I: *The Old Empire from the beginnings to 1783*, Cambridge (u.a.) 1929, S. 268–299.

Appleyard, Dennis R., Suresh, Shyam Gouri, Crown Rule, Home Charges, and U.K.-India Terms of Trade, *Indian Economic Journal*, 63 (4), 2016, S. 632–653.

Arnauld, Andreas von, *Völkerrecht. 5. Auflage*, Heidelberg 2022.

Bachmann, Rüdiger, Baqaee, David, Bayer, Christian, Kuhn, Moritz, Löschel, Andreas, Moll, Benjamin, Peichl, Andreas, Pittel, Karen, Schularick, Moritz, What if? The macroeconomic and distributional effects for Germany of a stop of energy imports from Russia, *Economica*, 91 (364), S. 1157–1200.

Bähr, Johannes, Rudolph, Bernd, *1931 Finanzkrisen 2008*, München (u. a.) 2011.

Bagwell, Philip S., *The Transport Revolution 1770–1985*, London 1988.

Bairoch, Paul, Free trade and European economic development in the 19th century, *European Economic Review*, 3 (3), 1972, S. 211–245.

Bairoch, Paul, Europe's Gross National Product: 1800–1975, *Journal of European Economic History*, 5 (2), 1976, S. 273–340.

Bairoch, Paul, International Industrialization Levels from 1750 to 1980, *Journal of European Economic History*, 11 (2), 1982, S. 269–333.

Banken, Ralf, *Edelmetallmangel und Großraubwirtschaft. Die Entwicklung des deutschen Edelmetallsektors im «Dritten Reich» 1933–1945*, Berlin 2009.

Bartel, Fritz, *The Triumph of Broken Promises. The End of the Cold War and the Rise of Neoliberalism*, Cambridge MA (u. a.) 2022.

Baumann, Wolf-Rüdiger, *The Merchant Adventurers and the Continental Clothtrade (1560s–1620s)*, Berlin (u. a.) 1990.

Beckert, Sven, *King Cotton. Eine Geschichte des globalen Kapitalismus*, München 2014.

Behling, Klaus, *Hightech-Schmuggler im Wirtschaftskrieg. Wie die DDR das Embargo des Westens unterlief*, Berlin 2007.

Bender, Steffen, *Der Burenkrieg und die deutschsprachige Presse. Wahrnehmung und Deutung zwischen Bureneuphorie und Anglophobie 1899–1902*, München (u. a.) 2009.

Benz-Zauner, Margareta, Schaeffer, Helmut A. (Hg.), *Glastechnik*. Bd. 3: *Flachglas*, München 2007.

Berg, Maxine (Hg.), *Goods from the East, 1600–1800. Trading Eurasia*, Basingstoke 2015.

Berg, Maxine, Hudson, Pat, *Slavery, capitalism and the Industrial Revolution*, Cambridge 2023.

Bernecker, Walther L., Teil 2. Von der Frühen Neuzeit bis zur Gegenwart, in: ders., Klaus Herbers, *Geschichte Portugals*, Stuttgart 2013, S. 133–329.

Best, Heinrich, *Interessenpolitik und nationale Integration 1848/49. Handelspolitische Konflikte im frühindustriellen Deutschland*, Göttingen 1980.

Birch, Hayley, *50 Schlüsselideen. Chemie*, Berlin (u. a.) 2016.

Blaich, Fritz, *Die Epoche des Merkantilismus*, Wiesbaden 1973.

Blaich, Fritz, *Kartell- und Monopolpolitik im kaiserlichen Deutschland. Das Pro-*

blem der Marktmacht im Deutschen Reichstag zwischen 1879 und 1914, Düsseldorf 1973.

Blaug, Mark (Hg.), *The Early Mercantilists. Thomas Mun (1571–1641), Edward Misselden (1608–1634), Gerard de Malynes (1586–1623)*, Aldershot 1991.

Bley, Helmut, König, Hans-Joachim, Freihandelsimperialismus, *Enzyklopädie der Neuzeit*, Bd. 3, Sp. 1139–1145.

Bley, Helmut, Keil, Hartmut, König, Hans-Joachim, Sklavengesellschaft, *Enzyklopädie der Neuzeit*, Bd. 12, Sp. 65–82.

Blum, Ulrich, *Wirtschaftskrieg. Rivalität ökonomisch zu Ende denken*, Wiesbaden 2020.

Bog, Ingomar, *Der Reichsmerkantilismus. Studien zur Wirtschaftspolitik des Heiligen Römischen Reiches im 17. und 18. Jahrhundert*, Stuttgart 1959.

Bogucka, Maria, Amsterdam and the Baltic in the First Half of the Seventeenth Century, *Economic History Review*, 26 (3), 1973, S. 433–447.

Bohn, Robert, Freibeuter, *Enzyklopädie der Neuzeit*, Bd. 3, Sp. 1123–1129.

Boldorf, Marcel, *Europäische Leinenregionen im Wandel. Institutionelle Weichenstellungen in Schlesien und Irland (1750–1850)*, Köln (u. a.) 2006.

Bondi, Gerhard, *Deutschlands Außenhandel 1815–1870*, Berlin 1958.

Bordo, Michael D., Eichengreen, Barry (Hg.), *A Retrospective on the Bretton Woods System. Lessons for International Monetary Reform*, Chicago 1993.

Borschberg, Peter, *The Singapore and Melaka Straits. Violence, Security and Diplomacy in the 17th Century*, Singapur 2010.

Bowen, Huw V., The Bank of England during the Long Eighteenth Century, 1694–1820, in: Richard Roberts, David Kynaston (Hg.), *The Bank of England. Money, Power, and Influence 1694–1994*, Oxford 1995, S. 1–18.

Boyce, Robert, *The Great Interwar Crisis*, London 2009.

Bräutigam, Petra, *Mittelständische Unternehmer im Nationalsozialismus. Wirtschaftliche Entwicklungen und soziale Verhaltensweisen in der Schuh- und Lederindustrie Badens und Württembergs*, München 1997.

Brainard, Lawrence J., Overview of East Europe's Debt: The Evolution of Creditworthiness in the 1980 s, *Business Economics*, 25 (4), 1990, S. 10–16.

Braudel, Fernand, *Sozialgeschichte des 15.–18. Jahrhunderts.*
Bd. 1: *Der Alltag*, München 1985.
Bd. 2: *Der Handel*, München 1986.
Bd. 3: *Aufbruch zur Weltwirtschaft*, München 1986.

Bromhead, Alan de, Fernihough, Alan, Lampe, Markus, O'Rourke, Kevin H., When Britain Turned Inward: The Impact of Interwar British Protection, *American Economic Review*, 109 (2), 2019, S. 325–352.

Brown, Chad P., Irwin, Douglas A., The GATT's Starting Point, Tariff Levels circa 1947, *World Bank Policy Research Working Paper*, 7649, 2016.

Brühl, Volker, The economic rise of China – an analysis of China's growth drivers, *International Economics and Economic Policy*, 22 (1), 2025, S. 1–49.

Bruijn, Jaap R., *The Dutch Navy of the Seventeenth and Eighteenth Centuries*, Columbia SC 1993.

Buchheim, Christoph, Die Bundesrepublik und die Überwindung der Dollarlücke, in: Ludolf Herbst, Werner Bührer, Hanno Sowade (Hg.), *Vom Marshallplan zur EWG. Die Eingliederung der Bundesrepublik Deutschland in die westliche Welt*, München 1990, S. 81–98.

Buchheim, Christoph, *Die Wiedereingliederung Westdeutschlands in die Weltwirtschaft 1945–1958*, München 1990.

Buchheim, Christoph, Die Achillesferse der DDR – der Außenhandel, in: André Steiner (Hg.), *Überholen ohne einzuholen. Die DDR-Wirtschaft als Fußnote der deutschen Geschichte?*, Berlin 2006, S. 91–103.

Bundeszentrale für Politische Bildung, *Zahlen und Fakten. Globalisierung, Handel und Investitionen*, o. J., o. O., S. 36, https://www.bpb.de/system/files/dokument_pdf/03%20Handel%20und%20Investitionen.pdf (zul. geöffnet: 17. 02. 25).

Cassis, Youssef, *Capitals of Capital. A History of International Financial Centres, 1780–2005*, Cambridge 2006.

Chang, Ha-Joon, *Kicking Away the Ladder. Development Strategy in Historical Perspective*, London 2002.

Chaplin, Joyce E., The British Atlantic, in: Nicholas Canny, Philip Morgan (Hg.), *The Oxford Handbook of the Atlantic World c.1450–c.1850*, Oxford 2011, S. 219–234.

Christ, Georg, Den Piraten an sich gibt es nicht. Die politische Ökonomie des Meeres, in: Rainer Hank, Hartmut Leppin, Werner Plumpe (Hg.), *«Alle, die mit uns auf Kaperfahrt fahren». Piratengeschichten auf den Meeren der Welt*, Frankfurt 2023, S. 127–150.

Clapham, John H., *An Economic History of Modern Britain. The Early Railway Age 1820–1850*, Cambridge 1939.

Clark, Christopher, *Die Schlafwandler. Wie Europa in den Ersten Weltkrieg zog*, München 2014.

Cole, Charles W., *Colbert and a Century of French Mercantilism.*
Volume I, New York 1939.
Volume II, New York 1939.

Copeland, Dale C., *A World Safe for Commerce. American Foreign Policy from the Revolution to the Rise of China*, Princeton 2024.

Coppolaro, Lucia, McKenzie, Francine (Hg.), *A Global History of Trade and Conflict Since 1500*, Basingstoke 2013.

Cordingly, David, *Under the Black Flag. The Romance and the Reality of Life Among the Pirates*, New York 1995.

Crouzet, François, Wars, Blockade, and Economic Change in Europe, 1792–1815, *Journal of Economic History*, 24 (4), 1964, S. 567–588.

Daniel, Ute, *Dollardiplomatie in Europa. Marshallplan, kalter Krieg und US-Außenwirtschaftspolitik 1945–52*, Düsseldorf 1982.

Davis, Christopher M., Die wirtschaftlichen und sozialen Folgen der sowjetischen Militärausgaben, in: Bernd Greiner, Christian Th. Müller, Claudia Weber (Hg.); *Ökonomie im Kalten Krieg*, Hamburg 2010, S. 260–278.

Davis, Lance E., Huttenback, Robert A., *Mammon and the pursuit of Empire. The economics of British imperialism*, Cambridge (u. a.) 1988.

Davis, Lance E., Engerman, Stanley L., *Naval Blockades in Peace and War. An Economic History since 1750*, Cambridge 2006.

De Ville, Ferdi, Siles-Brügge, Gabriel, *TTIP. The Truth about the Transatlantic Trade and Investment Partnership*, Cambridge 2016.

Dickson, Peter G. M., *The Financial Revolution in England. A Study in the Development of Public Credit 1688–1756*, London (u. a.) 1967.

Dornik, Wolfram, Gießauf, Johannes, Iber, Walter M. (Hg.), *Krieg und Wirtschaft. Von der Antike bis ins 21. Jahrhundert*, Bozen (u. a.) 2010.

Durante, Paolo, Durante, Ruben, Prarolo, Giovanni, Vanin, Paolo, Poor institutions, rich mines: resource curse in the origins of the Sicilian mafia, *The Economic Journal*, 125 (586), 2015, F175–202.

Edwards, Elizabeth, War, foreign relations and politics in the Netherlands from the Second Anglo-Dutch War to the Revolution of 1688, in: David Ormrod, Gijs Rommelse (Hg.), *War Trade and the State. Anglo-Dutch Conflict 1652–89*, Woodbridge 2020, S. 74–91.

Eichengreen, Barry, *Golden Fetters. The Gold Standard and the Great Depression 1919–1939*, Oxford 1992.

Eichengreen, Barry, *Globalizing Capital. A History of the International Monetary System*, Princeton 2008.

Eichengreen, Barry, Haines, Michael R., Jaremski, Matthew S., Leblang, David, Populists at the Polls: Economic Factors in the 1896 Presidential Election, *NBER Working Paper Series*, 23932, 2017.

Ellison, Martin, Scott, Andrew, Managing the UK National Debt 1694–2018, *American Economic Journal: Macroeconomics*, 12 (3), 2020, S. 227–257.

Emmer, Pieter C., *The Dutch Slave Trade, 1500–1850*, New York (u. a.) 2005.

Engel, Alexander, *Die Farben der Globalisierung. Die Entstehung moderner Märkte für Farbstoffe 1500–1900*, Frankfurt (u. a.) 2009.

Englund, Peter. *Die Verwüstung Deutschlands. Eine Geschichte des Dreißigjährigen Krieges*, Stuttgart 1998.

Etges, Andreas, *Wirtschaftsnationalismus. USA und Deutschland im Vergleich (1815–1914)*, Frankfurt (u. a.) 1999.

Externbrink, Sven (Hg.), *Der Siebenjährige Krieg (1756–1763). Ein europäischer Weltkrieg im Zeitalter der Aufklärung*, Berlin 2011.

Fäßler, Peter E., *Durch den «Eisernen Vorhang». Die deutsch-deutschen Wirtschaftsbeziehungen 1949–1969*, Köln (u. a.) 2006.

Fahrmeir, Andreas, *Revolutionen und Reformen. Europa 1789–1850*, München 2010.

FED, The International Movement of Gold and Dollars in 1950, *Federal Reserve Bulletin*, 37 (3), 1951.

Fehlings, Susanne, Karrar, Hasan H. (Hg.), *Informal Markets and Trade in Central Asia and the Caucasus*, London (u. a.) 2022.

Felbermayr, Gabriel, Braml, Martin, *Der Freihandel hat fertig. Wie die neue Welt(un)ordnung unseren Wohlstand gefährdet*, Wien 2024.

Felbermayr, Gabriel, Kirilakha, Aleksandra, Syropoulos, Constantinos, Yalcin, Erdal, Yotov, Yoto V., The Global Sanctions Data Base, *European Economic Review*, 129 (C), 2020, S. 1–23.

Feldman, Gerald D., A Comment, in: Manfred F. Boemeke, ders., Elisabeth Glaser (Hg.), *The Treaty of Versailles. A Reassessment after 75 Years*, Cambridge 1998, S. 441–447.

Ferguson, Niall, Maier, Charles S., Manela, Erez, Sargent, Daniel J. (Hg.), *The Shock of the Global. The 1970 s in Perspective*, Cambridge MA (u. a.) 2010.

Findlay, Ronald, O'Rourke, Kevin H., Commodity Market Integration, 1500–2000, *NBER Working Paper Series*, 8579, 2001.

Findlay, Ronald, O'Rourke, Kevin, *Power and Plenty. Trade, War, and the World Economy in the Second Millennium*, Oxford (u. a.) 2007.

Fischer, David Hackett, *The Great Wave. Price Revolutions and the Rhythm of History*, New York (u. a.) 1996.

Fischer, Peter, Die schiedsgerichtliche Beilegung von privaten Investitionsstreitigkeiten im Lichte der Weltbankkonvention vom 18. März 1965, *Verfassung und Recht in Übersee/Law and Politics in Africa, Asia and Latin America*, 1 (3), 1968, S. 262–302.

Fischer, Wolfram, *Die Weltwirtschaft im 20. Jahrhundert*, Göttingen 1979.

Flath, David, *The Japanese Economy*, Oxford 2000.

Fleming, Marcus, Domestic Financial Policies Under Fixed and Under Floating Exchange Rates, *IMF Staff Papers*, 9 (3), 1962, S. 369–380.

Fogel, Robert W., Engerman, Stanley L., *Time on the Cross. The Economics of American Negro Slavery*, Boston (u. a.) 1974.

Forberger, Rudolf, *Die Manufaktur in Sachsen. Vom Ende des 16. bis zum Anfang des 19. Jahrhunderts*, Berlin 1958.

Fordham, Benjamin O., Die wirtschaftlichen und sozialen Folgen der amerikanischen Militärausgaben, in: Bernd Greiner, Christian Th. Müller, Claudia Weber (Hg.); *Ökonomie im Kalten Krieg*, Hamburg 2010, S. 213–233.

Frankopan, Peter, *Die Neuen Seidenstraßen. Gegenwart und Zukunft unserer Welt*, Berlin 2019.

Füssel, Marian, *Der Siebenjährige Krieg. Ein Weltkrieg im 18. Jahrhundert*, München 2022.

Füssel, Marian, *Der Preis des Ruhms. Eine Weltgeschichte des Siebenjährigen Krieges 1756–1763*, München 2024.

Fukuyama, Francis, *The End of History and the Last Man*, New York 1992.

Gall, Lothar, *Krupp. Der Aufstieg eines Industrieimperiums*, Berlin 2000.

Gallagher, John, Robinson, Ronald, The Imperialism of Free Trade, *Economic History Review*, 6 (1), 1953, S. 1–15.

Garde, François, *Der gefangene König*, München 2021.

Garner, Guillaume (Hg.), *Die Ökonomie des Privilegs, Westeuropa 16.–19. Jahrhundert*, Frankfurt 2016.

Garrison, Justin D., *«An Empire of Ideals». The Chimeric Imagination of Ronald Reagan*, London (u. a.) 2013.

Gehrig, Astrid, *Nationalsozialistische Rüstungspolitik und unternehmerischer Entscheidungsspielraum. Vergleichende Fallstudien zur württembergischen Maschinenbauindustrie*, München 1996.

Geiger, Tim, *Atlantiker gegen Gaullisten. Außenpolitischer Konflikt und innerparteilicher Machtkampf in der CDU / CSU 1958–1969*, München 2008.

Gimbel, John, *Amerikanische Besatzungspolitik in Deutschland*, Frankfurt 1971.

Glahn, Richard von, *The Economic History of China. From Antiquity to the Nineteenth Century*, Cambridge 2016.

Gliech, Oliver, Die Sklavenrevolution von Saint-Domingue / Haiti und ihre internationalen Auswirkungen (1789/91–1804/25), in: Bernd Hausberger, Gerhard Pfeisinger (Hg.), *Die Karibik. Geschichte und Gesellschaft 1492–2000*, Wien 2005, S. 85–99.

Gömmel, Rainer, *Die Entwicklung der Wirtschaft im Zeitalter des Merkantilismus 1620–1800*, München 1998.

Gordon, Robert J., *The Rise and Fall of American Growth. The U.S. Standard of Living since the Civil War*, Princeton 2016.

Granier, Gerhard, Deutsche Rüstungspolitik vor dem Ersten Weltkrieg. General Franz Wandels Tagebuchaufzeichnungen aus dem preußischen Kriegsministerium, *Militärgeschichtliche Zeitschrift*, 38 (2), 1985, S. 123–162.

Gratius, Susanne, *Kuba unter Castro – Das Dilemma der dreifachen Blockade. Die kontraproduktive Politik der «Demokratieförderung» seitens der USA und der EU*, Opladen 2003.

Greiner, Bernd, Müller, Christian Th., Weber, Claudia (Hg.), *Ökonomie im Kalten Krieg*, Hamburg 2010.

Grewlich, Klaus W., *Konstitutionalisierung des «Cyberspace». Zwischen europarechtlicher Regulierung und völkerrechtlicher Governance*, Baden-Baden 2001.

Groenewegen, Peter, *Eighteenth-century Economics. Turgot, Beccaria and Smith and their contemporaries*, London (u. a.) 2002.

Grotius, Hugo. *Von der Freiheit des Meeres*, übersetzt und mit einer Einleitung, erklärenden Anmerkungen und Register versehen von Dr. Richard Boschan, Philosophische Bibliothek Bd. 97, Leipzig 1919.

Gruzinski, Serge, *Drache und Feuerschlange. Europas Griff nach Amerika und China 1519/20*, Frankfurt (u. a.) 2014.

Haber, Ludwig F., *The Chemical Industry 1900–1930. International Growth and Technological Change*, Oxford 1971, S. 135–183.

Hagedorn, Bernhard, *Die Entwicklung der wichtigsten Schiffstypen bis ins 19. Jahrhundert*, Berlin 1914.

Hahn, Hans-Werner, *Geschichte des Deutschen Zollvereins*, Göttingen 1984.

Hahn, Hans-Werner, *Industrielle Revolution*, München 2011.

Hamilton, Alexander, *Report of the Secretary of the Treasury of the United States on the Subject of Manufactures. Presented to the House of Representatives, December 5, 1791. Nachdruck von Peter Byrne*, Dublin 1792.

Hammel-Kiesow, Rolf, *Die Hanse*, München 2021.

Hardach, Gerd, *Der Erste Weltkrieg 1914–1918*, München 1973.

Hardach, Gerd, *Der Marshall-Plan. Auslandshilfe und Wiederaufbau 1948–1952*, München 1994.

Hattendorf, John B. Competing navies: Anglo-Dutch naval rivalry, 1652–88, in: David Ormrod, Gijs Rommelse (Hg.), *War Trade and the State. Anglo-Dutch Conflict 1652–89*, Woodbridge 2020, S. 92–116.

Haus, Leah, The East European countries and GATT: the role of realism, mercantilism, and regime theory in explaining East-West trade negotiations, *International Organization*, 45 (2), 1991, S. 163–182.

Heblich, Stephan, Redding, Stephen J., Voth, Hans-Joachim, Slavery and the British Industrial Revolution, *NBER Working Paper Series*, 30451, 2022.

Heckscher, Eli F., *The Continental System. An Economic Interpretation*, Oxford 1922.

Heckscher, Eli F., *Mercantilism*, London (u. a.) 1955 (zuerst 1931).

Helfferich, Karl, *Deutschlands Volkswohlstand 1888–1913*, Berlin 1913.

Henderson, William O., The Anglo-French Commercial Treaty of 1786, *Economic History Review*, 10 (1), 1957, S. 104–112.

Hentschel, Volker, *Die deutschen Freihändler und der volkswirtschaftliche Kongress 1858 bis 1885*, Stuttgart 1975.

Hentschel, Volker, *Wirtschaft und Wirtschaftspolitik im wilhelminischen Deutschland. Organisierter Kapitalismus und Interventionsstaat?*, Stuttgart 1978.

Hentschel, Volker, *Wirtschaftsgeschichte des modernen Japans 1. Die japanische Industrialisierung. Voraussetzungen, Grundlagen, Durchsetzung (1600–1929)*, Stuttgart 1986.

Hentschel, Volker, *Ludwig Erhard. Ein Politikerleben*, München 1996.

Hertner, Peter, Britischer und deutscher «informeller Imperialismus» im südlichen Lateinamerika vor dem Ersten Weltkrieg? Der Stand der Debatte und einige konkrete Beispiele, in: David Gilgen, Christopher Kopper, Andreas Leutzsch (Hg.), *Deutschland als Modell? Rheinischer Kapitalismus und Globalisierung seit dem 19. Jahrhundert*, Bonn 2010, S. 361–382.

Hesse, Jan-Otmar, Köster, Roman, Plumpe, Werner, *Die Große Depression. Die Weltwirtschaftskrise 1929–1939*, Frankfurt (u. a.) 2014.

Hesse, Jan-Otmar, Fortsetzung des Wirtschaftskriegs. Die Neuordnung der globalen Wirtschaft nach Versailles und die deutschen Unternehmen, in: Dieter Ziegler, ders. (Hg.), *1919 – Der Versailler Vertrag und die deutschen Unternehmen*, Berlin (u. a.) 2022, S. 375–393.

Hesse, Jan-Otmar, *Exportweltmeister. Geschichte einer deutschen Obsession*, Berlin 2023.

Hindle, Brooke, Lubar, Steven, *Engines of Change. The American Industrial Revolution 1790–1860*, London (u. a.) 1991.

Hoffmann, Walther G., Grumbach, Franz, Hesse, Helmut, *Das Wachstum der deutschen Wirtschaft seit der Mitte des 19. Jahrhunderts*, Berlin (u. a.) 1965.

Hong Jiang, George, *The Imperial Mode of China. An Analytical Reconstruction of Chinese Economic History*, Cham 2023.

Holtfrerich, Carl-Ludwig, *Quantitative Geschichte des Ruhrkohlenbergbaus im 19. Jahrhundert. Eine Führungssektoranalyse*, Dortmund 1973.

Hoppe, Stephan, Hohrath, Daniel, Festungsbau, *Enzyklopädie der Neuzeit*, Bd. 3, Sp. 948–959.).

Hoppit, Julian, *Britain's Political Economies. Parliament and Economic Life, 1660–1800*, Cambridge 2017.

Houston, John A., The United Nations and Spain, *Journal of Politics*, 14 (4), 1952, S. 683–709.

Howell, Martha C., *Commerce before Capitalism in Europe, 1300–1600*, Cambridge (u. a.) 2010.

Hume, David, Über die Handelsbilanz, in: Udo Bermbach (Hg.), *David Hume. Politische und ökonomische Essays*, übersetzt von Susanne Fischer, Teilband 2, Hamburg 1988, S. 232–250.

Hunt, James C., Peasants, Grain Tariffs, and Meat Quotas. Imperial German Protectionism Reexamined, *Central European History*, 7 (4), 1974, S. 311–331.

Huston, James L., *The Panic of 1857 and the Coming of the Civil War*, Baton Rouge 1987.

Imlah, Albert H., *Economic Elements in the Pax Britannica. Studies in British Foreign Trade in the Nineteenth Century*, Cambridge MA 1958.

International Monetary Fund, *Real GDP growth. Annual percent change*, https://www.imf.org/external/datamapper/NGDP_RPCH@WEO/CHN/USA (zul. geöffnet: 17. 02. 25).

International Monetary Fund, *World Economic Outlook Database. October 2024*, https://www.imf.org/en/Publications/WEO/weo-database/2024/October/download-entire-database (zul. geöffnet: 18. 02. 25).

International Monetary Fund, *World Currency Composition of Official Foreign Exchange Reserves*, https://data.imf.org/regular.aspx?key=41175 (zul. geöffnet: 19. 02. 25).

Irwin, Douglas A., *Against the Tide. An Intellectual History of Free Trade*, Princeton 1996.

Irwin, Douglas A., Higher Tariffs, Lower Revenues? Analyzing the Fiscal Aspects of the «Great Tariff Debate of 1888», *Journal of Economic History*, 58 (1), 1998, S. 59–72.

Irwin, Douglas A., Tariffs and Growth in Late Nineteenth Century America, *NBER Working Paper Series*, 7639, 2000.

Irwin, Douglas A., Peter Temin, The Antebellum Tariff on Cotton Textile Revisited, *NBER Working Paper Series*, 7825, 2000.

Irwin, Douglas A., The Welfare Cost of Autarky: Evidence from the Jeffersonian Trade Embargo, 1807–09, *Review of International Economics*, 13 (4), 2005, S. 631–645.

Isenmann, Moritz (Hg.), *Merkantilismus. Wiederaufnahme einer Debatte*, Stuttgart 2014.

Isenmann, Moritz, War Colbert ein «Merkantilist»?, in: ders (Hg.), *Merkantilismus. Wiederaufnahme einer Debatte*, Stuttgart 2014, S. 143–167.

Isenmann, Moritz, From privilege to economic law. Vested interests and the origin of free trade in France (1687–1701), in: Philipp R. Rössner (Hg.), *Economic Growth and the Origins of Modern Political Economy. Economic reasons of state*, London (u. a.) 2016, S. 103–121.

Jacobsen, Hanns-Dieter, Das Koordinationskomitee für Multilaterale Exportkontrollen, in: Bernd Greiner, Christian Th. Müller, Claudia Weber (Hg), *Ökonomie im Kalten Krieg. Studien zum Kalten Krieg*, Bd. 4, Hamburg 2010, S. 416–437.

James, Scott C., Lake, David A., The second face of hegemony: Britain's repeal of the Corn Laws and the American Walker Tariff of 1846, *International Organization*, 43 (1), 1989, S. 1–29.

Jensen, Mogens, Was the Flute a Vessel designed to evade paying toll in the Sound?, *Tijdschrift voor Zeegeschiedenis*, 37 (2), 2018, S. 22–41.

Journal of the Statistical Society of London, *On the Sulphur Trade of Sicily, and the Commercial Relations between that Country and Great Britain*, dasselbe, 2 (6), Januar 1840, S. 446–457.

Juhász, Réka, Temporary Protection and Technology Adoption: Evidence from the Napoleonic Blockade, *American Economic Review*, 108 (11), 2018, S. 3339–3376.

Kempe, Michael, *Piraten. Wissen, was stimmt*, Basel (u. a.) 2009.

Kempe, Michael, *Fluch der Weltmeere. Piraterie, Völkerrecht und internationale Beziehungen 1500–1900*, Frankfurt (u. a.) 2010.

Kempe, Michael, Jäger und Beute. Maritime Gewalt jenseits von Legalität und Illegalität, in: Rainer Hank, Hartmut Leppin, Werner Plumpe (Hg.), *«Alle, die mit uns auf Kaperfahrt fahren». Piratengeschichten auf den Meeren der Welt*, Frankfurt 2023, S. 111–126.

Kennedy, Paul, *Aufstieg und Fall der großen Mächte. Ökonomischer Wandel und militärischer Konflikt von 1500 bis 2000*, Frankfurt 1989.

Keynes, John Maynard, *The Economic Consequences of the Peace*, London 1919.

Keynes, John Maynard, *The Economic Consequences of Mr. Churchill*, London 1925.

Khvalkov, Evgeny, *The Colonies of Genoa in the Black Sea Region. Evolution and Transformation*, London (u. a.) 2018.

Kielmansegg, Peter Graf, *Deutschland und der Erste Weltkrieg*, Frankfurt 1986.

Kindleberger, Charles P., *Die Weltwirtschaftskrise*, München 1973.

Kipping, Matthias, *Zwischen Kartellen und Konkurrenz. Der Schuman-Plan und die Ursprünge der europäischen Einigung 1944–1952*, Berlin 1996.

Knortz, Heike, *Wirtschaftsgeschichte der Weimarer Republik. Eine Einführung in Ökonomie und Gesellschaft der ersten Deutschen Republik*, Göttingen 2010.

König, Hans-Joachim, Vertrag von Tordesillas, in: *Enzyklopädie der Neuzeit*, Bd. 13, S. 662–665.

König, Hans-Joachim, Freundschaftslinien, *Enzyklopädie der Neuzeit*, Bd. 3, Sp. 1232–1236.

Köster, Roman, Laisser-faire, *Enzyklopädie der Neuzeit*, Bd. 7, Sp. 443–446.

Kopsidis, Michael, Bromley, Daniel W., The French revolution and German industrialization: dubious models and doubtful causality, *Journal of Institutional Economics*, 12 (1), 2016, S. 161–190.

Kornai, János, *Das sozialistische System. Die politische Ökonomie des Kommunismus*, Baden-Baden 1995.

Krebs, Gerhard, *Das moderne Japan 1868–1952. Von der Meiji-Restauration bis zum Friedensvertrag von San Francisco*, München 2009.

Kreienbaum, Jonas, *Das Öl und der Kampf um eine neue Wirtschaftsordnung. Die Bedeutung der Ölkrisen der 1970er Jahre für die Nord-Süd-Beziehungen*, Berlin (u. a.) 2022.

Krewer, Peter, *Geschäfte mit dem Klassenfeind. Die DDR im innerdeutschen Handel 1949–1989*, Trier 2008.

Krüger, Peter, «Es handelt sich darum, einen Kontinent wiederherzustellen». Walther Rathenau als Außenpolitiker, in: *Hans Wilderotter (Hg.), Walther Rathenau 1867–1922. Die Extreme berühren sich*, Berlin o. J., S. 189–202.

Krugman, Paul R., *The Age of Diminished Expectations. U.S. Economic Policy in the 1990s, third edition*, Cambridge MA (u. a.) 1991.

Krugman, Paul R., *Pop Internationalism*, Cambridge MA (u. a.) 1996.

Kuhfus, Peter *Enzyklopädie der Neuzeit* s. v. Ungleiche Verträge, https://doi.org/10.1163/2352-0248_edn_COM_390819 (zul. geöffnet: 05. 02. 25).

Kuhfus, Peter, Vertragshafen, *Enzyklopädie der Neuzeit*, Bd. 14, Sp. 247–252.

Kuhn, Philip A., The Taiping-Rebellion, in: Denis Twitchett, John King Fairbank (Hg.), *The Cambridge History of China.* Volume 10: *Late Ch'ing, 1800–1911, Part 1*, Cambridge 1978, S. 264–317.

Lademacher, Horst, *Geschichte der Niederlande. Politik – Verfassung – Wirtschaft*, Darmstadt 1983.

LaFeber, Walter, *The Clash. A History of U.S.-Japan Relations*, London (u. a.) 1997.

Lak, Martijn, «Die Niederlande haben kein Interesse an einem von Armut geplagten, ausgehungerten Deutschland». Deutsch-niederländische Finanzbeziehungen 1945–1957, *Historische Zeitschrift*, 307 (3), 2018, S. 692–732.

Lampe, Markus, Explaining nineteenth-century bilateralism: economic and political determinants of the Cobden-Chevalier network, *Economic History Review*, 64 (2), 2011, S. 644–668.

Lane Fox, Robin, *Die Klassische Welt. Eine Weltgeschichte von Homer bis Hadrian*, Stuttgart 2010.

Lauffer, Sigfried, *Die Bergwerkssklaven von Laureion*, Wiesbaden 1979.

Lem, Anton van der, *Die Entstehung der Niederlande aus der Revolte. Staatenbildung im Westen Europas*, Berlin 2016.

Lenger, Friedrich, *Der Preis der Welt. Eine Globalgeschichte des Kapitalismus*, München 2023.

Lewis, Arthur W., *Growth and Fluctuations 1870–1913*, Milton Park, Abingdon, Oxon 1978.

Liebig, Justus von, Chemische Briefe III, in: *Beilage zur Augsburger Allgemeinen Zeitung*, Nr. 265 vom 22. 9. 1841, S. 2115–2102 (sic!).

Lighthizer, Robert, *No Trade Is Free. Changing Course, and Helping America's Workers*, New York 2023.

Lindlar, Ludger, *Das mißverstandene Wirtschaftswunder. Westdeutschland und die westeuropäische Nachkriegsprosperität*, Tübingen 1997.

Lipsey, Robert E., U.S. Foreign Trade and the Balance of Payments, 1800–1913, in: Stanley L. Engerman, Robert E. Gallman (Hg.), *The Cambridge Economic History of the United States.* Volume II: *The Long Nineteenth Century, Cambridge 2000*, S. 685–732.

List, Friedrich, *Das nationale System der politischen Ökonomie*, Berlin 1982 (zuerst 1841).

Loscertales, Javier, *Deutsche Investitionen in Spanien 1870–1920*, Stuttgart 2002.

Loth, Wilfried, *Die Teilung der Welt. Geschichte des Kalten Krieges 1941–1945*, München 1990.

Lovell, Julia, *The Opium War. Drugs, Dreams and the Making of China*, London 2011.

Ludington Charles, *The Politics of Wine in Britain. A new Cultural History*, New York 2013.

Lübbe, Hermann, *Geschichtsbegriff und Geschichtsinteresse. Analytik und Pragmatik der Historie*, Basel (u. a.) 1977.

Lüders, Carsten, *Das Ruhrkontrollsystem. Entstehung und Entwicklung im Rahmen der Westintegration Westdeutschlands 1947–1953*, Frankfurt 1988.

Maddison, Angus, The World Economy. Volume 1: A Millennial Perspective, in: ders., *The World Economy.* Volume 1: *A Millennial Perspective*, Volume 2: *Historical Statistics*, Paris 2006, S. 5–381.

Maddison, Angus, *Contours of the World Economy, 1–2030 AD. Essays in Macro-Economic History*, Oxford 2007.

Mann, Charles C., Lummer, Mark L., *Aspirin. Wirtschaftskriege der internationalen Pharmaindustrie*, München 1993.

Marzagalli, Silvia, The French Atlantic World in the Seventeenth and Eighteenth Century, in: Nicholas Canny, Philip Morgan (Hg.), *The Oxford Handbook of the Atlantic World, c.1450–c.1850*, Oxford 2011, S. 235–251.

Matthes, Jürgen, Deutsche Direktinvestitionen nach China und Hongkong auf neuem Höchststand – von Diversifizierung kaum eine Spur, *IW Kurzbericht*, 7, 2024.

Mausbach, Wilfried, *Zwischen Morgenthau und Marshall. Das wirtschaftspolitische Deutschlandkonzept der USA 1944–1947*, Düsseldorf 1996.

McCord, Norman, *British History 1815–1906*, Oxford 1991.

McPherson, James M., *Für die Freiheit sterben. Die Geschichte des amerikanischen Bürgerkrieges*, Leipzig (u. a.) 1995.

Meiners, Dieter, *Es blühte der Schmuggel. Napoleons Kontinentalsperre an der oldenburgischen und ostfriesischen Nordseeküste*, Oldenburg 2018.

Menzel, Ulrich, *Die Ordnung der Welt. Imperium oder Hegemonie in der Hierarchie der Staatenwelt*, Berlin 2024.

Miller, Chris, *Der Chip-Krieg. Wie die USA und China um die technologische Überlegenheit auf der Welt kämpfen*, Hamburg 2023.

Mitchell, Brian R., *Abstract of British Historical Statistics*, Cambridge (u. a.) 1962.

Mitchell, Brian R., *European Historical Statistics 1750–1975*, London (u. a.) 1980.

Mitchener, Kris J., Wandschneider, Kirsten, Capital controls and recovery from the financial crisis of the 1930s, *Journal of International Economics*, 95 (2), 2015.

Modelski, George, Thompson, William R., *Seapower in Global Politics, 1494–1993*, Basingstoke 1988.

Möbius, Torben, *Vergleichen in der Konkurrenz. Transnationale Vergleichspraktiken der deutschen und der US-amerikanischen Eisen- und Stahlindustrie (1870–1940)*, Göttingen 2024.

Mokyr, Joel, *The Enlightened Economy. An Economic History of Britain 1700–1850*, London (u. a.) 2009.

Moreno, Alfonso, *Feeding the Democracy. The Athenian Grain Supply in the Fifth and Fourth Centuries BC*, Oxford (u. a.) 2007.

Müller, Horst, Süß, Manfred, Vogel, Horst (Hg.), *Die Industriespionage der DDR. Die wissenschaftlich-technische Aufklärung der HVA*, Berlin 2008.

Müller, Philipp, *Zeit der Unterhändler. Koordinierter Kapitalismus in Deutschland und Frankreich zwischen 1920 und 1950*, Hamburg 2019.

Müller-Jabusch, Maximilian, *Fünfzig Jahre Deutsch-Asiatische Bank, 1890–1939*, Berlin 1940.

Münkler, Herfried, *Der Dreißigjährige Krieg. Europäische Katastrophe, deutsches Trauma 1618–1648*, Berlin 2017.

Mun, Thomas, *England's Treasure by Forraign Trade. Or, The Ballance of Our Forraign Trade is the Rule of our Treasure*, London 1664.

Mundell, Robert A., Capital Mobility and Stabilization Policy under Fixed and Flexible Exchange Rates, *Canadian Journal of Economics and Political Science*, 29 (4), 1963, S. 475–485.

Murman, Johann P., *Knowledge and Competitive Advantage. The Coevolution of Firms, Technology, and National Institutions*, Cambridge 2003.

Myers, Margaret G., *A Financial History of the United States*, London (u. a.) 1970.

Nagel, Jürgen G., *Abenteuer Fernhandel. Die Ostindienkompanien*, Darmstadt 2011.

Neitzel, Sönke, Von Wirtschaftskriegen und der Wirtschaft im Kriege, in: Wolfram Dornik, Johannes Gießauf, Walter M. Iber (Hg.), *Krieg und Wirtschaft. Von der Antike bis ins 21. Jahrhundert*, Bozen (u. a.) 2010, S. 49–66.

Newitt, Malyn, *A History of Portuguese Overseas Expansion, 1400–1668*, London (u. a.) 2005.

Nicolson, Harold, *Friedensmacher 1919. Peacemaking 1919*, Berlin 1933.

Nonn, Christoph, Fleischvermarktung in Deutschland im 19. und frühen 20. Jahrhundert, *Jahrbuch für Wirtschaftsgeschichte*, 37 (1), 1996, S. 53–75.

Notz, William, Frederick List in America, *American Economic Review*, 16 (2), 1926, S. 249–265.

Nye, John V. C., *War, Wine, and Taxes. The Political Economy of Anglo-French Trade, 1689–1900*, Princeton 2007.

O'Brien, Patrick K., The Political Economy of British Taxation, 1660–1815, *Economic History Review*, 41 (1), 1988, S. 1–32.

Oermann, Nils Ole, Wolff, Hans-Jürgen, *Wirtschaftskriege. Geschichte und Gegenwart*, Basel (u. a.) 2019.

Olson, Mancur, *Aufstieg und Niedergang von Nationen. Ökonomisches Wachstum, Stagflation und soziale Starrheit*, Tübingen 1991.

Oostindie, Gert, Roitman, Jessica V. (Hg.), *Dutch Atlantic Connections, 1680–1800. Linking Empires, Bridging Borders*, Boston (u. a.) 2014.

Orik, Mark (Hg.), *Sanctions against Apartheid*, Kapstadt (u. a.) 1989.

O'Rourke, Kevin, The European Grain Invasion, 1870–1913, *Journal of Economic History*, 57 (4), 1997, S. 775–801.

O'Rourke, Kevin, War and welfare: Britain, France, and the United States 1807–14, *Oxford Economic Papers*, 59, 2007, S. i8–i30.

Osterhammel, Jürgen, *China und die Weltgesellschaft. Vom 18. Jahrhundert bis in unsere Zeit*, München 1989.

Osterhammel, Jürgen, *Die Verwandlung der Welt. Eine Geschichte des 19. Jahrhunderts*, München 2020.

Overy, Richard, *Weltenbrand. Der große imperiale Krieg 1931–1945*, Berlin 2023.

Pamuk, Şevket, *The Ottomane Empire and European Capitalism 1820–1913. Trade, Investment and Production*, Cambridge 1987.

Parker, Geoffrey, *Die Militärische Revolution. Die Kriegskunst und der Aufstieg des Westens 1500–1800*, Frankfurt (u. a.) 1990.

Parthesius, Robert, *Dutch Ships in Tropical Waters. The development of the Dutch East India Company (VOC) shipping network in Asia 1595–1660*, Amsterdam 2010.

Pepys, Samuel, *Tagebücher 1664 & 1665*. Vollständige Ausgabe in sechs Bänden, Bd. 3: *Journal 1664 & 1665*, Feldafing 2018.

Pfister, Ulrich, Baumwolle, *Enzyklopädie der Neuzeit*, Bd. 1, Sp. 1070–1079.

Pinner, Felix, *Die grossen Weltkrisen. Im Lichte des Strukturwandels der kapitalistischen Wirtschaft*, Leipzig (u. a.) 1937.

Plumpe, Gottfried, *Die I.G. Farbenindustrie AG. Wirtschaft, Technik und Politik 1904–1945*, Berlin 1990.

Plumpe, Werner, Der Gründerkrach, die Krise des liberalen Paradigmas und der Aufstieg des Kathedersozialismus, in: ders., Joachim Scholtyseck (Hg.), *Der Staat und die Ordnung der Wirtschaft. Vom Kaiserreich bis zur Berliner Republik*, Stuttgart 2012, S. 17–42.

Plumpe, Werner, Die Logik des modernen Krieges und die Unternehmen: Überlegungen zum Ersten Weltkrieg, *Jahrbuch für Wirtschaftsgeschichte*, 56 (2), 2015, S. 325–357.

Plumpe, Werner, *Carl Duisberg 1861–1935. Anatomie eines Industriellen*, München 2016.

Plumpe, Werner, *Wirtschaftskrisen. Geschichte und Gegenwart*, München 2017.

Plumpe, Werner, Im Zeitalter der ersten Globalisierung, in: ders., Alexander Nützenadel, Catherine R. Schenk, *Deutsche Bank. Die globale Hausbank 1870–2020*, Berlin 2020, S. 1–231.

Plumpe, Werner, *Das Kalte Herz. Kapitalismus: Die Geschichte einer andauernden Revolution*, Berlin 2021.

Plumpe, Werner, La logique fatale de la guerre moderne et le capitalisme: l'exemple de la chimie, in: Marcel Boldorf, Hervé Joly (Hg.), *Une victoire impossible? L'Économie allemande de la Première Guerre mondiale*, Villeneuve d'Asq 2021, S. 119–136.

Pomeranz, Kenneth, *The Great Divergence. China, Europe and the Making of the Modern World Economy*, Princeton 2000.

Post, Oswald, *Zwischen Sicherheit und Wiederaufbau. Die Ruhrfrage in der alliierten Diskussion 1945-1949*, Gießen 1986.

Postma, Johannes, *The Dutch in the Atlantic Slave Trade 1600–1815*, Cambridge 1990.

Quinn, William, Turner, John D., *Boom and Bust. A Global History of Financial Bubbles*, Cambridge 2020

Ramos, Aida, Provision and Power: Jonathan Swift's economic thought as an alternative to mercantilism, *Eighteenth-Century Ireland*, 32, 2017, S. 65–86.

Ranke, Leopold, *Englische Geschichte*, Bd. II, Berlin (u. a.) 1957.

Rebitsch, Robert, *Die englisch-niederländischen Seekriege*, Köln (u. a.) 2014.

Regulski, Christoph, *Die Handelsvertragspolitik im Kaiserreich. Regierungshandeln, Verbandspolitik und publizistische Debatte seit den 1890er Jahren*, Marburg 2001.

Reinhard, Wolfgang, *Geschichte der Staatsgewalt. Eine vergleichende Verfassungsgeschichte Europas von den Anfängen bis zur Gegenwart*, München 1999.

Reinhard, Wolfgang, *Lebensformen Europas. Eine historische Sozialanthropologie*, München 2006.

Reinhard, Wolfgang, *Die Unterwerfung der Welt. Globalgeschichte der europäischen Expansion 1415–2015*, München 2016.

Robertson, Esmonde M., Hitler und die Sanktionen des Völkerbunds – Mussolini und die Besetzung des Rheinlands, *Vierteljahreshefte für Zeitgeschichte*, 26 (2), 1978, S. 237–264.

Robins, Nick, *The Corporation that Changed the World. How the East India Company Shaped the Modern Multinational*, London 2012.

Rodrik, Dani, *Das Globalisierungs-Paradox. Die Demokratie und die Zukunft der Weltwirtschaft*, München 2011.

Rössner, Philipp R., Mercantilism as an Effective Resource Management Strategy? Money in the German Empire, c. 1500–1800, in: Moritz Isenmann (Hg.), *Merkantilismus. Wiederaufnahme einer Debatte*, Stuttgart 2014, S. 39–64.

Rössner, Philipp R., Kontinentalsperre, *Enzyklopädie der Neuzeit*, Bd. 6, Sp. 1148–1150.

Rössner, Philipp R., Schmuggel, *Enzyklopädie der Neuzeit*, Bd. 11, Sp. 807–812.

Rosenbloom, Joshua L., Path Dependence and the Origins of Cotton Textile Manufacturing in New England, *NBER Working Paper Series*, 9182, 2002.

Rössner, Philipp R., Mercantilism as an Effective Ressource Management Strategy? Money in the German Empire, c. 1500–1800, in: Moritz Isenmann (Hg.), *Merkantilismus*, S. 39–64.

Rothschild, Emma, *Economic Sentiments. Adam Smith, Condorcet, and the Enlightenment*, Cambridge MA 2001.

Saalfeld, Dietrich, Die Kontinentalsperre, in: Hans Pohl (Hg.), *Die Auswirkungen von Zöllen und anderen Handelshemmnissen auf Wirtschaft und Gesellschaft vom Mittelalter bis zur Gegenwart. Referate der 11. Arbeitstagung der Gesellschaft für Sozial- und Wirtschaftsgeschichte vom 9. Bis 13. April 1985 in Hohenheim*, Stuttgart 1987, S. 121–139.

Salzmann, Stephanie C., *Great Britain, Germany and the Soviet Union, Rapallo and After, 1922–1934*, London 2002.

Sandel, Michael J., *Das Unbehagen in der Demokratie. Was die ungezügelten Märkte aus unserer Gesellschaft gemacht haben*, Frankfurt 2023.

Sater, William F., *Andean Tragedy. Fighting the War of the Pacific, 1879–1884*, Nebraska 2007.

Sautter, Udo, *Sklaverei in Amerika*, Darmstadt 2014.

Schama, Simon, *Überfluss und schöner Schein. Zur Kultur der Niederlande im Goldenen Zeitalter*, München 1988.

Schilling, Heinz, *Karl V. Der Kaiser, dem die Welt zerbrach*, München 2020.

Schmitt, Carl, *Die Wendung zum diskriminierenden Kriegsbegriff*, Berlin 2007 (zuerst 1938).

Schmitt, Eberhard, Schleich, Thomas, Beck, Thomas (Hg.), *Kaufleute als Kolonialherren. Die Handelswelt der Niederländer vom Kap der Guten Hoffnung bis Nagasaki 1600–1800*, Bamberg 1988.

Schmoller, Gustav, in: *Verhandlungen des Vereins für Socialpolitik über die Wohnungsfrage und die Handelspolitik. Schriften des Vereins für Socialpolitik*, Bd. 98: *Verhandlungen der Generalversammlung in München, 23., 24. und 25. September 1901*, Leipzig 1902, S. 264–271.

Schneider, Henning C., *Wirtschaftssanktionen. Die VN, EG und Bundesrepublik Deutschland als konkurrierende Normgeber beim Erlaß paralleler Wirtschaftssanktionen*, Berlin 1999.

Scholtyseck, Joachim, Ein transatlantischer Wirtschaftskrieg im globalen Wettstreit. Ein neuer Blick auf den Alien Property Custodian der USA im Ersten Weltkrieg und der Nachkriegszeit, in: Dieter Ziegler, Jan-Otmar Hesse (Hg.), *1919 – Der Versailler Vertrag und die deutschen Unternehmen*, Berlin (u. a.) 2022, S. 285–309.

Schonhardt-Bailey, Cheryl, *From the Corn Laws to Free Trade. Interests, Ideas and Institutions in Historical Perspective*, Cambridge MA (u. a.) 2006.

Schulte Beerbühl, Margrit, War England ein Sonderfall der Industrialisierung? Der ökonomische Einfluß der protestantischen Immigranten auf die Entwicklung der englischen Wirtschaft vor der Industrialisierung, *Geschichte und Gesellschaft*, 21 (4), 1995, S. 479–505.

Schulte Beerbühl, Margrit, Vögele, Jörg (Hg.), *Spinning the Commercial Web. In-*

ternational Trade, Merchants, and Commercial Cities, c. 1640–1939, Frankfurt 2009.

Schulte Beerbühl, Margrit, Trading Networks across the Blockades: Nathan Mayer Rothschild and His Commodity Trade during the Early Years of the Blockades (1803–1808), in: Katherine B. Aaslestad, Johan Joor (Hg.), *Revisiting Napoleon's Continental System. Local, Regional and European Experiences*, Basingstoke 2015, S. 135–152.

Schumpeter, Joseph A., *Geschichte der ökonomischen Analyse.* Zweiter Teilband, Göttingen 1965.

Schwartz, Anna J., Milton Friedman, *A Monetary History of the United States 1867–1960*, Princeton 1963.

Sheehan-Dean, Aaron (Hg.), *The Cambridge History of the American Civil War*, Volume I: *Military Affairs*, Cambridge 2019.

Siegenthaler, Hansjörg, *Regelvertrauen, Prosperität und Krisen. Die Ungleichmäßigkeit wirtschaftlicher und sozialer Entwicklung als Ergebnis individuellen Handelns und sozialen Lernens*, Tübingen 1993.

Slobodian, Quinn, *Globalisten. Das Ende der Imperien und die Geburt des Neoliberalismus*, Berlin 2019.

Smith, Ryan C., *The Real Oil Shock. How Oil Transformed Money, Debt, and Finance*, Cham 2022.

Somary, Felix, *Wandlungen der Weltwirtschaft seit dem Kriege*, Tübingen 1929.

Somary, Felix, *Die Ursachen der Krise*, Tübingen 1932.

Sommer, Michael, *Schwarze Tage. Roms Kriege gegen Karthago*, München 2021.

Spence, Jonathan D., *Chinas Weg in die Moderne*, München 2001.

Spree, Reinhard, *Wachstumstrends und Konjunkturzyklen in der deutschen Wirtschaft von 1820 bis 1913. Quantitativer Rahmen für eine Konjunkturgeschichte des 19. Jahrhunderts*, Göttingen 1978.

Spree, Reinhard, *China in der Geschichte der Globalisierung*, Munich Discussion Paper, 2015-16, 2015.

Steil, Benn, *The Battle of Bretton Woods. John Maynard Keynes, Harry Dexter White, and the Making of a New World Order*, Princeton 2013.

Stein, Robert L., *The French Sugar Business in the Eighteenth Century*, Baton Rouge (u. a.) 1988.

Steinberg, Philip E., Lines of Division, Lines of Connection: Stewardship in the World Ocean, *Geographical Review*, 89 (2), 1999, S. 254–264.

Steinberg, Philip E., *The Social Construction of the Ocean*, Cambridge 2001.

Steiner, André, *Von Plan zu Plan. Eine Wirtschaftsgeschichte der DDR*, München 2004.

Steininger, Rolf, *Deutsche Geschichte seit 1945. Darstellung und Dokumente in vier Bänden,* Bd. 1:*1945–1947*, Frankfurt 1996.

Stern, Fritz, *Der Westen im 20. Jahrhundert. Selbstzerstörung, Wiederaufbau, Gefährdungen der Gegenwart*, Göttingen 2008.

Stettner, Heinrich, Brander contra Schiffsbrücke. Die Sperrung der Schelde und der Fall Antwerpens 1584/85 – Auch ein Stück Quellen- und Literaturgeschichte, *Deutsches Schifffahrtsarchiv*, 23, 2000, S. 251–272.

Stiglitz, Joseph, *Globalization and its Discontents*, London (u. a.) 2003.

Stockwell, A. J., British Expansion and Rule in South-East Asia, in: Andrew Porter (Hg.), *The Oxford History of the British Empire.* Volume III: *The Nineteenth Century, New York*, Oxford 1999, S. 371–394.

Stokes, Raymond G., Zweiter Teil. 1945–1974, in: Rainer Karlsch, ders., *«Faktor Öl». Die Mineralölwirtschaft in Deutschland 1859–1974*, München 2003.

Stokes, Raymond G., Von Trabbis und Acetylen – die Technikentwicklung, in: André Steiner (Hg.), *Überholen ohne einzuholen. Die DDR-Wirtschaft als Fußnote der deutschen Geschichte?*, Berlin 2006, S. 105–125.

Straumann, Tobias, *Die Finanzkrise und Hitlers Aufstieg*, Darmstadt 2020.

Teichmann, Ulrich, *Die Politik der Agrarpreisstützung. Marktbeeinflussung als Teil des Agrarinterventionismus in Deutschland*, Köln 1955.

Tena-Junguito, Antonio, Lampe, Markus, Fernandes, Felipe Tâmega, How Much Trade Liberalization Was There in the World Before and After Cobden-Chevalier?, *Journal of Economic History*, 72 (3), 2012, S. 708–740.

Theriault, Sean M., Party Politics during the Louisiana Purchase, *Social Science History*, 30 (2), 2006, S. 293–324.

Thompson, Edward P., *Die Entstehung der englischen Arbeiterklasse*, Bd. 1, Frankfurt 1987.

Thomson, Dennis W., Prelude to the Sulphur War of 1840: The Neapolitan Perspective, *European History Quarterly*, 25 (2), 1995, S. 163–180.

Tilly, Charles, *Coercion, Capital, and European States, AD 990–1990*, Cambridge MA (u. a.) 1990.

Tooze, Adam, *Sintflut. Die Neuordnung der Welt 1916–1931*, München 2015.

Torp, Cornelius, *Die Herausforderung der Globalisierung. Wirtschaft und Politik in Deutschland 1860–1914*, Göttingen 2005.

Toussaint, Éric, *The World Bank. A Critical Primer*, London (u. a.) 2008.

Trentmann, Frank, *Free Trade Nation: Commerce, Consumption, and Civil Society in Modern Britain*, Oxford 2008.

Trevelyan, George M., *English Social History. A Survey of Six Centuries Chaucer to Queen Victoria*, London (u. a.) 1947.

Turner, Barry, *Suez 1956. The Inside Story of the first Oil War*, London 2006.

United Nations Industrial Development Organization, The Future of Industrialization. Building Future-Ready Industries to turn Challenges into Sustainable Solutions, *MIPF 2024 Conference Paper*, 2024.

United States Department of Commerce, Bureau of Census, *Historical Statistics of the United States 1789–1945. A Supplement to the Statistical Abstract of the United States*, k.A. 1949.

U.S. Bureau of Economic Analysis, *Shares of gross domestic product: Exports of goods and services [B020RE1Q156NBEA]*, bei FRED, FED St. Louis, https://fred.stlouisfed.org/series/B020RE1Q156NBEA (zul. geöffnet: 14.02.25).

U.S. Bureau of Economic Analysis, *Shares of gross domestic product: Imports of goods and services [B021RE1Q156NBEA]*, bei FRED, FED St. Louis, https://fred.stlouisfed.org/series/B021RE1Q156NBEA (zul. geöffnet: 14.02.25).

Vila-Santa, Nuno, *Knowledge Exchanges between Portugal and Europe. Maritime Diplomacy, Espionage, and Nautical Science in the Early Modern World (15th–17th Centuries)*, Amsterdam 2024.

Vogel, Horst, Der 1-Megabit-Chip, in: Horst Müller, Manfred Süß, ders. (Hg.), *Die Industriespionage der DDR. Die wissenschaftlich-technische Aufklärung der HVA*, Berlin 2008, S. 111–116.

Vogel, Walther, *Die Hansestädte und die Kontinentalsperre*, München 1913.

Vries, Jan de, Woude, Ad van der, *The First Modern Economy. Success, failure, and perseverance of the Dutch Economy, 1500–1815*, Cambridge (u. a.) 1997.

Wagner, Adolph, *Die russische Papierwährung. Eine volkswirthschaftliche und finanzpolitische Studie, nebst Vorschlägen zur Herstellung der Valuta*, Riga 1868.

Wallerstein, Immanuel, *Das moderne Weltsystem.*

Kapitalistische Landwirtschaft und die Entstehung der europäischen Weltwirtschaft, Frankfurt 1986.

II. Der Merkantilismus. Europa zwischen 1600 und 1750, Wien 1998.

IV. Der Siegeszug des Liberalismus (1789–1914), Wien 2012.

Waltershausen, Sartorius von, *Die Entstehung der Weltwirtschaft. Geschichte des zwischenstaatlichen Wirtschaftslebens vom letzten Viertel des achtzehnten Jahrhunderts bis 1914*, Jena 1931.

Washbrook, David, Economic Depression and the Making of ‹Traditional› Society in Colonial India 1820–1855, *Transactions of the Royal Historical Society*, 3, 1993, S. 237–263.

Wegner-Korfes, Sigrid, Zur Geschichte des Bismarckschen Lombardverbots für russische Wertpapiere (1887 bis 1894), *Jahrbuch für Wirtschaftsgeschichte*, 23 (3), 1982, S. 55–78.

Weiß, Norman, Aspekte der Grotius-Rezeption am Beispiel von «Mare Liberum», in: Ders. (Hg.), *Hugo Grotius: Mare Liberum. Zur Aktualität eines Klassikertextes*, Potsdam 2009, S. 17–24.

Wengenroth, Ulrich, *Unternehmensstrategie und technischer Fortschritt. Die deutsche und die britische Stahlindustrie 1865–1895*, Göttingen 1986.

Wenzlhuemer, Roland, *Connecting the Nineteenth-Century World. The Telegraph and Globalization*, Cambridge 2013.

Wilson, Charles, Parker, Geoffrey, *An Introduction to the Sources of European Economic History 1500–1800*. Volume I: *Western Europe*, London 1977.

Winter, Alix, *Protektionismus und Freihandel. Europäische Pressedebatten um globale Märkte zur Zeit Napoleons*, Göttingen 2018.

Wirz, Albert, *Sklaverei und kapitalistisches Weltsystem*, Frankfurt 1984.

Woller, Hans, *Geschichte Italiens im 20. Jahrhundert*, München 2010.

Woodward, David (Hg.), *The History of Cartography*, Bd. 3: *Cartography in the European Renaissance*, Teil 1, Chicago (u. a.) 2007.

World Trade Organization, Evolution of trade under the WTO: handy statistics, https://www.wto.org/english/res_e/statis_e/trade_evolution_e/evolution_trade_wto_e.htm (zul. geöffnet: 02. 03. 25).

Woytinsky, Wladimir, *Die Welt in Zahlen*, Bd. 4, Berlin 1926.

Wrigley, Edward A., *Energy and the English Industrial Revolution*, Cambridge 2010.

Yalcin, Erdal, Felbermayr, Gabriel, Kariem, Heider, Kirilakha, Aleksandra, Kwon, Ohyun, Syropoulos, Constantinos, Yotov, Yoto V., The Global Sanctions Data Base – Release 4: The Heterogeneous Effects of the Sanctions on Russia, *CPGA Working Paper*, 2025–02, 2025.

Yergin, Daniel, *The Prize. The Epic Quest for Oil, Money, and Power*, New York (u. a.) 1991.

Zeuske, Michael, *Sklavenhändler, Negreros und Atlantikkreolen. Eine Weltgeschichte des Sklavenhandels im atlantischen Raum*, Berlin (u. a.) 2015.

Ziebura, Gilbert, *Weltwirtschaft und Weltpolitik 1922/24–1931. Zwischen Rekonstruktion und Zusammenbruch*, Frankfurt 1984.

Ziegler, Dieter, Hesse, Jan-Otmar (Hg.), *1919 – Der Versailler Vertrag und die deutschen Unternehmen*, Berlin (u. a.) 2022.

Ziegler, Karl-Heinz, *Völkerrechtsgeschichte. Ein Studienbuch*, München 2007.

INTERNETRESSOURCEN

Center for Strategic & International Studies, Is China the World's Top Trader?, k.A., https://chinapower.csis.org/trade-partner/ (zul. geöffnet: 13.03.25).

Felbermayr, Gabriel, «EU sollte Orbán zu Trump schicken», im Interview mit Andreas Mihm, *Frankfurter Allgemeine Zeitung*, 02.01.25, https://www.faz.net/aktuell/wirtschaft/eu-sollte-orban-zu-verhandlungen-mit-trump-schicken-110205166.html (zul. geöffnet: 19.02.25).

Gaines, Cork, Apple hat ein großes China-Problem – begonnen hat es vor 22 Jahren, *Business Insider*, 14.09.23, https://www.businessinsider.de/wirtschaft/international-business/apple-hat-ein-grosses-china-problem-begonnen-hat-es-vor-22-jahren/ (zul. geöffnet: 18.02.25).

House Committee on Foreign Affairs, China Regional Snapshot: Sub-Saharan Africa, 14.11.22, https://foreignaffairs.house.gov/china-regional-snapshot-sub-saharan-africa/ (zul. geöffnet: 02.02.25).

J.P. Morgan, Will gold prices hit another all-time high in 2025?, 19.02.25 (zuerst 17.01.24), https://www.jpmorgan.com/insights/global-research/commodities/gold-prices (zul. geöffnet: 02.03.25).

Nightingale, Linton, One Hundred Ports: Volume growth wanes as post pandemic boom fades, *Lloyd's List*, 21.07.23, https://www.lloydslist.com/LL1145881/One-Hundred-Ports-Volume-growth-wanes-as-post-pandemic-boom-fades (zul. geöffnet: 01.03.25).

Politi, James, Inagaki, Kana, Moens, Barbara, Donald Trump threatens to impose 25 % tariffs on EU goods, *Financial Times*, 26.02.25, https://www.ft.com/content/2f0288f6-3f6a-4334-b666-3f0122981842 (zul. geöffnet: 02.03.25).

Stölzel, Thomas, Fischer, Konrad, So viel Einfluss hat China wirklich auf den Panamakanal, *Wirtschaftswoche*, 27.01.25, https://www.wiwo.de/technologie/wirtschaft-von-oben/wirtschaft-von-oben-303-panamakanal-so-viel-einfluss-hat-china-wirklich-auf-den-panamakanal-/30178666.html (zul. geöffnet: 18.02.25).

Weißes Haus, https://www.whitehouse.gov/remarks/2025/01/the-inaugural-address/ (zul. geöffnet: 24.01.2025).

Zoll, *Verstoß gegen Russland-Sanktionen. Haftbefehle und Vermögensarreste in Höhe von 1,3 Millionen Euro wegen gewerbsmäßiger Ausfuhr von Luxusfahrzeugen*, 22.11.24, https://www.zoll.de/SharedDocs/Pressemitteilungen/DE/Sonstiges/2024/y46_luxusfahrzeuge_zfas.html (zul. geöffnet: 19.02.25).

REGISTER

DANK

Bücher, das ist allgemein bekannt, haben einen, gelegentlich mehrere Verfasser, sind aber zumeist doch Kollektivprodukte. Streng genommen müsste man sich zunächst und vor allem bei anderen Autoren bedanken, deren Texte man zustimmend oder kritisch, beides ist wertvoll, herangezogen hat. Sodann gibt es, zumal an den Universitäten, viele Gespräche und Gesprächspartner, deren Impulsen, Anregungen, Interventionen und eben auch Kritiken der Verfasser überaus verpflichtet ist. Von diesen möchte ich zumindest einige namentlich nennen, vor allem die Teilnehmer der «Kaffeerunde» der Frankfurter Wirtschaftsgeschichte Ralf Banken, Franz Hederer, Johannes Marquardt, Felix Plantenberg, Friederike Sattler und Angela Vardopoulos, die alle die Entstehung des Textes wohlwollend, aber keineswegs unkritisch begleiteten und zahlreiche Anregungen und Korrekturen zur Geltung brachten. Sodann bin ich Jan-Otmar Hesse überaus verpflichtet, der das gesamte Manuskript, zumal in kurzer Zeit, las und mit Hinweisen, Ergänzungen, weiterführenden Überlegungen und kritischen Interventionen keineswegs sparsam war. Das Buch hat davon wesentlich profitiert. Dank gilt auch Sebastian Wilde und Shaya Zarrin, den Lektoren von Rowohlt Berlin, für ihre zahlreichen, hilfreichen Hinweise. Der größte Dank gilt Karl Konstantin Walter, der nicht nur mit seinem ökonomischen Fachwissen bei der Diskussion einzelner Textpassagen überaus wichtig war, sondern dessen Zuarbeit bei der Korrektur des Textes, der Vervollständigung der Anmerkungen, der Anfertigung von Literaturverzeichnis und Register auch entscheidend zur Fertigstellung des Buches beigetragen hat, dessen noch verbliebene Mängel und Fehler selbstverständlich allein den Verfasser treffen.

Frankfurt am Main, im März 2025